KB104646

청 問 청 答
문 답

청문청답 부산청년문화백서

인쇄일	초판 1쇄 2021년 12월 20일
발행일	초판 1쇄 2021년 12월 27일

엮음	부산문화재단
발행처	부산문화재단
기획	부산문화재단 청년문화팀
책임편집	박소윤
기획·행정	김예인, 최지형, 양고은
사진	PHOS 최우창
디자인	DESIGN PLUS
출판·유통	인디페이퍼
주소	부산광역시 남구 수영로 312, 21세기센츄리빌딩 1322호
전화	051-610-1322
Fax	051-610-1322
출판등록	제2015-000014호
홈페이지	blog.naver.com/indiepaper

ISBN 979-11-89150-29-7 (03300)

부산문화재단 엮음

청년이
묻고
청년이
답하다

청問청答
문   답

IP
인디
페이퍼

백서의 주인공

청년문화는
청년의 삶을 품는다[1]

박소윤

부산문화재단 청년문화팀장

'청년'이라는 용어의 탄생

우리 사회는 언제부터 청년을 '청년'이라고 불렀을까. 인류 시작부터 젊은 시기는 있었으므로 그때도 생물학적·사회적 존재로서 청년이 희미하게나마 존재하지 않았을까? 그런데 청년이란 용어가 세대론적으로 차별화되면서 본격적으로 등장한 것은 근대 이후부터다. 각 나라마다 역사적 맥락에 따라 용어가 갖는 함의에는 차이가 있다.

흔히 세대는 프랑스혁명에서 탄생했다고 보는 것이 일반적이다. 역사적으로 청년세대의 저항은 사회 변동의 중요한 계기였다. 시대나 지역에 따라 공통적으로 부여된 청년 표상은 그들이 변혁의 주체라는 인식이다. 1968년 변혁을 추동한 청년들의 목소리, 이른바 68혁명이 대표적이다. 1968년을 전후하여 유럽과 미국을 휩쓴 청년세대의 운동은 비단 기성세대의 권위주의에 대한 도전이었을 뿐 아니라 대안문화의 제시, 생태적 삶의 실천, 성 평등을 비롯한 인권 문제의 제기 등 일상적 차원에서 광범위하게 이루어진 진정한 의미의 혁명이었다.[2] 장 비야르는 청춘la jeunesse이란 2차 세계대전 이후 서서히 구성된 정치적·사회적 범주이며, 프랑스에서는 1968년이 청춘들의 승리를 알린 해라고 규정한다.[3] 이처럼 세대론적 관점에서 청년과 청춘은 등가적 의미를 지녔다. 베스 L. 베일리가 말하는 미국 청년의 시작은 19세기 후반이다. 18~19세기에는 청년의 개념이 명

1 이 글은 박소윤, 「지속가능발전과 도시문화정책: 부산 문화현장을 통해 본 문화다양성의 지역회복 함의」, 부산대학교 박사 논문, 2022 중 '청년과 공공예술' 일부를 참고하였음.

2 고유경, 「세대, 기억의 공동체」, 『인문잡지 한편1: 세대』, 민음사, 2020, 144-146쪽.

3 장 비야르, 강대훈 역, 『기나긴 청춘』, 황소걸음, 2019, 54쪽.

확하지 않았으나, 19세기 후반 산업화 이후 '평생직장'과 '장래성 없는 직장'의 격차가 커지면서 1900~1920년 사이에 청년들을 보호하려 했고, 청년기를 하나의 보편적 경험으로 재설정하고자 했다.[1] 동아시아는 어떠했을까. 근대 동아시아에서 연령·세대 관념의 변화를 상징하는 현상이 젊은이를 지칭하는 새로운 용어인 '청년'의 등장이었다. 청년은 YOUTH, YOUNGMAN의 번역어로 1880년 일본에서 YMCA를 기독교청년회로 번역하면서 본격적으로 사용되었다.[2]

근대 역사의 주체, 부산청년

세 항구를 열어젖히며 서구 근대문명이 가파르게 유입되었던 근대계몽기 조선에서 청년이란 어떤 존재였을까? 여전히 장유유서의 전통이 사회를 견고하게 포획하고 있었으면서도 동아시아 보편주의가 서서히 붕괴되고 있었던 그때 말이다. 1890년대 말 우리나라에 도입된 청년은 연장자 중심의 유교적 세계관을 벗어나 새 시대의 주역으로서 역할과 임무를 맡게 되었다. 특히, 국망으로 치닫던 대한제국 말기의 애국계몽운동이나 기미만세의거를 거치면서 청년은 민족의 미래를 여는 상징적인 동력으로 자리 잡았다. 부산은 어떠했을까. 부산의 청년들도 광복항쟁의 최전선에서 투신했다. 1919년 3월 11일 부산진 일신여학교 의거를 시작으로 3월 13일 동래고보에서는 엄진영을 중심으로 학생의거를 거행하였다. 이들은 형기를 마치고 출옥한 후 '붉은 저고리 친목회'를 조직하기도 했다. 기미년 부산에는 3월 19일 동래 범어사 학생의거, 3월 29일 구포시장 만세의거 들이 이어졌다.[3]

1920년대에는 청년단체의 결성과 활동이 사회운동을 한껏 추동했다. 단연 청년이 중심이었다. 부산청년회뿐 아니라 동래여자청년회, 부산여자청년회, 기장여자청년회 들의 많은 청년단체가 조직되어 계몽과 반일운동을 전개했다. 1924년 이후에는 수영여자청년회, 구포여자청년회 들의 사회주의 계열 여성청년회가 등장했다. 1926년 김수선, 박소수(이상 동래여자청년회), 이은자(구포여자청년회)가 사상단체 적광회를 조직하기도 했다.

1 베스 L. 베일리, 백준걸 역, 『데이트 자본주의적 연애제도의 탄생』, 앨피, 1988, 33~34쪽.

2 이기훈, 「동아시아 근현대사 속의 청년」, 『청년, 아시아를 상상하다』, 글로벌콘텐츠, 2016, 105쪽.

3 https://www.busan.go.kr/independence02 (2021.11.20.검색)

1927년 신간회의 결성으로 민족주의 계열과 사회주의 계열의 운동이 하나가 되어 근우회가 설립되자 근우회 부산지회, 동래지회, 기장지회가 조직되어 활발한 항일운동을 전개했다.[1] 부산청년회는 경남 일대에서는 유일하게 조선청년회연합회에 가맹한 조직이었다고 한다. 1940년 11월 부산의 학생항일운동(노다이 사건)을 전개하는 등 부산의 청년들은 일제에 맞서고 민족의 횃불을 밝히는 존재였다.

어느 시대에나 청년은 푸른 나이에 걸맞게 역동적이었으며, 길이 보이지 않는 드넓은 대지에서 각자의 방향성을 찾아 나서는 존재였다. 그런 만큼 청년의 지향은 사뭇 달랐으며, 늘 고단을 자처하기도 했다. 식민지 시대 청년들은 1935년 『동아일보』에 연재된 심훈의 장편소설 『상록수』의 박동혁처럼 농촌계몽운동의 기획자이자 주체였는가 하면, 주운성의 『열혈청년론』에 그려진 것처럼 입신출세와 세속적 성공을 목표로 삼는 탈정치화된 청년상도 보이고 있다. 해방기는 거리의 시대였다. 이 시기 청년은 새로운 민족국가 건설의 주역으로 표상되었으며, 다양한 이념노선에 따라 사회주의 단체에 투신하는가 하면 대한청년단처럼 우익 행동조직으로 포섭되기도 했다.

4월혁명을 통해 청년은 민주화운동의 중심체가 되었다. 부산은 4월혁명의 진원지이자 중심장소였으며, 4월혁명문학이 적극적으로 생산되고 유통되었다. 이는 1950년대 부산의 문화론적 환경에 힘입은 바 크다. 한국전쟁기를 거치면서 지식인들의 도시 집결과 교육기회 확대, 대중매체의 영향력 확산이 청년계층과 학생계층의 문화의식을 드높이는 결정적인 계기로 작용하였다. 특히, 학생동인지 문학운동 등 청년학생들의 의식적 성장과 사회활동이 두드러졌으며, 당시 정론직필의 자유언론을 고수했던 부산 미디어 환경의 영향도 크게 작용했다.[2] 청년들은 이후에도 민주화운동에 적극적으로 참여하여 부마민주항쟁을 거쳐 1987년 대통령 직선제를 쟁취하는 데 기여했다. 그러나 청년들을 움직이는 기류는 세계사적 변화를 겪게 된다. 소비에트연방공화국의 해체가 그것이다. 1989년 부시와 고르바초프 간에 맺어진 몰타협정으로 냉전시대가 공식적인 종식을 고하면서 진보적인 노선에 참여한 청년들은 문화연구로 진로를 선회하거나 제도 내로 들어갔다.

---

1   이송희, 「기억해야 할 부산여성 항일독립운동」, 『국제신문』, 2019.3.7. 33면.

2   이순욱, 『근대시의 전장』, 소명출판, 2014, 429-430쪽.

타자화 된 청년과 지방소멸

청년을 집결시켰던 거대담론은 사라지고 신자유주의시대의 무한경쟁을 청년 개개인이 감당해야 하는 시대로 접어들었다. 청년들은 386세대, 개성파 X세대, 88만원세대, N포세대, 촛불세대, MZ세대 들의 다양한 명칭으로 그들의 존재성이 규정되었다.

청년들은 너무도 '다양한' 자신들을 하나의 별칭으로 부르는 것을 원하지 않을지도 모른다. 하지만 우리 사회는 두 가지 이유에서 그들에게 범주의 특이성을 잡아 하나의 별칭으로 묶어온 것 같다. 하나는 시대와 역사의 지평을 열고 주도해 온 청년들에 대한 기대와 문화적 관습이다. 다른 하나는 지속가능한 발전 과정의 핵심축인 청년세대에 대한 관심 때문이다. 중요한 것은 그 별칭들이 청년들 자신에게서 나온 것이 아니고 기성세대는 청년들을 잘 모르고 있다는 점이다. 여기서 끊임없이 청년들은 '당사자성'을 이야기하게 된다.

인구의 자연 감소에 따라 청년층이 얇아지고 있다. 인구 구성의 변화가 중요한 것이 아니라 청년들의 삶이 얇아지고 있다는 점은 전지구적인 근본의제로 떠올랐다. 리처드 세넷에 따르면 신자유주의 개발 담론은 지구라는 공간의 훼손과 인간성의 파괴를 초래했다. 지구의 절대빈곤 수치는 개선되었으나 정작 인간이 발 디딜 경제적 기반은 약화되었다. 즉, 경제적 기반이 약한 청년들이 취업과 결혼을 통해 안정적으로 사회에 안착할 수 있는 기회가 급격히 줄어든 것이다. SBS D 포럼 「사회에서 이야기하는 '청년', 나도 포함되는 걸까요?(2021.10.4.)」를 보면, 청년들이 공무원시험에 몰입하는 것은 국가가 가장 모범적인 고용주이기 때문이라고 진단한다. 국가든 사회든 지속가능발전을 위해서는 청년들이 그 사회 속에 정주할 수 있어야 하는데 그렇지 못한 것이다.

지역으로 오면 이 문제는 더욱더 심화된다. 2018년 고용정보원의 『고용동향브리프』에 따르면, 비수도권의 상대 인구 비중은 지난 20년 이상 지속적으로 감소하여 1993년 55.7%에서 2017년 50.6%까지 하락하였다고 한다. 특히, 이삼십대 비수도권의 청년인구 비중은 2004년 절반 이하로 떨어졌으며, 2017년 기준 수도권 대비 47.0%를 기록하고 있다. 여기서 소멸위험지수는 20세에서 39세 여성인구수를 65세 이상 고령인구 수로 나눈 것으로 1.5이상은 소멸위험 매우 낮음, 1.0~1.5미만은 소멸위험 보통, 0.5~1.0미만은 소멸위험 주의, 0.5미만은 소멸위험지역에 속한다. 부산의 경우, 0.76이므로 소

멸위험 주의 단계에 속한다.[1] 실제 부산연구원에서 2018년 실시한 「부산청년종합실태
조사」에서도 부산의 청년인구 비율은 21%로 전국 평균에 비해 0.9%p 낮게 조사되었
다.[2] 2017년 기준 부산 지역 청년 유출자는 전체 유출자의 약 35.7%이며 대구, 광주, 울
산 지역은 전체 순유출에서 청년이 차지하는 비중이 50%를 넘는 까닭에[3] 지역의 청년
층 유출이 심각한 것으로 나타났다.

　이러한 현상은 세 가지 이유에 기인한다고 하겠다. 첫째는 신자유주의 글로벌경제가
촉발한 자본의 집결화에 있다. 두 번째는 정치, 경제, 교육, 문화 들의 제반 인프라가 수
도권에 집중되어 있기 때문이다. 2014년 '지방대학 및 지역균형인재 육성에 관한 법률'
이 시행되었다. 이 법은 지방대학 출신인 지역인재를 신규 채용할 때 일정 비율 채용을
위해 노력하도록 규정했지만, '노력'에 대한 성공적인 사례는 쉽게 찾아보기 어렵다. 세
번째는 수도권 편중에 따라 지역의 역사나 문화자원에 대한 몰이해나 폄하들로 지역의
주체성이나 정체성이 왜곡되기 때문이다. 예를 들면, 서울 지역어는 표준어로, 비수도권
지역어는 사투리로 통칭되는 것은 지역어에 대한 비하이다. 표준은 다른 것들을 비표준
이라고 설정하는 방식에 다름없기 때문이다.

청문청답(靑問靑答)의 시작

　부산문화재단이 다른 지역재단에 없는 청년문화팀을 별도로 꾸린 것은 부산 청년들
의 문화적 역동성을 살려내기 위해서이다. 2010년 지루한 세상을 향한 재미난 복수 〈부
산회춘프로젝트〉는 그 생명력이 폭발적으로 터져 나온 것이었다. 온천천 문화살롱, 비
가오나 눈이오나 릴레이 거리공연 100일, 공연배달 프로젝트, 사운드퍼니쳐 프로젝트,
청춘 상징 참여형 조형물 프로젝트, 스트리트아트 프로젝트, 서브컬쳐 네트워크 워크숍,
온천천 에코 퍼레이드, 커뮤니케이션 아트 프로젝트, 청춘 게릴라 아트 프로젝트, 서브
컬쳐 네트워크 페스티발, 서브컬쳐 온라인 아카이브 프로젝트, 다큐멘터리 제작, 매뉴얼
북 출판 프로젝트 총 14개 사업들이 부산대학교 앞을 중심으로 전개되었다.

1　이상호, 「한국의 지방소멸 2018」, 『고용동향브리프』, 2018.7, 2-21쪽.

2　김종욱 외, 『부산청년종합실태조사』, 부산발전연구원, 2018. 6쪽.

3　위의 책, 9쪽.

당시 기획자로 활동했던 장현정은 그것이 청년의 목소리를 들어달라는, 인정투쟁의 하나였다고 한다. 그때가 2010년이었다. 그해 논란은 있었지만[1], 『아프니까 청춘이다(김난도)』라는 책도 나왔다. 부제는 '인생 앞에 홀로 선 젊은 그대에게'다. 그때는 적어도 청춘이 청년의 특권으로 인식되던 시기로, 청년에게 청춘이 있었다. 2016년 출판된 『한중일 청년을 말하다』와 2018년 출판된 『세대게임』에서는 '청춘을 빼앗긴 청년'이라는 표현이 등장한다.[2]

필자는 당시 〈부산회춘프로젝트〉를 지원하는 부서를 맡고 있었다. 10년이 지났음에도 내 안의 청년문화는 그 좌표에 있었다. 기성의 질서를 뒤흔드는 야성과 인디펜던트한 서브컬쳐의 정신이 청년문화라고 생각하고 있었다. 2021년 청년문화팀을 맡고서 청년문화기획자들과 이야기를 나누다 보니 서로 뭔가 다른 곳에 서서 대화를 나누는 느낌이었다. 다시 돌아보니 부산의 청년문화를 받치던 지형 변화를 면밀하게 읽어내지 못하고 있었음을 자각할 수 있었다. 반디(2002), 몽환경(2002), 재미난 복수(2003), 숨(2003), 보일라(2004), 오픈스페이스배(2006), 아트팩토리인다대포(2007), 생활문화공간 통(2010), 도시철도 수영역 문화매개공간 쌈(2010), 미디토리(2010), 안녕광안리(2011), 아마존(2011), 부산노리단&달록(2011) 등 청년을 중심으로 한 대안문화공간이나 매체는 사라지거나 초기 활동의 열기는 식어 있었다. 지금의 청년들은 어디에서 그들의 문화를 꾸리고 있을까. 지금까지의 좌표를 지우고 새롭게 설정해야 하겠다고 생각하고 시작한 일이 바로 청문청답(靑問靑答)이다.

청문청답(靑問靑答)의 읽기

청년은 누가 부르는 걸까. 왜 부르는 걸까. 이러한 본질적인 문제 제기도 있었고, 그러니 부산의 청년문화는 어디로 어떻게 가야 하는가라는 실용적인 이유도 있었다. 청년기본법에 따르면 청년이란 19세 이상 34세 이하인 사람이라 적시하고 있지만, 우리 사회는 청년이 어떤 존재인지 충분히 알고 있을까.

---

1 오찬호는 『아프니까 청춘이다』는 무엇을 간과했을까?'에서 이 책이 서울대 교수와 서울대 학생들의 질문과 대답으로 '서울대스러운' 것들뿐이라고 이야기한다. 그는 한국에서 수능성적은 경제적 지표와 깊은 상관관계를 가지고 있다고 말한다. 오찬호, 『우리는 차별에 찬성합니다』, 개마고원, 2013, 195-205쪽.

2 전상진, 「비참한 청년과 화려한 기성세대?: 청년성과 '세대 게임'」, 『한중일 청년을 말하다』, 강명구 외, 진인진, 2016, 70쪽. ; 전상진, 『세대게임』, 문학과지성사, 2018, 75쪽.

지금의 문화예술은 그야말로 일상 속 문화행동으로 그 경계와 범주를 쉽게 가르기 어렵다. 청년예술가도 청년의 삶 전체를 살아가고 있기에 청문청답에서는 청년의 문제 전반을 근본적인 의제로 삼기로 했다. 이 책은 그 대담 과정의 결과물이다.

전체 5부 10장으로 구성했다. 1부 '경계와 정체성'에서는 우리 사회에서 청년문화의 위치를 살펴보는 〈청년문화의 좌표〉와 포스트모던 혹은 비대면 시대 문화예술 양상을 〈흔들리는 예술〉에서 담아보았다. 청년들은 MZ세대라는 하나의 별칭으로 부르기에는 획일화·범주화할 수 없는 다양성을 지닌 존재다. 존중한다면 더 이상 청년을 타자화시키는 별칭보다는 청년들이 스스로 좌표를 이루어가는 과정을 지켜보고 응원해야 한다. 액체근대의 시대, 예술의 경계와 방식의 유동성에 대한 대담을 가졌다. 코로나 이슈에 의한 비대면, 기술 발전에 따른 플랫폼 생성 들의 변화무쌍한 현실 가운데에서도 청년예술가들의 사유는 진지했고 그들의 예술적 걸음은 묵직했다.

2부 '양식(樣式)의 다양성'에서는 청년들이 추구하는 라이프스타일에 대한 〈일상과 취향〉과 일의 방식을 〈N잡러, 문화예술로 먹고 살기〉로 다루어 보았다. 청년들은 다양한 문화적 욕구를 일상 속에서 드러내고 있었다. 일과 취향을 나누기는 어려워 보였다. 가치관과 취향의 실천이 곧 일상이었다. 또한 청년들은 자발적으로 N잡러를 선택했다고 했지만, 물리적인 강제성은 없었다 하더라도 그들이 N잡러를 택할 수밖에 없는 이유도 있는 것 같았다. 우리 사회의 조직문화는 장유유서(長幼有序), 선공후사(先公後私)와 같은 유교적 질서에 기반하고 있다. 청년들은 자신의 존재감을 느끼며 행복하게 살고 싶어 하기에 수직적 조직문화가 팽배한 일터에 머물고 싶어 하지 않는다. 청년들의 취업을 바란다면 우리 사회 전반의 일자리문화가 근본적으로 변화해야 할 것이다. 또한 안정된 양질의 일자리를 늘여 청년들이 프레카리아트[1]가 되지 않도록 노력해야 할 것이다.

3부 '젠더와 청년'에서는 변화하는 결혼관과 청년예술가의 결혼살이를 〈결혼에 대한 새로운 합의〉에서 다루었다. 또 젠더 의제를 〈'젠더 갈등'이라는 허상〉을 통해 논의했다. 지금 청년들의 사랑도 베르테르처럼 진지하고 치열하다. 결혼이라는 관습을 넘어 사랑에 대해 진지하게 사유한다. 이 세대들의 사랑에 대한 성찰과 실천을 존중한다면, 제도

---

1 프레카리아트precariat는 '불안정한 precarious 프롤레타리아 proletariat'의 합성어다. 가이 스탠딩(Guy Standing)이 『프레카리아트, 새로운 위험한 계급』에서 쓴 신조어로 비정기적인 고용 또는 계약직이 속한 계급을 뜻한다.

변화가 절실하게 필요한 시점이다. 앞서 언급한 소멸위험 지수는 20세에서 39세 여성인구수를 65세 이상 고령인구 수로 나눈 것이라고 했다. 그러면 20세에서 39세까지의 여성들이 왜 지역을 떠나는지를 근본적으로 고민해야 하겠다. 지역의 산업구조, 취업 지형이 청년 여성들에게 적합한지 살펴볼 필요가 있다. 또한 우리 지역의 젠더감수성은 청년 여성들에게 무엇보다 중요한 정주 요건이다. 젠더 인식에 대한 성찰적 논의가 활발하게 이루어져야 한다.

4부 '호모소셜리쿠스'에서는 사회와 청년의 상호관계 혹은 정책의 문제를 〈사회적 청년: 요구'받는' 존재에서 요구'하는' 존재로〉와 〈청년정책의 재구성〉에 담아보았다. 청년들은 적극적으로 지역사회와 관계성을 맺고 있고 그 가운데 자신의 존재를 인정받고 있었다. 청년의 지역 이탈을 멈추고 싶다면 더 적극적으로 청년들에게 '도시에 대한 권리'로서 주거권, 정보권, 학습권, 공간권, 발언권을 보장해야 한다.[1]

5부 '로컬리티, 청년'에서는 청년과 지역의 문제를 사회역학구조의 측면에서 살피고, 이를 어떻게 극복할 수 있을지 대안을 담았다. 〈지역 담론 너머, 새로운 교차로〉와 〈로컬 크리에이터와 도시의 미래〉가 그것이다. 청년이 없는 지역은 소멸하기에 청년과 지역은 지속가능발전에 있어 정비례 관계를 갖고 있다. 청년들을 중심으로 지역의 창조성을 높이려면 문화나 녹지에의 접근성 향상 등 도시의 어메니티를 높여야 할 것이다. 또한 로컬크리에이터들이 활동하기 좋은 환경과 분위기를 조성할 필요가 있다.

청문청답(靑問靑答)의 주역

청년문화백서 라운드테이블을 준비하면서 우리 사회가 청년정책이나 청년을 이야기할 때, 대학을 졸업하고 취업이나 결혼을 준비하는 이들을 중심으로 둔 것이 아닐까 하는 생각이 들었다. 그 세대 안에서도 지식담론으로 무장하고 주류사회로 진입을 준비하는 청년들의 목소리는 중심부에 닿기가 더 쉬웠을지도 모른다. 대담자의 구성은 청년기의 예술가, 문화기획자, 활동가들을 중심으로 하되 대안학교를 졸업하거나 대학에 진학하지 않은 청년, 비혼주의자, 성소수자 들을 포함하여 다양한 청년층의 목소리를 담기 위해 노력했다.

---

1 엄창옥 외, 『청년의 귀환』, 박영사, 2018, 238쪽.

이 열 개의 장은 청년작가 7명이 대담자 78명의 목소리를 호소력 있게 정리하고 각 장의 발문을 썼다. 또한 부산의 청년문화 현장에 참여하는 시민 26명이 부산의 청년문화에 대한 글로 힘을 실어주셨다. 이 책에는 작가, 대담자, 시민, 스텝 모두 108명이 참여했다. 장소는 부산의 문화공간을 주유(周遊)하며 대담을 진행했다. 광복동 청년작당소, 망미동 리프레쉬, 중앙동 노티스, 엄궁의 523쿤스트독, 초량동 창비부산, 명륜동 스페이스 움, 민락동 라움 프라다바코, 망미동의 비온후 출판사였으며, 모두 2021년 부산의 문화지형 속에 살아 움직이는 공간이다. 아, 10년 뒤 이 지형은 또 한 번 변해 있을지도 모르겠다.

이 책을 다 읽은 독자들의 표정이 사뭇 궁금해진다. '책상은 책상이다'와 같은 명징한 결론을 얻기는 힘들 것이다. 하지만 2021년 부산에서 활동하고 있는 청년 당사자의 목소리를 날것 그대로 들을 수는 있을 것이다. 이번 라운드테이블에서 많이 나왔던 이야기가 청년공간, 즉 유형뿐 아니라 이렇게 청년들이 스스로 말할 수 있는 무형의 공적 공간이 많이 생기기 바란다는 것이었다.

정부는 2020년 청년의 권리보장 및 청년 발전의 중요성을 알리고 청년문제에 대한 관심을 높이기 위해 9월 세 번째 토요일을 '청년의 날'로 정했다. 청년구직활동지원금, 청년월세지원사업, 청년마음건강지원사업, 청년내일저축계좌, 자립수당 들의 다양한 제도적 장치를 마련하는 일에도 관심을 쏟고 있다. 하지만 우리 사회가 놓치지 않아야 할 것은 청년이 스스로 말하도록 하는 것과 그 말에 귀 기울이는 일일 것이다.

청년문화에 기반하여 일, 결혼, 젠더 등 청년들이 당면한 현실을 문화예술의 렌즈로 바라보면서 문득 느꼈다. 놀랍게도 우리 청년들은 모두가 예술가이다. 청년들은 명민하고 자기만의 미적 취향이 있다. 또한 문화예술을 먹고사는 일만큼 삶에서 중요하게 생각한다. 그래서 청년문화는 앞으로도 청년의 삶을 품고 갈 것이다.

재단을 대신하여 고개 숙여 감사의 인사를 올린다. 책이 나오기까지 편집위원을 겸해 생각을 나눠준 작가들과 거침없는 의견과 솔직한 경험을 보태주신 대담자들, 시민참여자들께 존경의 뜻을 전한다. 아울러 열 번의 라운드테이블을 함께 해준 최우창 사진작가님, 청년의제를 함께 공부한 지역인문콘텐츠연구소와 시도 때도 없이 청한 자문에 흔쾌히 응해주신 부산대학교 이순욱 교수님, 호밀밭 출판사 장현정 대표님, 샵 메이커스 구영경 대표님께 특별히 감사의 말씀을 드린다. 무엇보다 재단의 동료들에게 사랑한다고 말씀드리고 싶다.

〈도움을 준 텍스트〉

경향신문 특별취재팀, 『부들부들청년』, 후마니타스, 2017.
고유경, 「세대, 기억의 공동체」, 『인문잡지 한편 1: 세대』, 민음사, 2020.
김기헌, 『청년프레임』, 이담, 2018.
김난도, 『아프니까 청춘이다』, 쌤앤파커스, 2010.
김선기, 『청년팔이사회』, 오월의 봄, 2019.
김종욱 외, 「부산청년종합실태조사」, 부산발전연구원, 2018.
류성효, 『지루한 세상을 향한 재미난 복수』, 호밀밭, 2011.
엄창옥 외, 『청년의 귀환』, 박영사, 2018.
이기훈, 「동아시아 근현대사 속의 청년」, 『청년, 아시아를 상상하다』, 글로벌콘텐츠, 2016.
이기훈, 『청년아 청년아 우리 청년아』, 돌베개, 2014.
이송희, 「기억해야 할 부산여성 항일독립운동」, 『국제신문』, 2019.3.7, 33면.
이순욱, 『근대시의 전장』, 소명출판, 2014.
이충한, 『비노동사회를 사는 청년, 니트』, 서울연구원, 2018.
장현정, 「부산 청년문화, 저력 있고 자생적 움직임 활발」, 『부산발전포럼』, 2012, 5-17쪽.
전상진, 「비참한 청년과 화려한 기성세대?: 청년성과 '세대 게임'」, 『한중일 청년을 말하다』, 진인진, 2016.
전상진, 『세대게임: '세대프레임'을 넘어서』, 문학과 지성사, 2018.
베스 L. 베일리, 백준걸 역, 『데이트 자본주의적 연애제도의 탄생』, 앨피, 1988.
장 비야르, 강대훈 역, 『기나긴 청춘』, 황소걸음, 2019.
SBS D 포럼 '사회에서 이야기 하는 '청년', 나도 포함되는 걸까요?, https://www.youtube.com/watch?v=JsXfguvaPW8 (2021.10.4.)
부산시청 홈페이지 https://www.busan.go.kr/independence02
한국향토문화전자대전 http://www.grandculture.net

1장

청년문화의 좌표

대담자

북커뮤니티 사과 대표 **강동훈**

전 비밀기지장 **권현석**

부산청년들 이사장 **김지현**

청년활동가 **박지예**

자원활동가 **신나무**

호밀밭 대표 **장현정**

잡지 '하트인부산' 발행인, 독립출판 쓰담 대표 **장혜원**

대담 진행
부산문화재단 청년문화팀장 **박소윤**

2021.10.28.(목) 오전 10시, 스페이스 움

청년문화라는 건 결국
정체성을 찾는 과정이 아닐까 싶습니다.
물론 청년문화 관련 활동을 하는 사람들은
대부분 팀이나 조직을 이뤄서 활동하고 있지만,
그 속에 있는 개개인이 스스로 어떤 사람인지,
무엇을 하는 사람인지, 무엇이 결핍되어 있고
또 무엇에 분노하는지 고민하며, 각자의 영역에서
각자의 방식으로 노력하는 게
아닐까 싶습니다.

청년문화는
어느 지점에 있는가

대담 정리 · 집필 **박정오**
호밀밭 출판사 편집자,
『저도 편집자는 처음이라』(호밀밭, 2019) 저자

　문화는 무수히 많은 개별 존재 속에서 자그마한 공통점을 찾아 느슨한 연결망으로 이어 붙인 유·무형의 결과물이다. 우리가 별생각 없이 하는 말과 행동에도, 우리가 당연하다는 듯 먹는 음식에도, 우리가 입는 옷에도, 우리가 거주하는 공간에도 문화는 때로는 옅게, 때로는 깊게 관여하고 있다. 이처럼 우리 몸속에는 공통된 문화가 옅지만 넓게 퍼져 있다. 그런 점에서 인간은 문화 속에서 살아가며 끊임없이 새로운 문화를 생산하고 소비하는 문화적 존재다.

　청년문화는 청년세대가 만들거나 향유하는 문화라고 할 수 있다. 살아온 환경도 다르고 가치관과 생각도 전부 다르지만, 그럼에도 동시대를 살아가는 청년들 사이엔 자그마한 공통점이 존재하고, 이들은 느슨하게 묶여 있다. 모든 청년을 하나의 잣대로 판단할 순 없지만 전통, 습관, 언어, 문화의 총체로 지금의 청년세대가 가지고 있는 기질은 분명 존재한다. 이것을 근거로 기성세대, 과거의 청년세대와 비교하고 분석하는 건 중요한 일이다.

2020년 2월 4일, '청년기본법'이 제정되며 '청년'의 범주는 만19세 ~34세로 정해졌다. 2021년 현재를 기준으로 보면 '청년'은 2000년대 초반에 태어난 사람부터 1980년대 후반에 태어난 사람을 지칭한다. 지금의 청년세대는 노동문제, 주거문제 등 생존과 직결된 문제 속에서 발버둥 치고 있으며, 부동산이 폭등하고 주식과 코인이 급등과 급락을 반복하는 불안정한 환경 아래에서 분투하고 있다. 또한 젠더, LGBT[1], 동물권 등 권리와 다양성에 대한 담론이 많이 등장하는 사회 분위기 속에서 과거와는 다른 시선으로 세상을 바라보고 있다. 한편으로는 지금의 청년세대는 국가 권력에 대한 불신과 불공정에 대한 분노 등으로 가득 차 있다. 흙수저, 헬조선, 니트족 등의 신조어는 지금의 청년세대가 느끼는 절망과 분노, 무기력함을 고스란히 보여준다.

그럼에도 지금의 청년세대는 과거의 어떤 세대보다 다양한 삶의 모습을 보여주며, 새로운 삶의 양식을 탐구하는 데 적극적이다. 기성세대의 관점으로 보면 비혼율 증가, 저출산 등은 심각한 사회문제이지만 청년세대의 관점에서는 미니멀라이프, 1인 가구, 딩크족 등 새로운 문화가 만들어지는 지점이다. 기성세대는 과거만큼 일에 대한 열정이 없다고 하지만 이들은 자신이 좋아하는 일, 취미 생활 등에 열정을 쏟아부으며 과거 세대보다 훨씬 균형 잡힌 삶을 영위하고 있다. 이들이 생산하고 소비하는 문화는 한국을 넘어 전 세계적으로 인정받고 있다. 세계가 빠르게 변화하는 만큼, 지금의 청년세대는 변화에 발 빠르게 따라가고 있다.

이 과정에서 기성세대가 만든 삶의 틀과 양식, 사회적 통념은 빠른 속도로 무너지고 있다. 청년세대가 기성세대에 저항하면서 정체성을 확립한다고 하면, 지금의 청년세대는 과거 어떤 세대와 비교해도 색깔이 짙으며 독특한 정체성을 가지고 있다고 이야기할 수 있다.

---

1 레즈비언(lesbian)과 게이(gay), 양성애자(bisexual), 트랜스젠더(transgender)의 앞 글자를 딴 것으로 성적소수자를 의미한다.

청년문화는 특정 집단이 향유하는 문화가 아닌, 변화를 위해 노력하는 문화이자 삶의 태도이다. 각자가 처한 상황 속에서 각자의 문제의식을 가지고, 각자가 꿈꾸는 세계를 만들기 위해 노력한다면 그것이 청년문화일 것이다. 그런 점에서 청년문화는 개별적이고 산발적이며, 끊임없는 생성과 해체가 반복되는 문화다. 청년세대는 기성세대가 만든 문화를 해체하며 새로운 청년문화를 만들지만, 그들 역시 얼마 지나지 않아 기성세대가 되며 새롭게 등장한 세대에게 자리를 내줘야 하는 운명이다. 결국 청년문화는 고정된 개념이 아닌, 끊임없이 흐르는 개념일 수밖에 없다.

유동적인 무언가를 정의하고 이야기한다는 건 굉장히 어렵고 조심스러운 일이다. 현시대를 살아가는 청년 몇 명의 이야기를 듣는다고 청년문화를 뚜렷하게 정의하거나 청년문제를 해결할 수는 없다. 그럼에도 넓고 옅게 희석된 청년들의 목소리를 모으며 청년문화가 무엇인지 알고자 노력하는 행위가 무의미하다고 볼 수는 없다. 청년들의 눈에 비친 우리 사회는 어떠한 모습이며, 청년들이 어떤 상황에 처해 있고 어떤 어려움을 겪고 있는지 들어보는 건 청년문화를 이해하기 위한 미약하지만 용기 있는 한 걸음이다. 청년문화가 변화를 위해 노력하는 삶의 태도라면, 청년의 목소리를 담는 과정은 충분히 청년문화적일 것이다.

지금의 청년문화는 어느 지점에 있는지 함께 논의하기 위한 대담이 진행되었다. 대담에는 다양한 참가자가 모였다. 2011년 부산에서 진행된 '회춘프로젝트'를 함께 기획했고 현재 출판사를 운영하고 있는 출판사 대표, 청년정책과 관련된 왕성한 활동을 하고 있는 청년 활동가, 부산에서 큰 규모의 독서 커뮤니티를 운영하는 독서모임 대표, 부산에 대한 이야기를 담은 잡지를 4년째 만들고 있는 독립출판사 대표, 4년 전 부산에 있는 청년문화단체를 모아 네트워크를 만들었으며 현재는 진로정보센터에서 학생들과 소통하고 있는 청년 활동가, 마지막으로 대안학교를 졸업하고 현재 각자 분야에서 활동하고 있는 청년 활동가들도 있었다.

비슷한 시기에 태어났다고 해도 전혀 다른 환경에서 다른 생각과 가치관을 가진 이들을 하나의 집단으로 정의하는 일은 쉽지 않다. 그럼에도 동시대를 살아가는 이들 사이엔 옅고 넓은 공통된 무언가가 존재하고, 우리는 그것을 문화라고 부른다. 무리해서 공통점을 찾거나 특정 범주로 묶지 않아도, 개별 경험을 모으다 보면 집단의 모습을 서서히 그려나갈 수 있다. 대담에서는 개인이 경험한 청년문화에 관해 이야기하며, 청년문화라는 복잡한 퍼즐을 조금씩 맞추고자 했다.

청년문화의
흐름

사회자

이번 대담에서는 '청년문화'에 대한 이야기를 나누어 보려 합니다. 청년문화는 기본적으로 주류문화main culture와 대비되는 서브컬쳐subculture로 인식되고 있는데요, 부산이라는 지역 내에서만 봤을 때도 청년문화는 기성문화에 대비되는 독특한 색채로 시작되었다고 생각합니다. 2011년 부산에서 진행된 '부산회춘프로젝트'가 대표적인데요, 당시 제가 소관부서를 맡고 있을 때라 아직도 강한 인상으로 남아 있습니다. 이 프로젝트는 그 해 부산문화재단의 문화예술 지원사업 중 가장 규모가 큰 프로젝트였고, 지원 예산도 1억 8천만 원이었습니다. 여러 문화단체의 다양한 시도와 에너지가 쌓여 '부산회춘프로젝트'로 폭발하지 않았나 싶습니다. 당시 이 프로젝트를 함께 기획하고 진행한 호밀밭 출판사 장현정 대표님 이야기를 먼저 들어보겠습니다.

장현정

우리나라는 1970~1980년대에 청년문화 담론이 등장했다고 알고 있습니다. 당시에는 '민주화'라는 커다란 화두가 있었고, 청년들 역시 민주화를 그 무엇보다 중요한 가치로 내세웠죠. 그러다 1990년대에는 민주화가 진행되고 전 세계가 연결되면서, 갑작스레 들어온 자본 권력에 대항하기 위한 문화가 청년들을 중심으로 퍼져나갔습니다. 이러한 시대를 지나, 지금의 청년문화는 생활에 굉장히 밀접하게 맞닿아 있다고 생각합니다. 대표적으로 경제적 문제, 주거 문제 등이 있죠. 또한 젠더, 동물권 등 가치관이나 정체성 이슈에도 큰 관심이 있는 것 같습니다.

부산에서도 1980년대 민주항쟁, 1990년대 자본 권력에 대한 항쟁 등을 함께 이어갔다고 알고 있습니다. 하지만 파편화되어 있어서, 큰 흐름이 만들어지진 않고 있었죠. 그래서 저희는 비슷한 문제의식을 가지고 서로의 취지에 공감하는 사람들이 모일 수 있는 계기를 만들기로 했습니다. 하나의 플랫폼 역할을 하면서, 문화예술인들이 스스로를 알리고 다음 발걸음을 내디딜 기회를 제공해 주고자 했죠. 그렇게 부산문화재단 공공예술프로젝트 공모사업에 지원해 2억 원 가까운 예산을 받아 6개월간 다양한 프로젝트를 진행했습니다. 당시 총괄 코디네이터를 맡아 기획부터 진행까지 함께했는데, 다행히 반응이 좋아서 당시 한국문화예술위원회에서 진행한 16개 시·도 평가에서 1위를 했습니다. 이후로 사례 발표를 한다고 전국 곳곳을 돌아다니기도 했습니다. 이후 회춘프로젝트 사례를 통해 시의회 등에 청년 관련 조례를 만들어 달라고 요구하기도 했습니다. 다행히 청년 관련 조례가 만들어지긴 했지만, 아쉬운 점이 많았던 기억이 납니다.

청년문화는 그 무엇보다 당사자성이 중요하다고 생각합니다. 그 시대를 살아가는 청년들이 어떤 시각으로 세계를 바라보는가, 어떠한 방법으로 기성세대와 다르게 살려고 노력하는가, 어떤 세계관을 가지고 있는가 등의 의문이 청년문화, 청년문제와 밀접하게 맞닿아 있습니다. 저도 이제 40대 후반이고, 청년세대와 멀어졌다고 생각합니다. 생각하는 것도 다르고, 삶의 우선순위도 다릅니다. 다만 회춘프로젝트를 진행하며 청년문화와 관련된 활동을 열심히 했던 입장에서 보면, 지금의 청년세대는 굉장히 파편화되어 있지 않나 싶습니다.

"

청년문화는 그 무엇보다
당사자성이 중요하다고 생각합니다.
그 시대를 살아가는 청년들이
어떤 시각으로 세계를 바라보는가,
어떠한 방법으로 기성세대와
다르게 살려고 노력하는가,
어떤 세계관을 가지고 있는가 등의
의문이 청년문화, 청년문제와 밀접하게
맞닿아 있습니다.

"

사회자

당시엔 기성 질서에 맞서 청년들끼리 새로운 문화를 열어가겠다는 도전적인 철학과 야성이 있었습니다. '부산회춘프로젝트'는 부산에서 청년 관련 사업이 활성화되는 중요한 계기가 되었습니다. 지금의 청년문화는 어떤 특징이 있을까요?

김지현　　　저는 2017년에 부산문화재단 청년문화 활성화 공모사업에 참여하면서 청년 관련 활동을 시작했습니다. 당시만 해도 청년을 위한 공모사업이 당연한 거라 생각했는데, 10년 전에는 없었던 사업이라 생각하니 그동안 얼마나 변했는지 새삼 느껴지는 거 같습니다.

한국 사회에서 청년정책은 2003~2004년쯤에 시작합니다. 1997년 IMF 사태가 터진 이후 2003년 '청년실업 종합대책'이 발표되었고, 2004년 '청년실업해소 특별법'이 만들어졌습니다. 사회는 줄곧 청년을 '취업을 원하는 사람'으로 규정하였고, 청년 관련 정책도 대부분 일자리 중심 정책으로 유지해왔습니다. 그러다 2020년 2월 4일, 청년의 범주를 만 19~34세로 정하고 청년의 권리, 지원 등에 관한 사항을 담은 '청년기본법'이 제정되었고, 같은 해 8월 5일 실행되었습니다. 대부분의 정책은 위에서 만들고 아래로 내려오는 데 반해, 청년정책은 시에서 만들어서 중앙 정부로 올라간다는 특이한 점이 있습니다.

말씀하신 것처럼 이전의 청년문화가 공공의 적이 있어서 연대한 것이라면, 지금의 청년문화는 무엇을 공공의 적으로, 문제로 정의하는지 생각해 볼 필요가 있습니다. 청년문화가 무엇을 해결할지가 협의가 안 되고 있으니, 지금의 청년이 예전처럼 모이기가 쉽지 않다고 생각합니다. 청년이 겪고 있는 문제를 함께 얘기해 보려 해도 각자가 처한 상황이 너무 다르다 보니, 청년기에 문화 분야에서 겪고 있는 문제가 무엇인지 알아보기 힘듭니다. 그래서 단계적으로 알아가는 게 중요하다고 생각합니다.

청년문화가 무엇인지에 관한 질문은 아주 오래전부터 있었습니다. 청년문화를 주제로 한 테이블에서 청년들이 다양한 의제를 가지고 이야기하고 있는데, 부채, 복지, 노동, 주거 등을 함께 묶어버리면 청년문화 정책사업이 따로 존재해야 할 이유를 찾기 어려워질 것 같습니다. 청년기에 겪는 문화와 예술 분야의 불평등과 격차가 무엇인지, 해결할 수 있는게 무엇일까 함께 고민해 보면 좋겠습니다.

개인적인 경험으로서의 청년문화

사회자

문화예술이 일상 전반으로 퍼지는 과정에서 청년문화 역시 담론에서 생활밀착으로 흐르고 있습니다. 실제 재단도 청년문화를 공연, 미술 등에만 한정 짓기보다 일상과 연결된 다양한 영역으로 확장하고자 노력하고 있습니다. 청년문화 향유자를 특정 집단에 한정 짓지 않고, 독서모임을 운영하고 있는 강동훈 대표님과 『하트인부산』을 발간하고 있는 장혜원 선생님께서는 청년문화에 대해 어떻게 생각하시는지요?

강동훈 사실 이런 자리에 오는 사람은 대부분 생산자 입장에 있는 사람입니다. 이 자리에서 하는 이야기가 중요하긴 하지만, 생산자들끼리 모여 문제를 제기하고 해결하려는 모습이죠. 하지만 소비자가 넓어야 탄탄해집니다. 우리가 이야기하는 청년들은 정작 이러한 자리에 관심이 없을 거라 생각합니다. 일반 직장을 다니는 대부분의 청년들 입장에서는, 그저 자신의 일상을 풍요롭게 하는 무언가를 만나는게 가장 중요한 일입니다.

제가 대학에 다닐 때만 하더라도 청년 관련 지원사업이 많이 없었습니다. 그래서 사명감을 가지고 열심히 했던 기억이 납니다. 그런데 지원사업이 많아지고 실제로 참여를 해보니, 소비자를 생각하기보다 철저하게 생산자 입장에 서게 되는 거 같습니다. 지원사업에 선정이 안 되면 하고 싶은 콘텐츠가 있더라도 안 하게 되는 거죠.

지금은 정책적으로 접근하다 보니 생산자 중심의 네트워크가 굉장히 공고해진 거 같습니다. 다양한 콘텐츠가 만들어지는 만큼 일반인들이 각종 프로그램 및 행사를 향유할 기회는 많아졌지만, 오히려 생산자와 소비자가 명확하게 구분되면서 '그들끼리의 문화'가 되는 경향이 있는 건 아닐까 싶습니다. 우연한 기회로 참가했다가 재미있어서 또 오게 되고, 참가에서 그치지 않고 진행도 해보고 싶고. 참가자들에게 그런 계기를 마련해줘야 하는데, 이 부분에서 단절이 많아진 거 같습니다. 무엇보다 우리 세대가 다음 세대를 키우는 데 소홀하지 않았나, 역할이 부족하지 않았나 생각도 듭니다.

장혜원　　　제가 만드는 부산 로컬 매거진 『하트인부산』은 부산을 사랑하는 청년들이 모여 자신들의 재능을 가지고 직접 발로 뛰며 만들고 있는데요. 지역의 다양한 이야기를 알려서 많은 사람이 지역에 관심을 가지게 만드는 일종의 선순환 고리를 만든다고 생각해요. 부산의 이야기를 담고, 부산에서 활동하는 여러 문화인을 만나 그들의 이야기를 담아 알리는 역할을 하면서요.

어떻게 보면 이것도 청년문화일 것 같아요. 청년들이 모여 하나의 문화를 만들고 이를 통해 많은 사람이 문화를 향유하기도 하고 저희와 함께 문화를 만들어가는 계기가 되기도 하고요.

청년문화를 한 가지로 규정할 순 없겠지만 시대에 따라 또는 개인에 따라 다양하게 생산되고, 교류하면서 향유하는 청년에 의한, 청년을 위한 것이 청년문화이지 않을까요.

부산은 청년이 수도권으로 유출되는 걸 늘 걱정하고 있어요. 이러한 상황에서 지역 청년으로서 사명감을 가지고 일을 진행하는 모습이 무척 인상적으로 다가옵니다. 지금의 청년세대가 가장 관심 있는 것이 일자리와 문화가 아닐까 싶습니다. 노동은 한 개인이 사회구성원으로 참여할 수 있는 권리이기도 합니다. 청년과 관련한 사업을 진행하다 보면 신선한 아이디어를 많이 접하게 됩니다. 그럴 때면 '이런 게 예술이구나' 생각이 들기도 합니다. 청년의 일과 문화에 대한 생각을 들려주시겠습니까?

신나무   저는 금정구에 있는 금샘마을공동체에서 지내고 있습니다. 어렸을 때부터 공동육아로 자랐고, 현재는 보조교사로 여러 일을 하고 있습니다. 주로 청년들에게 공간을 지원해 주는 역할을 하고 있고, 밴드나 여행학교 등을 맡아서 진행하고 있습니다. 말씀하시는 청년문화와 커다란 연결고리는 없는 거 같아요.

청년세대는 기성세대가 요구하는 대로 따르기보다 주체적으로 스스로를 이끌어나가는 세대라고 생각해요. 예전에는 일자리 관련 정책들이 무척 많았던 거 같고, 청년 관련 지원사업도 취업이나 창업이 대부분이었던 거 같아요. 즉 취업이나 창업으로 이어지는 것만 청년문화 활동으로 보았던 게 아닐까 싶어요.

오로지 취업, 창업에만 집중하기보다 개인 브랜딩을 비롯해 자신이 가지고 있는 아이디어를 마음껏 표출할 기회를 제공해 주고, 관련 정책이 많아지고 청년들이 배우고 머무를 수 있는 공간도 많아졌으면 좋겠어요. 그래서 자신의 진로에 대해 좀 더 깊이 고민할 수 있는 여건이 만들어졌으면 합니다.

박지예　　　저는 대안학교 '거침없는 우다다학교' 를 졸업한 박지예입니다. 저는 가치관이 형성되는 시기를 우다다에서 보냈어요. 2000년대 후반에서 2010년대 초반까지 학교에 있었는데, 당시 문화예술인들과 접점이 많았어요. 특히 부산대에 가면 재미있는 게 무척 많다는 느낌을 받았어요. 주위에서도 막연하게 부산대에 가서 놀고 싶다고 말하는 사람도 많았고요. 그때는 언제든 가서 놀 수 있는 공간이었는데, 20대 중반이 지난 시점에서 보니 어느 순간부터 자기들끼리 뭉쳐 있다는 느낌을 받았어요. 예전에는 나도 그 무리에 속했던 거 같은데, 이제는 거기서 나온 듯한 기분이었죠.

　이 시간을 돌이켜보면, 지금의 청년은 함께 모여서 무언가를 하는 것보다 혼자서 하는 것을 좋아하는 거 같아요. 문화가 그렇게 흘러가고 있는 느낌이에요.

　예를 들어 지금의 10대, 20대는 트위터를 많이 해요. 각자 하고 싶은 이야기를 하면서 친구가 되는데, 누군가가 관심 있는 주제에 대한 이야기를 하면 '멘션'을 통해 함께 이야기를 하기보다는 '인용'을 하거나 '리트윗'을 해서 자신의 피드에 혼잣말하듯 이야기를 이어나가는 거죠. 무언가를 함께하기보다, 그저 서로 자그마한 관심을 가지고 있다고 표현하는 정도죠.

　그러다 보니 문화예술과 관련한 활동을 하려 하면, 늘 어려움이 있어요. 저도 여러 커뮤니티를 운영해 왔지만, 이제는 청년들이 모이는 걸 원하지 않는다는 인상을 받아요. 예전에 예체능 관련 문화예술 콘텐츠를 만드는 회사에 다녔었는데, 당시 일반인을 대상으로 프로젝트를 열어서 단체나 동호회를 구성한다고 하면 사람들이 잘 참여하지 않았어요. 대신 개인적으로 참여해서 사진을 찍고 영상을 남기는 건 선호했죠. 분위기나 흐름이 완전히 바뀐 느낌이에요.

이제는 예전과 같은 시선으로 청년들을 바라보면 안 된다는 생각이 들어요. 일 역시도 마찬가지에요. 저도 다양한 청년 관련 지원을 받으면서 일하고 있지만, 이직을 해도 저의 가치는 올라가는 게 아니라 오히려 떨어지는 느낌이 들어요. 결국 최저임금에서 벗어날 수 없는 거죠. 지금의 청년정책은 청년이 아니라 기성세대 입장에서 생각하고 만든 거라 생각해요.

강동훈　　　독서모임을 진행하다 보면, 지금의 청년들은 문화에서도 실용성을 찾는다는 느낌이 듭니다. 내가 좋아하고 향유하는 문화 역시 하나의 돈벌이 수단으로 생각하게 되는 거죠. 자연스레 N잡러가 일반화되고 있는 겁니다. 모든 걸 금전으로 환원하는 게, 지금 청년세대의 특징 중 하나가 아닐까 싶습니다. 물론 그렇게 하지 않으면 당장 먹고살기 어렵다는, 현실적인 이유도 있는 거죠.

박지예　　　비슷한 거 같아요. 내가 즐기는 것도 있지만, 그저 즐기는 수준에서 만족할 수 없다는 거죠. 회사에 다녀도 내가 만족할 만큼 월급을 주지 않으니, 취미마저도 가성비를 따지게 되는 거 같아요. 예를 들어 아이돌 팬클럽 활동마저도 추세가 바뀌었어요. 예전에는 그냥 좋아서 했는데, 이제는 '내가 이 정도 해줬으니, 너희들도 이 정도 해줘야 해'라며 대가를 요구하는 느낌이 커요. 내가 팬클럽 활동을 인증하는 사진을 올리면, 최소한의 반응을 해달라는 식이죠. 즉 내가 좋아하던 주체가 이제는 돈벌이를 위한 수단으로 바뀐 거 같아요. 사회 분위기가 전반적으로 달라진 느낌이에요.

"

지금의 청년들은
문화에서도 실용성을 찾는다는 느낌이 듭니다.
내가 좋아하고 향유하는 문화 역시
하나의 돈벌이 수단으로 생각하게 되는 거죠.
자연스레 N잡러가 일반화되고 있는 겁니다.

"

사회자

급변하는 신자유주의 시대에, 인간은 과연 어디에 위치하는가 고민이 됩니다. 사람 사이의 관계성은 참 소중한 것인데요, 권현석 선생님은 '비밀기지'라는 공간에서 청년문화단체 네트워크를 만드신 걸로 알고 있습니다. 그 시작과 과정을 들려주시겠어요?

권현석　　　비밀기지는 처음에는 청년문화단체들의 쉐어오피스로 시작했습니다. 공간은 시민단체에서 지원받았고, 총 다섯 개 단체가 함께했죠. 이후 '반상회'라는 타이틀로 부산에서 활동하고 있는 50~60개 청년문화단체에 연락을 돌렸습니다. 함께 무언가를 하는 건 아니지만, 서로 얼굴을 확인하고 친목을 다지자는 목적이었죠. 그렇게 여러 번의 반상회를 진행하면서 많은 팀이 모였습니다. 혼자 고군분투하고 있진 않았구나, 느낄 수 있었죠. 서로에게 기댈 수 있는 존재가 되는 것, 동료의 존재를 확인하는 건 활동을 꾸준히 지속할 수 있는 커다란 힘이기도 했습니다.

　청년문화단체는 빨리 만들어지고 사라지는 게 오히려 자연스럽다고 생각합니다. 다만 이들을 품어줄 수 있는 네트워크가 있으면 좋겠다 싶었죠. 부산에 있는 단체를 만나는 데서 그치지 않고, 전국 8개 지역에 있는 11개 청년문화단체를 만나는 '청춘순례' 프로젝트를 진행하기도 했습니다. 이러한 네트워크를 바탕으로 부산문화재단 청년문화활성화 공모사업에 신청해서 전국적인 semi-expo를 기획하기도 했습니다. 우리는 혼자가 아니라는 걸, 비록 분야도 다르고 주제도 다르지만 무언가를 해보려는 사람이 있다는 걸 말하고 싶었죠. 함께 추억할 수 있는 공동의 기억을 만들고 싶었습니다. 그렇게 3년 정도 네트워크를 운영했는데, 결국에는 네트워크를 함께 만들던 팀원 개개인이 소진되어서 그만둘 수밖에 없었습니다.

청년문화라는 건 결국 정체성을 찾는 과정이 아닐까 싶습니다. 물론 청년문화 관련 활동을 하는 사람들은 대부분 팀이나 조직을 이뤄서 활동하고 있지만, 그 속에 있는 개개인이 스스로 어떤 사람인지, 무엇을 하는 사람인지, 무엇이 결핍되어 있고 또 무엇에 분노하는지 고민하며, 각자의 영역에서 각자의 방식으로 노력하는 게 아닐까 싶습니다. 이러한 과정에서 새롭게 시작할 수도 있고, 때때로 포기하거나 타협할 수도 있으며, 헤어졌던 동료를 다시 만나는 경우도 있습니다. 이게 자연스러운 과정이라 생각합니다.

청년문화가 무엇인지 묻는 건, 한편으로는 청년세대가 새롭게 변화하는 과정에 대한 질문이기도 합니다. 그 표현방식은 계속 변할 거라 생각합니다. 제가 생각했던 청년문화는, 제가 놀고 싶은 판을 스스로 만드는 활동이었습니다. 지금은 그런 판이 없으니까, 비록 사회가 인정해 주지 않는다 해도 한번 도전해보는 거죠. 그렇게 생산자 겸 향유자가 되는 겁니다. 그렇게 즐겁게 놀다 보면 돈을 벌 수도 있는 거고, 경제적인 이득이 없더라도 나름의 성취나 만족감을 가지고 살아나갈 수 있는 겁니다. 그런 게 사회에 이미 존재하고 있으면, 굳이 내가 나서서 만들 필요는 없는 거죠.

주체적으로 새로운 무언가를 만드는 건 쉬운 작업이 아닙니다. 현실적인 문제에 부딪히다 보면, 필연적으로 무엇을 포기할 것인지 고민하게 됩니다. 다만 이것저것 포기하고 타협하게 되면 내가 할 수 있는 게 많이 없어지고 결국 기성세대가 만든 것, 이미 사회에 만들어져 있는 걸 향유할 수밖에 없어지는 거죠.

저는 경성대 진로정보센터에서 일하면서 대학생들을 많이 만나고 있습니다. 01년생, 02년생 등을 만나면 나이 차이가 제법 있다 보니 비슷한 점을 찾는 게 어렵습니다. 제가 아무리 노력해도 이들을 흉내 내기는 어렵죠. 다만 같은 사람으로서, 인간으로서 누구나 할 법한 고민 등을 들어주며 이야기를 나누려 합니다. 물리적인 나이 차이가 있으니 세대의 단절은 계속 있을 수밖에 없습니다. 그럼에도 서로의 이야기를 들어줄 수 있는지, 이야기할 기회를 주고 있는지 계속 고민하고 있습니다.

이러한 소통이 되지 않는 순간, 결국 개인화가 되고 단절이 되는 게 아닐까 싶습니다. 다들 먹고살기 바빠서 어쩔 수 없는 부분도 많죠. 그럼에도 각자의 영역에서, 자신과 세대가 다른 이들의 이야기를 들어주기 위해 노력해야 한다고 생각합니다. 우리가 그들의 이야기를 들어주지 않으면, 결국 기존의 문법대로 흘러갈 수밖에 없는 거죠. 그런 차원에서 저는 진로 상담, 진로 관련 프로그램 및 행사 기획 등 여러 일을 하고 있습니다. 학생 개개인의 진로를 설계해주는 걸 넘어, 지역사회와 연계해 대학을 벗어나 사회에서 이미 왕성하게 활동하고 있는 사람들과 학생을 연결해주는 역할을 하고 있습니다.

장현정   제가 청년 당사자로서 활동할 때만 해도 돈을 많이 벌기보단 하고 싶은 걸 하자는 이야기가 많이 나왔습니다. 그러면서 우리의 목소리를 들어달라는, 쉽게 말해 인정 투쟁의 하나였죠. 그 시대를 지나온 사람으로서 걱정되는 건, 지금의 청년들은 야성이 많이 희석된 느낌이 든다는 겁니다. 청년문화가 관으로 들어가고 정책적으로 접근하기 시작하면서, 어쩔 수 없는 과정이라 생각합니다.

청년문화가 가지고 있는 결은 훨씬 풍요롭습니다. 특별한 의도를 가지고 있지 않더라도 자신이 느낀 세계, 자신이 가진 흥미와 재미를 콘텐츠로 풀어나가는 거고, 그러다 보면 한 분야의 전문가가 되기도 하고 창업을 할 수도 있는 거라 생각합니다.

저는 이미 청년이 아니지만, 아직도 10년 전에 진행한 프로젝트를 예시로 들며 청년문화와 관련한 이야기를 하고 있습니다. 저 이외에도 얘기할 수 있는 사람이 충분히 많다고 확신하고, 실제로 그렇게 되었으면

"

자본은 주류 문화를 따라가는 경향이 강해서,

이것은 청년문화가

발전하기 힘든 이유이기도 하다고 생각합니다.

최근 주류 문화는 아름답게 비치는 것들,

남들에게 자랑하기 좋은 것들에

초점이 맞춰져 있지 않나 싶습니다.

청년문화와 연결되어 있는

인디문화, 비주류 문화는 점점 영향력이

줄어들고 있는 거죠.

"

좋겠습니다. 이런 이야기들을 계속 축적하다 보면, 그 두터움 속에서 무언가 나올 것이라고 생각합니다. 한 번에 정답을 찾는 게 아니라, 한 번 가보고 아니다 싶으면 돌아가기도 하고, 넘어지기도 하고 주위를 둘러보기도 하면서, 그렇게 단단하게 나아갈 수 있지 않을까 싶습니다. 겉으로 보이는 양상은 모두 달라도, 그게 인간의 본질이기도 하고 사회의 작동 방식이라 생각합니다.

청년문화의
주변부

사회자
청년문화에 대한 이야기를 하다 보면, 대학을 나와 취업을 준비하는 이들만 '청년'이라는 정책범주에 넣는 것은 아닐까 하는 생각이 듭니다. 청년세대 가운데서도 지식자본이 있는 경우, 그 목소리가 중심부에 더 닿을 수 있기 때문입니다. 사실 우리 사회에는 너무나 다양한 상황에 놓인 청년들이 있는데 말입니다. 혹, 우리 사회에서 보이지 않는 문턱을 느낀 적은 있으신지요?

신나무   앞서 말씀드린 것처럼 저는 대안학교 졸업 후 대학에 가지 않고 여러 활동을 하며 지냈습니다. 청년문화는 비주류 문화와 많이 연결되어 있다 보니, 저 같은 사람도 부담 없이 접근할 수 있었던 거 같습니다. 하지만 자본은 주류 문화를 따라가는 경향이 강한데, 이것이 청년문화가 발전하기 힘든 이유이기도 하다고 생각합니다. 최근 주류 문화는 아름답게 비치는 것들, 남들에게 자랑하기 좋은 것들에 초점이 맞춰져 있지 않나 싶습니다. 청년문화와 연결되어 있는 인디문화, 비주류 문화는 점점 영향력이 줄어들고 있는 거죠.

예전에는 청년들이 공통된 적에 맞서 함께 저항하면서 문화를 이끌어 나갔다면, 지금은 그게 없다고 생각합니다. 청년들이 과거처럼 단단하게 뭉칠 수 있는 기회가 사라진 거죠. 대안 교육을 받은 당사자이기도 하고 교육 문제에 관심이 많은 입장에서, 저는 지금 청년들이 대항해야 하는 것 중 하나가 기성세대의 교육 가치관이라 생각합니다. 기성세대는 대학을 졸업해 취업해서 돈을 버는 게 그 무엇보다 중요한 시대에 살아왔습니다. 먹고살기에도 충분히 바빴던 시기였죠. 자연스레 지금 만들어진 세상도, 물질이 거대해진 세상입니다. 하지만 이런 세상일수록 물질을 무조건 따라가기보다 청년들을 문화적으로 이끌어나가는 게 중요하다고 확신합니다. 개개인의 창의성을 마음껏 펼칠 수 있는 여건을 만들어줘야 하고, 이를 위해 꼭 필요한 게 지금 시대에 맞는 교육 가치관인 거죠. 대안교육이 맞는지 틀린지를 떠나, 이러한 관점에서 좀 더 고민해볼 필요가 있다고 생각합니다.

박지예　　　2010년에 '대안교육한마당'이라는 행사가 열렸습니다. 전국에 있는 대안학교가 모여서 모임도 하고 컨퍼런스도 진행하는 행사였는데, 컨퍼런스 마지막에 한 대안학교 졸업생이 울면서 얘기했던 기억이 납니다. 대안학교는 온실이었다고, 여기서 배운 건 사회에서 통용되지 않았다고, 대안교육은 영화 〈매트릭스〉에 나오는 빨간약과 같았다고, 왜 부모님이 나에게 빨간약을 먹여서 이러한 혼란의 파도 속에 자신을 빠뜨렸냐고, 왜 나에게 선택지를 주지 않았냐고 말이죠. 이러한 고민에, 대담자 중 한 분은 아픔에 공감한다며, 그래서 대안대학교를 만들려고 한다고 대답했습니다. 당시 저는 스무 살이었는데, 이 얘기를 듣고 무척 화났습니다. 기성세대가 어디까지 만들어줄 수 있을까 의문이 들었어요. 그렇게 대학도 만들어주고 일자리도 만들어주고 주거도 해결해줄 건지, 그렇게 우쭈쭈 키우는 거면 일반고와 다른 게 무엇인가 싶었습니다. 결국 기성세대가 생각하는 틀에 청년을 끼워 맞추겠다는 의미로 다가왔어요. 그 얘기를 듣고 대안교육 활동가가 되어선 안 되겠다, 다짐을 하게 되었죠.

저는 우다다학교를 졸업한 이후 학교에서 길동무(인턴교사)로서 아이들과 함께 배우며 생활했습니다. 어디에 가든 대안학교를 졸업했다고 하면 남들과 다르다고 인식을 하더라고요. 그런 시선이 굉장히 부담스러웠습니다. 제가 어떤 사람인지 알기 전에 대안학교를 졸업했다는 이유만으로 이미 저를 '다른 애'라며 선을 그어버린 느낌이었죠.

기성세대도 분명 자신이 살아온 힘든 시절이 존재하고, 나름의 고민과 한계도 있을 거라 생각합니다. 하지만 그 잣대가 너무 강하게 느껴집니다. 최근 그만둔 회사에서도, 대학도 안 나오고 스펙도 없으니 낮은 월급에서 시작해야 한다는 얘기를 들었습니다. 심지어 사회를 변화시키기 위해 노력한다는 회사에서도 이런 이야기를 들으니, 현실의 벽을 단단히 느끼게 되었죠. 한국 사회에서 대안교육이 어떤 의미를 가질까, 늘 고민하고 있습니다.

장현정　　　　　사회적기업도 대안학교와 연관이 있습니다. 기존의 방식과는 다른 교육을 하고자 대안학교가 만들어졌는데 대학을 목적으로 하지 않았기에, 대안학교를 졸업한 이들은 바로 사회로 진입해야 했고 거기에 대한 준비는 부족했던 게 사실이었죠. 이를 보완하기 위한 방안 중 하나로 사회적기업 창업을 고려해 보게 된 거고요. 대안학교는 청년문화와 닮은 지점이 많습니다. 아무리 의도가 좋다고 해도 무엇이 최선의 방식인지 끊임없이 고민하는 과정이 필요하다고 생각합니다.

대안교육을 통해 학생들에게 새로운 배움의 기회를 제공하고, 개개인이 창의성을 발휘할 수 있는 여건을 만들어 준다는 건, 결코 쉬운 일이 아닙니다. 그런 점에서 우리가 너무 낭만적으로 접근하는 게 아닐까, 스스로 의문을 가질 필요가 있습니다. 가치가 좋다고 해도, 이 과정에서 다치는 학생들도 많을 거라 생각합니다. 충분한 소통과 공론화 과정이 필요하지 않을까 싶습니다.

박지예　　　　부모님이 자신의 아이를 대안학교에 보내는 경우를 많이 봤습니다. 다만 졸업 후 자신의 진로나 선택에 대한 고민을 하는 시기가 필요한데, 대부분의 부모님께서는 그 시간을 견디기 힘들어 하신다는 느낌을 받았습니다. 제도권 교육을 받는 친구들은 다수가 고등학교 졸업 후 스무 살 때 대학에 진학하잖아요. 대안학교를 졸업하고 난 이후에 바로 대학이라든가 다른 무언가로 이어지지 않는 경우, 뒤처지거나 아무것도 안 한다는 생각에 불안감이 들 수 있다고 생각해요. 하지만 그 시기는 겉으로 봤을 땐 아무것도 안 하는 것처럼 보여도, 꼭 필요한 시간이죠. 자신이 받은 교육이 사회와 차이가 있다는 걸 인정하고, 이를 바탕으로 진로를 선택하고 판단하기 위해선 절대적인 시간이 필요하거든요.

청년문화는
누가 만드는가

사회자

이어서 우리 사회에서 청년문화는 누가 만드는가에 대한 이야기도 해보고 싶습니다. 혹시 다른 사람들이 만들고 있는 건 아닌지, 청년이 주체적으로 만들고 있는 건지에 대한 각자의 의견을 듣고 싶습니다.

"

청년이 아니어도
청년문화를 만들 수도 있고,
청년이 생산자가 되기도 하고,
청년문화에 대해서 생각하지 않아도
그걸 향유할 수도 있죠.
다만 청년문화를 만들어 나갈 땐,
그게 정말 청년이 원하는 게 맞는지
고민할 필요가 있습니다.
이 간극을 좁히는 게 핵심인 거죠.

"

장혜원   청년문화는 누가 만들고 있다고 명확히 말하긴 어렵습니다. 청년이 아니어도 청년문화를 만들 수도 있고, 청년이 생산자가 되기도 하고, 청년문화에 대해서 생각하지 않아도 그걸 향유할 수도 있죠. 다만 청년문화를 만들어 나갈 땐, 그게 정말 청년이 원하는 게 맞는지 고민할 필요가 있습니다. 누가 만들더라도 청년을 위한 문화를 만드는 것이 핵심인 거죠.

김지현   보통은 자신의 눈에 보이는 주위 사람들을 위주로 청년에 대해 생각하게 되죠. 문화적으로 보면 10년 간격으로 청년세대를 새롭게 호명하고, 정치적으로 활용하거나 마케팅에 활용하는 거 같습니다. 지금은 'MZ세대'라는 단어를 만들어서 사용하고 있죠. 데이터로 경향을 분석해 청년을 정의할 수는 있습니다. 하지만 각자가 살고 있는 청년기는 분명 다릅니다. 청년세대는 이러하다고 각자의 생각으로 청년문화를 정의하는 것은 판타지라고 생각합니다.

청년들이 겪는 문제가 명확히 드러났기 때문에 그것을 해결하기 위해 청년기본법에서는 만19세~34세라고 연령대로 나누어 청년을 정의하고 있습니다. 청년정책에 관한 이야기가 어렵긴 하지만, 그렇다고 얘기를 안 할 수는 없는 자리라고 생각합니다. 우리가 이 자리에 있는 이유는 청년정책에서 청년문화라는 분야를 다루기 때문입니다. 정책이 어렵다고 생각하는 청년이 있다면, 어떻게 하면 정책에 관한 이야기를 쉽게 전달할 수 있을까 고민할 필요가 있다고 봅니다.

오늘 이 자리에서는 각자 겪고 있는 교육격차, 지원사업, 기성세대의 교육 가치관, 커뮤니티 등 다양한 이야기가 나왔는데, 지금 청년정책에서 다루고 있지 못하는 사각지대를 중심으로 청년 당사자가 청년문화를 주도할 수 있도록, 그것을 어떻게 지원할 수 있을지 함께 고민했으면 합니다.

장현정　　　청년들의 목소리를 모아서 전달하는 건 굉장히 중요한 활동이라 생각합니다. 국가에는 다양한 부서가 있고, 각 부서 활동에는 부분적으로 청년 문제가 담겨 있습니다. 청년 문제는 일자리 문제와 연결되긴 하지만, 폭넓게 다루는 건 너무 어려운 일입니다.

대담에서 '기성세대'라는 단어가 많이 나왔는데, 기성세대가 되면 세속의 논리, 삶의 논리에서 벗어나기 어려워집니다. 직장에 다니며 일을 하고 한 분야의 전문가가 되면 자신의 자리에서 벗어나기 힘들어질 수밖에 없습니다. 기성세대는 결국 경직될 수밖에 없는 거죠. 개인적으로 기대하는 건, 기성세대에 대한 견제 역할을 청년세대가 해줬으면 하는 겁니다. 과거에도 청년세대는 늘 이러한 역할을 해왔다고 생각합니다. 청년 문제를 해결하기 위해 제도를 만들고 새로운 정책을 만드는 것도 중요하지만, 이 지점을 놓쳐서는 안 된다고 확신합니다.

오늘 나온 다양한 이야기들이 어떤 결을 가지고 있고 어떤 의미를 가지는지 돌아볼 필요가 있습니다. 다양한 문제를 단번에 해결하기 어렵기에, 지속적으로 이야기를 듣는 테이블이 존재해야 합니다. 세련된 언어로 표현되지 않더라도, 계속 관심을 가지고 안테나를 세워야 한다고 확신합니다.

더 나은
청년문화를 위해

사회자

이번 자리를 통해 서로의 생각을 다듬어갈 수 있지 않았나 싶습니다. 무엇이 문제인지 서로의 목소리에 귀를 기울이는 테이블이 계속 있어야 하겠습니다. 마지막으로 더 나은 청년문화를 위해선 무엇이 필요하다고 생각하는지 말씀 부탁드립니다.

강동훈　　　코로나 사태를 겪으며 사람들의 일상에 큰 변화가 생겼습니다. 가장 큰 변화는 일상에 제한이 많이 생기며 지루함이 커졌다는 거죠. 이러한 어려움에 맞서, 각자 주어진 환경에서 각자만의 방식으로 무언가를 하고 있었다고 생각합니다.

　다양한 문화를 누릴 수 있는 개인의 토양을 마련하는 작업도 중요하고, 커뮤니티를 기반으로 함께 문화 풍토를 넓힐 수 있는 방법을 모색해야 한다고 생각합니다. 이 중에는 다음 세대를 키워내기 위한 준비도 꼭 있어야겠죠.

김지현　　　저는 '청년문화'라는 단어가 없어지는 게 가장 좋다고 생각합니다. 청년이 겪는 문화의 불평등 격차 문제가 사라진다는 의미이기도 하죠.

장현정　　　무언가를 호명하는 순간, 거기에 의미가 얽매이는 경우가 있습니다. 청년에 대해 따로 얘기하기보다, 다양한 분야에 들어가 어우러지는 게 자연스럽지 않을까 싶습니다. 오히려 청년을 따로 묶어서 정의하고 말하는 바람에, 색안경을 끼고 바라보는 건 아닐지 걱정이 듭니다. 더 나은 청년문화를 이야기하기 이전에, 청년문화를 너무 틀에 가두어서 사용한 게 아닐까 돌아보았으면 합니다.

신나무　　　우리 사회가 청년을 정의하는 생물학적 연령은, 딱 대학생 나이가 아닐까 싶습니다. 요즘은 초등학생도 휴대폰을 가지고 다니고, 어릴 때부터 수많은 정보를 습득하면서 정체성이 일찍 형성된다고 생각합니다. 그렇기에 청년을 묶어서 이야기하기보다 어렸을 때부터 청년이 무엇인지, 나와 어떻게 연결이 되는지, 내가 청년이 되면 무엇을 할 수 있을지 고민할 기회가 있으면 좋겠습니다.

장혜원　　　　지금의 기성세대도 과거에는 청년이었던 것처럼, 지금의 청년도 언젠가 기성세대가 됩니다. 각 세대를 살아가는 이들이 자신의 가치관을 존중받고 다양성을 마음껏 펼칠 수 있도록 노력해야 한다고 생각합니다.

박지예　　　　청년은 다른 세대와 분절성을 가지지 않는다고 생각합니다. 하지만 '청년'이라고 이름을 붙이게 되면 어떠한 틀에 가두게 되는 부분이 분명 있다고 생각합니다.

권현석　　　　오늘 다양한 이야기를 나눴지만, 새롭게 알게 된 건 많지 않습니다. 학교에서 학생들을 만나면, 개인의 욕구를 끊임없이 물어보고 탐구하려고 노력하는 편입니다. 청년세대든 기성세대든 지금의 사회 구조 속에서 대립한다면, 그 어떤 문제도 해결할 수 없다고 확신합니다. 청년들 스스로가, 청년문화에 대해 알고 싶어 할까 의문을 가질 필요가 있습니다. 청년들에게 어떤 문제가 있고, 무슨 대화가 필요한지 묻는 과정이 무척 중요합니다. 이러한 과정 없이 청년문화에 대해 이야기하는 건, 결국 개인의 욕구만 이야기하는 데서 그칠 수밖에 없습니다. 결국 이해와 존중이 가장 중요하다고 생각합니다. 청년들을 이해하고 존중하기 위해 어떤 장치가 필요한지 함께 좀 더 고민했으면 합니다.

장현정　　　　제가 청년이었던 시절에 비해 지금은 불평등 구조가 훨씬 더 심화되었다고 생각합니다. 생존 위협이 더 강해졌고, 계급 문제나 부조리에 대한 담론도 더 많이 나오고 있죠. 그럼에도 이러한 문제에 대응하는 사회구성원들의 태도는 굉장히 순화되었다고 느껴집니다. 어떻게 보면, 체념하는 느낌도 들어요. 이걸 바꿀 수 없으니 각자도생하는 분위기가 만들어지고, 자연스레 부동산이나 주식 등에 관한 관심이 커지는 거죠. 금수저, 흙수저에 관한 얘기가 나온다는 건 이미 신분제 사회로 돌아섰다는 걸 의미합니다. 2021년 현재의 모습을 보면, 딱히 활로가 보이지 않습니다.

제가 과거 경험하고 이해했던 청년문화는, 기성세대가 만든 판 자체를 바꾸자는 취지가 강하게 녹아 있었습니다. 하지만 이제는 승리가 거의 불가능한 룰을 주면서 살아남으라며 청년들을 내모는 분위기 속에서 각각 활로를 찾으려고 애쓰는 것 같습니다. 물론 당장 필요하고 절박한 현실이긴 하지만, 그럼에도 서로 더 많이 연대하고 더 큰 틀에서 이런 현실을 어떻게 바꿀 수 있을지 고민해 주시면 좋겠습니다. 낭만적으로 접근한다고 현실의 문제가 갑자기 해결되지 않을 거라는 걸 잘 아는 것도 중요하겠죠.

사회자

청년문화백서를 통해 청년들이 어떤 존재이고, 무엇을 해야 하는지에 대한 답을 찾을 수 있을까요? 글로벌 기업들이 세계 시장을 장악하고 이윤의 극대화를 위해 집적화되어가는 동안 지역과 개인의 삶은 고갈되어가고 있지요. 이러한 시점에서 지역에서 활동하고 있는 청년문화활동가 당사자들의 목소리를 담고 싶었습니다. 이 책의 첫 장이 될, 이 시대 청년문화의 좌표를 읽어주신 여러 선생님들께 진심으로 감사드립니다.

같음 / 지금 청년이 가지고 있는 문제를 얘기하려해도 각자가 처한 상황이 너무 다름 / 한두 달안 차이가 나도 차이 / 문제가 무엇인지 알아보기 힘들다 / 단계적으로 알아가야 한다 / 활동영역을 확정할 게 아니라 좀 더 촘촘하게 설계해서 / 어떤 문제를 인식하고 해결할지 고민을 해보면 좋겠다 / 다른 다른 문제를 가지고 있는데 청년문화사업의 무익을 해결해야 할까 / 창의적인 활동을 지원한다.

2장

흔들리는 예술

대담자

청년활동가 김도희

청년예술가 김민송

청년예술가 김보경

브레이킹 연구자 박은지

작곡가 손한묵

소설가, 뮤지션 오성은

전시기획자 이봉미

대담 진행
부산문화재단 청년문화팀장 박소윤

2021.10.28.(목) 오후 2시, 스페이스 움

코로나 이후에 오히려 관객과
굉장히 밀도 있게 만나게 되었다고 느껴요.
전시할 수 있는 관람객 수를 제한하니까 변화가 생기더라고요.
외부 상황과 단절되어 있다 보니까 소수의 관객과
더 쉽게 연결되는 것 같았어요.
양적으로는 굉장히 줄어들었지만 깊이가 생겼다고 할까요.
인터넷으로만 사람들과 만나는 대신에 오히려
그동안 못 봤던 주변을 보게 되기도 했고요.

흔들림,
그 불안과 설렘 사이에서

대담 정리 · 집필 **김미양**
문화기획자, 작가,
『입가에 어둠이 새겨질 때』(두두, 2021) 저자

'흔들림'이라는 단어에서 당신은 무엇을 연상하는가.

'흔들리는 예술'이라는 글자가 적힌 회의 자료를 받아들었을 때 나의 머릿속에 떠오른 첫 느낌은 '불안'이었다. 지진, 그리고 언제 시작될지 모르는 균열. 작년 초 발생한 코로나는 하루아침에 우리의 일상에 균열을 만들었다. 모두가 코와 입을 가린 채 수시로 울려대는 재난 문자를 확인했다. 공연과 행사가 줄줄이 미뤄지고 취소되는 상황 속에서 예술가들의 삶은 불안 그 자체였으리라.

초반에는 혼란이 가득했으나, 과학기술의 발전 덕분에 문화예술계는 대안을 찾은 듯 보였다. 유튜브 라이브를 통해 선보이는 실시간 온라인 공연이 늘었고, VR과 메타버스를 활용한 콘텐츠도 생겨났다. 우리는 이제 침대에 누워 있으면서 스마트폰 터치 몇 번으로 바다 건너 미술관의 전시를 관람할 수 있게 되었다.

그러나 대부분의 사람들이 마스크를 쓰는 일상에 적응하고 비대면 소통을 배워나가는 동안에도 예술가들은 고민을 멈추지 않았던 것일까. 올

여름, 부산시립미술관의 〈이토록 아름다운The Nature of Art〉 기획전시에서 잊을 수 없는 경험을 했다. 파도가 몰아치는 바다를 다채널 비디오로 구현해 낸 작품이 궁금해 관람 예약을 했는데, 코로나 사망자의 사연을 신문에 부고로 게재하는 프로젝트 앞에서 두 발이 멈춰버렸다. 무심히 잊고 지냈던 타인의 삶이 내게로 확 다가와 가슴이 먹먹해졌다.

이후 그 작품을 지인들에게 적극 추천하고 싶었지만 설명하기가 어려웠다. 벽에 걸린 신문과 그 속에 담긴 사연과 온라인에서 확인할 수 있는 인터랙티브 페이지와 누구나 한 장씩 가져갈 수 있도록 전시장 한켠에 비치해놓은 포스터들. 이 모든 것이 유기적으로 연결되는 작품은 과연 어떤 장르에 속할까? 이런 게 바로 예술이구나 하고 감동하면서도 나는 그 답을 찾지 못했다.

모더니즘 시대 예술은 작가와 평론가의 전유물이었다. 그들에게 예술이란 특정 계층만이 누릴 수 있는 고급문화였다. 각 장르는 폐쇄적이었고, 서로가 서로에게 침범할 수 없는 명확한 선이 존재했다. 그러나 예술은 거기서 멈추지 않았다. 어떤 이들은 새로운 방식으로 예술의 지평을 넓혀가고자 했고, 향유자와 만날 수 있는 다양한 접점을 원했다.

지금 우리는 무엇이 예술이고, 무엇이 예술이 아니다라고 정의할 수 없는 시대를 살아가고 있다. 예술의 경계는 흐릿해지고 장르의 해체와 융합이 빈번하게 일어난다. 포스트모더니즘, 그리고 최근의 신유물론까지 예술 운동은 끝없이 이루어지고 있다.

앞서 '흔들림'이란 단어에서 느꼈던 불안을 이제 지워낼 차례다. 알이 흔들리고 균열이 생기면 이내 새 한 마리가 모습을 드러내듯, '흔들림'은 불안한 조짐 아니라 새로운 탄생의 예고일지도 모른다. 앞으로 10년 후, 20년 후의 세상은 어떤 모습일까? 다가오는 미래에 예술은 또 어떤 모습으로 우리를 놀라게 할까?

코로나로 인해 격변을 겪고 있는 요즘, 흔들리는 예술의 중심에 서 있는 청년들의 목소리를 들어보기로 했다.

새로운 예술형식

사회자

20세기 후반 이후, 포스트모더니즘 시대엔 예술의 경계가 모호해지면서 독특한 표현 방식들이 등장하지요. 지금은 일상의 행동조차도 예술로 보기도 합니다. 이 자리에 모인 선생님들은 시대의 변화를 감지하고 새로운 예술 활동을 하거나 경계에 있는 작품들을 창작하고 계시는 것으로 압니다. 예술에 있어 새로움은 어떤 의미일까요? 그에 대해 자유롭게 말씀해 주시면 감사하겠습니다.

김보경　　　저는 먼저 이 '새로움'이라는 것을 각자 어떻게 받아들이고 계시는지 묻고 싶어요. 자신한테 새로움이란 무엇인가? 단순히 변화한다는 것이 새로움인가? 이 새로운 변화라는 것이 나에게 엄청난 영향을 주고 있는가? 그런 것들을 어떻게 느끼시는지 궁금합니다.

박은지　　　저의 경우에는, 미학을 전공하고 철학을 기반으로 한 공부를 해온 입장에서 그냥 브레이킹 자체가 새로웠어요. 작업하면서 알게 된 사람들, 그쪽 분야에서 전문적으로 일하고 큰 활약을 하는 분 중에는 특별히 학력이라는 게 중요하지 않은 분들이 있거든요. 정말 감각적으로 작업을 하는 분들이죠. 물론 학교 교육이 아닌 다른 교육 학습을 통해서 스스로 성장해 나가는 분들이겠지만, 나하고는 전혀 다른 방식으로 접근한 사람들이기 때문에 오히려 조금 더 많은 걸 볼 수 있지 않을까 하는 생각이 들었어요. 어쨌든 저는 교육을 통해서 형식적인 틀이라는 게 생겨버렸으니까요. 또 한편으로 생각하면, 영상 통화 기술이 30년 전에 나왔지만 우리가 정서적으로 받아들이고 실생활에 적용되는 데까지는 시간이 걸렸잖아요. 그때는 선택 사항이었죠. 그런데 지금 상황에서는 선택의 여지없이 반강제적으로 온라인의 삶을 살아야 하거든요. 저

김보경
나무 심으러 헬싱키로 떠납니다
3박4일
노마딕 퍼포먼스 기록사진
2014년 4월

김민송
망각의 정원
VR painting_2020_1분 30초

신광현(b-boy Rookie)_Break Brush Project_2020

이봉미
기획전 〈주거: 일정한 곳에 머물러 삶〉 전시장 입구

는 84년생이기 때문에 면대면의 관계가 익숙하고, 사실은 아직도 PDF 파일이나 웹 버전으로 매체를 접하는 게 힘들어요. 머릿속에 잘 안 들어와요. 직접 볼펜으로 그어야 하고, 정말로 약간 곰팡내 나는 책의 형태로 있어야 그게 단순히 정보가 아니라 내 지식이 될 수 있다고 생각하는 입장이에요.

그러니까 이렇게 마주 보고 살 냄새를 맡을 수 있는 공간이 아닌 줌zoom이라고 하는 공간에서 맺는 관계들이 실제로 인간관계인 건가에 대한 고민이 많거든요.

김보경　　방금 말씀하신 부분이 인상적이에요. 뭐든지 변화가 일어나기 때문에 우리가 새로운 걸 맞닥뜨리게 되는데, 그런 상황이 언제나 긍정적이진 않잖아요. 어색할 수도 있고 망설이기도 하는데. 그런데 이 변화라는 걸 누가 만들고 있는 걸까 하는 의문이 들어요. 반강제적으로, 내 의지와 상관없이 변화가 일어나는 걸 받아들여야 하는 상황이 되어버렸어요.

박은지　　그게 힘든 것 같아요. 내가 원해서 스마트폰을 사는 입장이 아니라, 그게 아니면 생활이 불가능한 상태가 되어버렸기 때문에. 글로벌 대기업들이 시장을 주도하면서 소비자들을 부추기고 몰아가는 현상과 예술가로서 새로움을 추구하고 예술의 지평을 넓혀가야 하는 상황이 따로 떨어진 별개의 문제가 아니라 하나로 맞물려있는 것 같아요.

이봉미　　2020년과 최근 전시에 참여했을 때, 여러 가지 감각을 자극하는 전시를 했었는데요, 새롭고 신선하다는 반응을 듣긴 했지만, 어떤 전시 기획을 실현한다는 측면에서 보면 항상 '새로운 건 없다'라고 생각을 하거든요. 창작에서 저만의 새로운 예술형식이 나올 수 있을 거라고는 생각하지 않아요. 왜냐면 예술이라는 게 다 본인이 경험하고 쌓이고 느꼈던 그런 것들이 자기 안에서 다시 읽혀 나오는 거잖아요. 자기가 본 이미지를 다시 조합하는 거고요.

그래서 새로운 예술형식이 있다기보다는 이것이 관객한테 다가갔을 때 어떤 시도가 '신선하다'라고 느껴진다면 그게 좀 좋은 예술형식이지 않을까, 생각해요.

박은지　　　저도 같은 입장이에요. 작가든 큐레이터든 누구든 간에, 뭔가 창작이라고 하면 이전에 없던 것들을 새로 탄생시키는 신 같은 존재처럼 여기곤 하는데, '내가 뭘 특별한 걸 했나?' 하는 생각이 들어요.

이봉미　　　그런 거네요. 새로운 시도는 하거든요. 새로운 창작을 하지 않고. 예를 들면 〈영주맨션〉도 이번에 워크숍을 처음 해봤어요. 작가들이 살면서 꼭 하고 싶은 이야기가 있는데, 이걸 그냥 전시로만 풀기보다는 워크숍에서부터 시작해서 전시까지 하는 '여성 예술인을 위한 공구 워크숍'이라고 했었거든요. 이런 새로운 시도는 해요. 그런데 이걸 새로운 예술형식이라 할 수는 없을 것 같아요. 전에도 누군가 했을 수 있고, 우리가 이런 시도를 한다고 해서 이걸 새롭다고 말하지는 않거든요. 대신 '재밌다, 다음에 또 하자' 이런 반응을 이끌어 내는 것에 의의를 두는 것 같아요.

김보경　　　표면에서 가장 눈에 띄는 게 물질, 재료이기 때문에 사람들은 재료에 관심을 가지고 새롭다고 이야기를 해요. 하지만 그것이 실제로 새로운 것은 아닌 것 같아요. 물론 새롭기는 하지만, 그것 너머에 더 확장된 의미의 새로움이 존재하는 것 같아요. 그걸 잊어버리면 안 된다고 생각해요.

손한묵　　　　새로운 기술을 어떻게 접목한다고 해서 새로운 예술형식이라고 말하는 건 약간 어폐가 있다고 생각해요. 저도 메타데이터를 활용한 작업들이나 여러 분야의 미디어 아트를 시도하고 있지만요, 그 근본 안에 자신이 표현하고 싶은 게 없다면 결국엔 아무 의미가 없는 것 같아요. 누군가가 작품을 보고 어떤 걸 느끼지 못한다면 새로운 기술을 써서 새로운 형식을 만들었다 하더라도 의미가 있겠는가, 이런 생각이 좀 들었어요.

김민송　　　　저도 미디어아트에 관심을 가지면서 느꼈던 게 있어요. 코엑스에 다각형으로 생긴 큰 스크린 아시죠? 거기에 '디스트릭트 D'strict'의 〈웨이브〉나 다양한 미디어아트 작품들이 많이 나오잖아요. 약간 아이러니해요. 거기서 사람들이 열광하는 부분은 첨단 기술인데, 그 안에 자연을 그려요. 파도가 치는 방향이라든지. 오히려 그 첨단 기술 속에서 사람들은 아날로그적인 감성을 원하고 있어요. 물론 그런 스케일이나 어떤 기술적인 큰 부분에서 사람들이 열광하는 건 당연하다고 생각하고요. 요즘에는 유명한 전시, 좋은 전시들이 소문나게 되는 게 다 SNS인데요, 유튜브나 인스타그램 이런 것들은 우리가 작은 화면으로 보게 되기 때문에 약간의 단점도 있는 것 같아요. 예를 들어 어떤 유명한 전시가 있는데 이 작은 화면 안에선 너무 예뻐 보였어요. 그런데 막상 전시를 가면 너무 초라한 거예요. 사진에 담긴 그 코너만 예쁘게 되어있고 나머지는 텅 비어있다거나. 반대로 사진에서는 너무 작고 너무 초라했는데 실제로 봤을 때는 또 그 에너지가 엄청날 수도 있고요. 그런 것들이 좀 아쉬워요. 진짜 가짜를 구별하기 힘든 것 같기도 하고요. 기술에 무언가가 가려지는 부분도 있고, 기술이 더 다양한 파급력을 갖게 되는 경우도 있고요.

김도희　　　　저는 사실 웹소설을 긍정적으로 바라보는 사람은 아니었어요. 왜냐면 전공인 교육학이 굉장히 보수적인 학문이거든요. 약간의 변화를 준다고는 하지만 큰 틀에서 벗어나지 못한 채로, 고전이라고 평가받거나 오랜 시간 정전으로 여겨졌던 작품들을 교과서에 싣고 교육을 하죠. 저는 그걸 연구하던 사람이었어요. 웹소설이 등장한 걸 알았고 웹소설 플랫폼의 기능을 알았지만 그게 현실적으로 오래 지속되지는 못할 거라고 제 나름대로 생각하고 있었어요. 그런데 어느 날 TV를 보니까 너무 유명한 배우가, 흔히 말해서 정말 개런티가 비싼 배우가 웹소설 플랫폼 광고를 하는 거예요. 그때 웹소설이 정말 큰 수익을 낼 수 있을 만큼 시장 규모가 성장했다는 걸 알았어요. 그중에서도 네이버가 대중성이 있고 보편적인 시장이라고 생각해서 그 플랫폼에 들어가서 광고에 나온 작품을 읽기 시작했어요. 이 작품이 요즘 흔히 말하는 MZ세대에게 얼마나 큰 영향을 끼치길래 이렇게 플랫폼을 확장하고 광고를 하는지 궁금했어요. 그래서 제가 1편부터 완결편까지 봤죠. 며칠에 걸쳐서 그걸 다 보는데, 내용적인 면에서 특별함을 찾을 수는 없었지만 젊은 세대들이 좋아할 만한 멀티미디어적인 속성을 확실히 갖고 있다고 느꼈어요. 단순히 일러스트가 있고 인물 그림이 등장하고 이 정도 수준이 아니에요. 내용을 분명 글로 보긴 하지만 그게 시각적인 느낌으로 사진처럼 탁탁 찍혀서 느껴진다는 그런 인지 과정을 겪게 되거든요. 요즘에 학생들이 검색할 때 검색 엔진을 쓰는 게 아니라 유튜브 플랫폼으로 검색을 한다고 하잖아요. 짧은 시간 안에 핵심만 빠르고 시각적으로 바로 확인할 수 있는, 그 시스템과 유사한 인지 과정을 웹소설이 갖고 있다고 생각했어요. 웹 소설은 흔히 말하는 종이책 형식의 글이 아니라 약간 대본처럼 짜여 있거든요. 꼭 드라마 대본처럼, 줄글은 한 두세 줄 나오고 대화가 이어지고 그러다가 또 줄글이 두세 줄 조금 나오고 대화가 이어지고. 제가 느끼기에는 시나리오 상태에 가까워요. 그동안은 대표적으로 『원고지(이근삼 작)』가 시나리오의 예시로 교과서에 나왔잖아요. 그러다가 이제 교과서 제도가 변하면서 비교적 최근에 상영되었던 영화 시나리오가 등장했어요. 학생들은 그것만으로도 '교과서가 변했다, 새롭다'라고 느끼는데, 이런 웹 기반의 작품이 교과서에 실린다면 어떨까? 웹소설이 교과서에 실리기 위해서는 많은 진통을 겪어야겠지만, 저는 실릴 수도 있다고 생각을 하거든요. 학생들이 많이 향유를 하고 있고 그것에서 멀티미디어의 특성을 느낄 수 있기 때문에, 저는 웹소설이 현대의 변화하는 시대상을 반영하는 예술 중에 하나라고 생각해서 연구를 진행해 보고 있습니다.

오성은 　　　가라타니 고진이라는 세계적인 비평가가 『근대문학의 종언』(2005)이라는 책을 써서 큰 파장을 일으켰습니다. 이 책의 저자는 한국에서 문학이 영향력을 잃어가는 걸 보고 마침내 종언을 실감했다고 고백하기도 합니다. 그즈음 저는 평생 글을 쓸 것을 결심하였고, 지금은 소설가가 되어 살아가고 있습니다. 제가 쓰고 있는 글은 과연 종언의 글인가요, 종언 이후의 글일까요. 지금의 대화에 이어서 생각해 보면, '새로움이란 없다'라는 이 전제 범위를 비틀어서 어떤 종언의 환경 속에서도 기형적인 것으로 살아남는 것이 있다면 '새롭다'는 가치를 부여해도 좋지 않을까요. 태평양 한가운데 빠지더라도 난파선에서 살아남아 계속해서 쓸 수밖에 없는, 그런 작가의 정신은 종언과 관계없이 변하지 않는 가치입니다. 여담입니다만, 제가 지금 감만창의문화촌에 입주작가로 있는데요, 시각 예술을 하는 작가분이 한 가지 제안을 하셨어요. 사람들이 갤러리에 잘 가지 않는 것 같아서 낸 아이디어였어요. 필진을 꾸려서 시각 전시에 관한 청탁을 하고, 원고를 모아 책을 내고, 그 책을 영상으로 만들어보자, 그 영상의 상영회에 최초의 시각 예술 작가를 초대해보자, 또 그 작가에게 글을 부탁하고, 그것을 이어나가 보자, 이런 계획이었죠. 그래서 지금 즐겁게 진행하는 중인데요, 저는 그것이 새롭다고는 생각은 안 하지만 우리가 할 수 있는 재미난 시도들인 것 같아요. 그것을 저 스스로는 발터 벤야민의 개념을 빌려와서 〈아케이드 프로젝트〉라고 정의하고 있어요. A라는 최초의 예술이 다른 장르로 변화했을 때 A에서 얼마나 멀어질 수 있는가, 혹은 근접할 수 있는가를 확인하는 실험이라고도 할 수 있고요. 한편으로는 주제가 장르를 통과할 때 어떤 굴곡으로 변화하는지에 대한 질문일 수도 있어요. 이건 플라톤이 얘기한 이데아를 어떻게 비트는가에 대한 답이 될 수도 있다고 봐요. 현대를 사는 저희도 이데아나 아우라적인 측면을 고민하며 예술에 접근하는 걸 보면, 예술은 참 변하지 않는 무언가가 있어요. 다만 그것이 다양한 형태로 바뀌어 가고 있다는 게 재밌는 것 같아요.

이봉미　　　　기형적으로 변화하고 적응하는 것에 대해 곰곰이 생각해 보니까, 새로운 예술형식은 없지만 지금 예술의 플랫폼이 굉장히 다양해지고 있다는 생각은 확실히 들어요. 체감도 하고요. 예를 들면 꼭 전시장에서 전시를 하지 않아도 그 작가의 작업은 온라인으로 누구든 접할 수 있는 시대잖아요. 영상이든 평면 작업이든 설치 작업이든, 이걸 온라인에서 클릭 한 번으로 볼 수 있는 플랫폼이 다양해졌죠. 10년 전에는 이렇게까지 되진 않았거든요. 시각 예술 작가가 자기 작업실에서 작업만 하고 작품을 보여줄 수 있는 기회를 잡지 못하면 이제 그 작품은 방에만 있는 거잖아요. 근데 이제 쉽게 누구한테나 공유할 수 있는, 전시장을 빌리지 않아도 판매까지 할 수 있는 사회가 됐다고 생각하거든요. 아까 이야기가 나온 웹소설도 마찬가지고, 문학도 마찬가지고요. 시각 예술도 본인이 '갤러리 전시'라는 중간 과정을 거치지 않아도 본인 스스로 자기 작품을 선보일 수 있는 기회가 굉장히 쉬워졌단 말이에요. 그게 지금 세대한테 보이는 새로운 예술 문화이지 않을까 생각해요. 예전에는 하고 싶은 예술을 하기 위해 다른 일들을 병행해야 했지만, 이제는 자기가 원하는 예술 작업을 통해서 돈을 버는 것까지 가능해지고 있어요. 그런 시장이 많아지는 건 좋은 현상이라고 생각해요. 보통 인스타그램에 작가들이 작업을 올리잖아요. 그러면 NFT[1] 회사에서 먼저 컨택을 하기도 한대요. 그런 거 보면 어떤 곳에선 되게 발 빠른 움직임이 일어나고 있는데, 정작 우리는 아직 방법조차 모르고 있는 게 아닐까 싶기도 하고요. NFT에 대한 교육도 부족한 실정이고요.

사회자

예술의 발전은 과학기술의 발전과 함께 이루어졌습니다. 연금술로 인해 화학이 발전하면서 청색을 자유롭게 쓰게 되었구요. 시장경제로의 변화 가운데 작가들이 작품을 팔아야 하는 미술시장 구조가 생겨나기도 했지요. 이런 맥락에서 보면 4차산업으로 일컬어지는 플랫폼들로 인해 또 한 번의 변화가 생겨나는 것 같습니다. 어느 정도로 수용하여 어떻게 활용할지는 작가의 선택이겠지요.

박은지

현장에서 봐야만 하는 장르가 있다고 느낀 사례가 있었어요. 브레이킹의 경우에는 사회적 거리두기가 3단계로 격상되면서 오프라인 대회가 전면 취소되었다가, 지금은 대부분이 현장에서 최소 인원으로 운영하고 유튜브 생중계하는 방식으로 이루어지고 있거든요. 제가 이번에 처음으로 현장에 투입이 되었어요. 가서 보니까 유튜브에서 볼 수 없는 정말 현장에서만 느낄 수 있는 그런 게 있더라고요. 무대, 떨림, 숨소리, 바람 소리, 이런 것들. 사실 저는 웹소설을 안 봐서 추측만 할 뿐이지만, 책으로 느낄 수 있고 향유할 수 있는 '문학'이라고 하는 측면이 분명히 있고, 웹소설이라서 가능한 영역이 있는 것 같아요. 기술과 융합이 만들어낸 예술형식에 온라인 플랫폼이 적합하다면 그에 맞는 새로운 전시 방법론이라든지 창작이 이루어져야 하겠죠. 그런데 면대면의

---

1 NFT는 '대체불가능한 토큰(Non-Fungible Token)'이란 뜻으로, 디지털 파일의 소유 기록과 거래 기록을 블록체인에 저장해 디지털 파일의 자산화를 지원하는 기술이다. 출처 주간경향 1456호 〈'대체불가능한 토큰' NFT가 뭐길래〉.

관계에서만 향유할 수 있는 어떤 본질이 존재한다면, 그건 그것대로 유지되어야 하지 않나 싶어요.

김보경　　　저는 오히려 세상이 제 의지와 다르게 너무 빨리 변화하고 있다는 생각이 들어요. 제가 뒤처진다는 걱정은 들지 않고요, 이런 상황 속에서도 유지되어야 하는 어떤 포지션이 있다고 생각해요. 바깥에서 일어나는 일들과 별개로 유지하고 싶은 어떤 지점이요. 저는 창작에서 언제나 새로움을 추구해요. 새로운 표현을 찾고 싶고, 새로운 내 자신을 찾고 싶고요. 하지만 그것은 외부의 변화와 전혀 상관없는 새로움이에요.

예술 장르의
해체·융합

사회자

예술의 경계가 흐릿해지면서 다양한 방식의 장르들이 등장하고 있어요. 이러한 상황에서 청년예술가들은 어떻게 예술의 지평을 넓혀가고 있는지 현장의 이야기가 궁금합니다. 해체, 융합 등 다양한 예술형태가 지니는 의미는 무엇이라고 생각하시나요?

김도희　　　웹소설은 글과 그림이 융합된 형태의 예술형식이에요.

인물들의 대화체 문장에 함께 제시되는 인물 아이콘은 웹소설에서만 발견할 수 있는 요소죠. 웹소설은 이어질 내용이 궁금하도록 만들어 다음 회차를 연속적으로 감상하게 하는 연재 전략을 사용하기 때문에, 드라마나 영화의 원천 재료로 활용될 가능성도 높아요. 그뿐만 아니라 웹툰, 모바일 시뮬레이션 게임, 오디오드라마 등 다양한 형태로 전환되어 소비될 수도 있고요. 하나의 웹소설이 여러 방면에서 활용되는 OSMU[1]적 특성은 여러 형태의 예술이 유기적으로 관계를 맺고 융합되어 있다는 해석도 가능하게 하죠.

김보경   틀과 경계를 부수면서 교류가 일어나는 인터넷 공간이 우리의 주요 생활이 되어버린 그 지점이 지금의 이 시대를 반영하는 형태라고 생각해요. 우리의 사고는 물리적 환경과 나란히 하기 때문에 재료와 표현에 대한 것들도 이전의 규정된 틀을 깨는 시도와 실험이 계속 일어나는 것 같아요.

김민송   예술이란 기존의 틀을 깨는 것에서부터 시작된다고 생각해요. 예술가의 역할은 시대적 흐름을 읽으며 새로운 시각으로 메시지를 던지는 것인데, 코로나 이후 더욱 다양한 분야와 예술의 융합이 필요하게 된 것 같아요. 저는 평면 회화작업을 주로 했었는데, 코로나 이후 전시 활동에 제약이 생겼거든요. 기존의 방식으로는 한계가 있다는 걸 그때 느꼈어요. 그러던 중 VR ART 콘텐츠 제작 양성 교육과정에 대한 정보를 알게 됐고요. 가상현실 기술과 예술의 융합이죠. VR ART는 누구나 공감할 수 있는 예술이에요. 직접 기계를 쓰고 작품 안으로 들어가 체험하며 창작자와 동등한 위치에서 작품을 감상할 수 있죠. 평생 사막을 가보지 못했던 사람도 작품 안에서는 사막 속 풍경을 감상할 수 있고, 몸이 불편하거나 여러 제약으로 인해 겪어보지 못했던 예술적 경험을 할 수 있다는 게 가장 큰 장점이에요. 시간, 공간, 계급의 차이 없이 다양한 사람들이 예술의 높은 벽을 허물고 함께 즐길 수 있어요. 어찌 보면, 이

---

1 OSMU는 One Source Multi Use의 약칭. 하나의 콘텐츠를 영화, 게임, 책 등의 다양한 방식으로 개발하여 판매하는 전략을 말한다.

렇게 빠르게 바뀌어 가는 세상 속에서 새로운 생각과 다양한 관점을 지녀야 하는 예술가의 역할은 더 바빠진 것 같기도 해요.

박은지　한국문화예술위원회에서 다원예술 지원 분야를 신설한 것을 보면서, 우리가 정말로 다원의 세계에 살고 있다고 생각했어요. 하지만 제도적인 변화는 실제 삶의 변화 속도보다 느려요. 지난 5년간 한국문화예술위원회의 다원예술 심사평을 살펴봤는데, 매년 등장하는 말이 있어요. '장르의 병렬이 아닌, 실제적 해체와 융합, 가로지름'. 글쎄요. 심사위원들도 다원예술이 무엇인지 명확히 정의 내릴 수 없으면서 단순히 새로운 것만을 원한다는 느낌이에요. 해체, 융합, 그것이 어떤 형식으로 진행되어야 하는지, 그 결과물은 어떤 형태로 도출되어야 하는지, 아직 잘 모르겠어요. 어쩌면 우리는 다양함과 새로움을 쫓아야 한다는 강박에 시달리고 있는지도 몰라요.

손한묵　재단이나 예술단체에서 주최하는 지원사업 덕분에 해체, 융합 등의 다양한 예술형태가 많이 생성되는 추세라고 느껴요. 그런데 그 결과가 이상적일 거라는 확신은 아직 없어요. 외부의 압력으로 인해 강압적으로 이루어진 융합은 의미가 없지 않을까요? 자연스럽게 예술에 대해 논의하는 분위기가 먼저 형성되어야 비로소 융합의 진정한 의미가 발현된다고 생각해요. 오페라, 뮤지컬, 음악극뿐만 아니라 요즘에는 드라마, 영화 등 전반적인 예술작품에서 융합의 모습을 찾아볼 수 있어요. 융합이라는 개념이 갖는 본래의 의미를 되새기면서 새로운 것을 도출할 수 있다면, 그 규모를 떠나서 시도 자체에 큰 가치가 있다고 생각해요.

"

오페라, 뮤지컬, 음악극뿐만 아니라
요즘에는 드라마, 영화 등 전반적인 예술작품에서
융합의 모습을 찾아볼 수 있어요.
융합이라는 개념이 갖는 본래의 의미를 되새기면서
새로운 것을 도출할 수 있다면,
그 규모를 떠나서 시도 자체에 큰 가치가
있다고 생각해요.

"

기초예술학문의
위기

사회자

10년 전만 해도 부산에 무용학과가 다섯 군데 있었는데요, 지금은 단 한 곳만 남아 있습니다. '아동스포츠재활무용과'처럼 다른 전공과 통합시킨 사례도 있고요. 기초예술분야가 붕괴될 조짐을 보이고 있는 거죠. 무용학과뿐만이 다른 기초예술학과들도 영향을 받고 있을 텐데요, 현장에 계신 예술가로서 의견 부탁드립니다.

손한묵

저는 사실 학교도 너무 많고 예술과도 너무 많다는 생각을 하긴 했어요. 이렇게 음악 하는 사람이 많을 필요가 있나 하는 생각이요. 어차피 잘하는 사람이나 버티는 사람만 하게 되고 나중에 학과 중에 10% 이외의 90%는 다 다른 일을 하게 되잖아요. 현실적으로 졸업생들을 보면 그래요. 애시당초 정말 잘하는 사람, 하고 싶고 끝까지 할 사람을 길러내는 것이 중요하지 않을까요. 물론 제가 폐과되는 학과의 학생이라면 슬프겠지만요.

이봉미

하지만 누가 살아남을지는 장담할 수가 없는 거잖아요. 물론 한국에 대학이 너무 많기는 해요. 학교 입장에선 돈이 되지 않는 예술학과는 없게 되는 게 당연한 수순이겠죠. 저도 학교 다닐 때 취업 준비를 해 본 경험이 없거든요. 하지만 원론적인 이야기를 해보자면, 기초예술이 약해지면 결국 다양한 문화예술이 존재하지 못한다고 생각해요. 기초예술은 문화의 뿌리를 튼튼하게 하는 역할을 하니까요. 풍부한 문화성은 다양한 예술이 존재할 때 가능한 거죠. 한국에서는 고등학교 때 입시를 하기 때문에, 대학에서의 활동이 예술의 시작점이라고 할 수 있잖아요. 그런데 학교 분위기 전체가 돈과 취업만을 위한 곳이 되어 버린다면 슬플 것 같아요. 기초예술이 약해지면 결국은 문화뿐만 아니라 사회 전체가 인간다운 삶이라는 중요한 부분을 놓치게 될 수도 있어요.

김민송　　　　저도 서양학과를 졸업했고, 가끔은 친구들끼리 푸념을 하기도 해요. 우리는 왜 이렇게 돈이 안 되는 과를 왔을까 하고요. 정말 힘들어하는 친구들도 많죠. 동의대학교도 이제 미술학과가 아예 없어졌더라고요. 제가 하는 일 중에 입시미술 수업도 있는데요, 확실히 디자인학과에 비해 인기가 없다는 걸 실감해요. 이미 주변의 학교에서 순수예술학과가 없어지고 공대나 다른 과에 통폐합되는 걸 보면서 마음이 아팠어요. 취업률과 수치만으로 학문의 중요도를 평가할 수는 없는 거잖아요. 누군가는 예술로 위로 받은 한순간을 통해 다시 살아갈 힘을 얻을 수도 있는데 말이에요. 취업 준비와 각종 스펙만 찾는 대학만 남는다면 그건 텅 빈 사회가 될 것 같아요.

김도희　　　　학교에서 배우는 이론보다 취업 노하우가 더 중요해졌고, 대학 생활의 꽃이라던 동아리 활동도 스펙과 인맥 관리를 위한 것으로 달라졌어요. 사회가 변했으니 그 사회에서 제 몫을 찾아 살기 위해 학생들도 변할 수밖에 없었겠죠. 하지만 사회 구조가 경제적 이익과 손실을 기준으로 삼아 기초예술학문을 절벽으로 내몰아서는 안 된다고 생각해요. 기초예술은 인간 생활의 기반을 다지는 학문이자 이상적인 인간으로 살기 위한 덕목이라고 믿어요. 사회구성원들이 이런 덕목을 잊은 채 성공에 목표를 두고 살아가더라도 대학은 사회 저변이 흔들리지 않도록 더욱더 학문의 장을 유지하고 지켜나가는 역할을 해 주면 좋겠어요.

박은지　　　　저는 지금 현상을 나쁘게 생각하지는 않아요. 과거의 초등학교 학생 수와 지금 초등학교 학생 수가 다르잖아요. 학생 수 자체가 줄어드는 추세기 때문에 대학도 줄어드는 거라고 생각해요. 또 어느 분야든 먹고 사는 문제랑 연결되기 때문에 취업률이 저조한 학과는 없어질 수밖에 없는 상황이고요. 저희 과도 신문방송학과에서 융합IT학과로 이름이 변경되었어요. 기존의 신문방송학과에 빅데이터라는 새로운 학문이 들어와서 재구조화 되어 가고 있는 거죠. 미래를 준비해야 하는 입장에서 저는 이 상황을 긍정적으로 받아들이고 있어요. 오히려 폭넓은 경험을 할 수 있는 기회니까요.

이봉미　　　그 말씀도 어느 정도는 동의해요. 하지만 문제는 학교에서 기초 예술학과를 폐지하는 배경에는 분명 취업률이라는 게 있다는 거죠. 우리가 다 똑같은 삶의 형태를 가질 수는 없잖아요. 제가 생각하기에 저는 남들이랑 똑같이 살지 않거든요. 출퇴근을 하고 어디에 소속이 돼서 월급을 받는 일을 하고, 이렇게 살지 않는단 말이에요. 그런데 학교가 취업률만을 강조하는 건 왠지 한 가지 삶의 형태만이 옳다고 이야기하는 듯한 느낌이에요. 이런 현상을 자꾸 마주하다 보면 '내가 조금 다른 방향으로 살고 있는 게 다른 거지 잘못된 건 아닌데' 하고 생각에 빠질 때가 있어요. 내가 사회의 기준에 못 맞춰가고 있는 거 아닌가 하고요.

오성은　　　저는 여러 대학에서 10년째 시간강사로 근무하고 있어요. 기초예술학문의 폐과에 대해 속상한 건, 제 생계가 걸려 있는 일이기 때문이기도 해요. 하지만 그보다 더 속상한 건, 대학의 학문이 실용성으로 가는 추세라는 겁니다. 이 실용이라는 게 거시적인 관점으로 보았을 때 유용한가, 라고 질문해보면 그렇지는 않거든요. 실용적인 학문은 취직을 위한 도구죠. 삶에서 직장이나 근로는 꼭 필요한 것이고요. 하지만 그 외에 근본적인 성찰의 도구는 어떻게 배울 수 있을까요?

"

대학의 학문이 실용성으로 가는 추세라는 겁니다.
이 실용이라는 게 거시적인 관점으로 보았을 때
유용한가, 라고 질문해보면 그렇지는 않거든요.
실용적인 학문은 취직을 위한 도구죠.
삶에서 직장이나 근로는 꼭 필요한 것이고요.
하지만 그 외에 근본적인 성찰의 도구는
어떻게 배울 수 있을까요?

"

김보경, 토마토심기_5분_온라인 ZOOM 퍼포먼스_2021

신광현(b-boy Rookie)_Through the back_Paint on paper_150x150cm_2020_Break Brush Project

사회자

대학이 취업을 위한 학습공간이 아니라 학문과 예술을 탐구하는 배움과 도전의 장이어야 하는 건 맞습니다. 지금은 온통 신자유주의식 성과주의로 세팅되어 청년들의 정신적 사유와 모험조차도 쉽지 않네요.

김보경　　　저는 학교와 여러 학과에서 경험하게 되는 비실용적인 학문들이 굉장히 건강한 거라는 생각을 해요. 그게 우리가 사회에 나갔을 때 먹고사는 데 큰 도움이 되지 않으니까 '왜 우리가 이런 걸 해야 돼'라는 의문이 들 수도 있지만요. 사실 그건 사회의 문제가 아닐까요. 지금의 기초예술학문 통폐합은 우리 사회의 가치관과 방향성을 보여주는 사례인 것 같아 안타까워요. 사람들 사이에서 기초예술 감상 경험이 지금보다 훨씬 보편화되고 일반화되면 좋겠어요. 영화관 놀러 가듯이 편하고 쉽게 미술관을 들락거리고, 노래방에서 스트레스를 풀 듯 또 다른 종류의 기쁨이 미술관에 있다는 걸 아이들이 어릴 때부터 알게 되는 거죠. 기초예술 순수예술의 체험이 사람들의 마음을 얼마나 정화시키는지 제시할 수 있는 사회를 함께 일구어 나가야 한다고 생각해요.

코로나 이후
창작활동의 변화

사회자

코로나 이후 실제 활동에 변화가 있으셨나요? 지금 이 자리엔 안 계시지만, 연극이나 인디밴드 등 공연예술의 경우에는 공연이 취소되면서 어려움을 겪기도 했습니다. 지금 각자 어떤 방식으로 헤쳐나가고 계신지, 최근에 어떤 활동을 하셨는지 궁금합니다.

이봉미　　　　일단 시각 예술 분야는 다른 장르에 비해서 대안을 빨리 찾은 편이라고 생각해요. VR로 전시장을 체험할 수 있게 한다든지, 아니면 아예 전시를 온라인으로 볼 수 있도록 영상을 만든다든지 하는 방법들이요. 미술 전시 자체가 사실 대면적인 경우는 거의 없기 때문에 그런 면에서 코로나로 인한 타격은 사실 크게 체감되지는 않아요. 그런데 대면적으로 뭔가를 해야 되는 퍼포먼스라든지 혹은 관객과 함께하는 참여적인 미술은 많이 제한되기는 했죠.

오성은　　　　코로나 이후에 독자와의 거리가 조금 더 멀어졌다는 생각은 확실히 듭니다. 동료 문인을 만나지 못한 지도 오래되었고요. 코로나 이전에는 서울에서도 곧잘 행사를 열었는데, 지금은 부산을 떠나기가 더 어려워졌어요. 하지만 동시에 제 안으로 집요하게 파고 들어갈 수 있는 시간이 생기기도 했어요. 생계에 대해선 조금 힘든 게 있지만, 인간은 어떻게든 쓰는 존재니까요. 지구가 멸망을 앞두고 있다 해도 작가는 또 그 문제에 대해서 쓰겠지요.

김보경　　　　비슷한 상황을 경험하고도 약간 관점이 다른 것 같아요. 저는 코로나 이후에 오히려 관객과 굉장히 밀도 있게 만나게 되었다고 느껴요. 전시할 수 있는 관람객 수를 제한하니까 변화가 생기더라고요. 외부 상황과 단절되어 있다 보니까 소수의 관객과 더 쉽게 연결되는 것 같았어요. 양적으로는 굉장히 줄어들었지만 깊이가 생겼다고 할까요. 인터넷으로만 사람들과 만나는 대신에 오히려 그동안 못 봤던 주변을 보게 되기도 했고요. 이번에 전시도 제가 사는 아파트 관리사무소에서 했어요. 그런 건 전에는 미처 생각하지 못했던 부분인데, 멀리 못 가는 대신 가까운 데에 집중하게 된 거죠.

김민송   확실히 오프라인 전시가 초반에 좀 중단됐었으니까 내가 원래 하던 작업을 이제 어떻게 다양하게 변화해서 보여줄 것인지에 대한 고민을 많이 하게 됐어요. 예술은 이제 특정계층만이 향유하고 감상하는 전유물이 아닌 것 같아요. 예술이 가지는 '아우라'라는 게 분명 존재하잖아요. 〈모나리자〉 같은 작품을 예로 들자면 전시장에 가서도 만질 수 없고, 멀리서 봐야 하고. 하지만 코로나 이후로 그러한 지점이 많이 허물어진 것 같아요. 비행기를 타고 해외로 나가지 않아도 온라인 뷰잉룸에서 감상할 수 있죠. 탈지역화 현상을 통해 누구나 손쉽게 예술영역을 접할 수 있다는 건 예술계의 큰 변화라고 생각해요.

손한묵   저는 본업으로는 영상음악을 제작하기 때문에 사실 코로나가 약간 긍정적이었요. 드라마가 더 잘 되고 있으니까요. 그런데 락페스티벌이나 부산바다축제나 이런 것들을 매년 일을 하다가 작년부터는 못하게 됐어요. 이런 상황 속에서 우리나라에서 다섯 손가락 안에 든다는 음향팀이 폐업을 하기도 했어요. 그뿐만 아니라 조명, 무대, 특수팀 모두 생업을 위해 다른 일들을 하는 실정이에요. 그걸 보면서 좀 많이 안타깝다는 생각이 들어요.

김도희   저는 아직 공부를 하는 중이고, 예술 현장에 있는 사람은 아니에요. 그렇다 보니 코로나 여파가 크게 와닿지는 않았어요. 그런데 제가 연구했던 웹소설의 사례를 보면 오히려 코로나를 겪으면서 소비자들이나 향유자들이 더욱 증가했다는 게 확실히 느껴져요. 웹소설 플랫폼은 온라인에서 언제 어디서든 찾아갈 수 있고 실내에서 볼 수 있으니까요. 안전한 내 방에서 뭔가 예술을 향유할 수 있다는 강점을 갖고 있기 때문에 웹소설 플랫폼은 코로나 특수를 맞았다고 해도 될 정도로 크게 성장을 했어요.

박은지　　　　제가 제일 많이 체감하는 거는 국제 교류 부분이에요. 2016년부터 2019년까지 4년간 부산문화재단 지원을 받아서 프랑스도 가고 불가리아도 가고 중국도 갈 수 있었어요. 그러면서 진짜 다양한 큐레이터와 작가분을 만났고, 얻는 것이 많았어요. 제가 이렇게 흘러 흘러 여기까지 온 것은 그러한 다양한 경험들 덕분이라고 생각해요. 새로운 기획을 하는 데에 자양분이 되어주었죠. 그런데 지금은 코로나로 인해 국제교류의 길이 막혔다는 게 개인적으로는 가장 슬프고 힘든 일이에요. 또 제가 브레이킹 현장을 다니면서 느낀 것이 있어요. 온라인으로 얻을 수 있는 것과 현장에서 볼 수 있는 것의 차이가 너무 크다는 점이에요. 브레이킹을 포함한 공연 분야에서는 현장감을 어떻게 담아낼 것인가가 가장 많이 고민해야 할 부분인 것 같아요.

예술의
진화

사회자

앞서 이야기했던 기술의 발전, 그리고 코로나라는 특수한 상황이 맞물리면서 현재 예술은 끊임없는 변화를 겪고 있어요. 우리는 앞으로 극장에 가기보다 넷플릭스를 많이 보게 될 것이고요. 이러한 변화의 흐름 속에서 예술이 어떻게 진화하고 있는지, 선생님들은 어떤 준비를 하고 계시는지 이야기를 나눠 보겠습니다.

"

우리는 지금 2년 가까이 코로나를 겪고 있죠.

언제까지나 이렇게 벽치고 살 수는 없으니

함께 살아보자, 라고 고민하는 시점에 지금 다다른 것 같아요.

우리가 새로움에 대한 이야기도 나눴지만,

사실은 이미 나와 있던 기술도 많아요.

단지 이 기술에 적응해 나가는 과정이

새롭게 느껴질 뿐이고, 진짜 새로운 건

아직 아무것도 시작되지 않았다고 생각해요.

"

이봉미　　　　아마 이제는 '위드 코로나'로 계속 가지 않을까 싶어요. 그렇기 때문에 문화행사는 온라인이나 비대면으로 이루어지는 부분을 필수적으로 고려해야 할 거예요. 시각 예술 자체도 미디어 기술 쪽으로 많이 결합해서 발전하고 있고요. 코로나 시기를 거치는 동안 우리의 삶이 많이 변화했기 때문에 예술형식에 대한 고민도 깊어가는 것 같아요. 기술의 발전이 앞으로 예술에 많은 영향을 끼칠 것이라 생각합니다.

박은지　　　　우리는 지금 2년 가까이 코로나를 겪고 있죠. 언제까지나 이렇게 벽치고 살 수는 없으니 함께 살아보자, 라고 고민하는 시점에 지금 다다른 것 같아요. 우리가 새로움에 대한 이야기도 나눴지만, 사실은 이미 나와 있던 기술도 많아요. 단지 이 기술에 적응해 나가는 과정이 새롭게 느껴질 뿐이고, 진짜 새로운 건 아직 아무것도 시작되지 않았다고 생각해요. 코로나로 인해 나 스스로를 돌아볼 수 있는 기회가 많이 생겼다고 말씀하신 작가님들이 여기 계신 것처럼, 이제는 각자가 고민을 좀 해야 할 것 같아요. 결국 진화의 형식은 그 어떤 누구도 이야기해 줄 수 없지 않을까요.

손한묵　　　　제 작업은 보통 디지털로 이루어져요. 어찌 보면 제일 기술적으로 진화된 부분에서 앞장서서 무언가를 하고 있다고 볼 수도 있죠. 하지만 저는 그래도 아날로그 감성을 더 선호해요. 오늘 VR ART를 전시하신 작가님이 여기에 계시듯이, 저도 미디어 파사드나 AI를 활용한 작업들을 했지만 결국에는 사람들이 공감하지 못해요. 왜냐하면 디지털로 보는 게 원래 눈으로 보던 것보다 와 닿지가 않는 거예요. 그런 것들이 정착되기까지는 시간이 꽤나 많이 걸릴 거예요. 컴퓨터로 만들었을 때 얼마만큼 사람이 연주하는 것처럼 들리게 하느냐, 이게 결국 관건인 것 같아요. 그러니까 진화라는 게 어떻게 보면 오히려 더 아날로그화 되어 가는 과정이라는 생각이 들어요. AI가 음악을 만들고 연주를 하지만 사람의 감정은 로봇이 대체할 수 없고, 로봇이 만들어낼 수도 없습니다. 그래서 예술과 창작 분야는 미래에도 로봇이 대신할 수 없는 분야일 것이라는 가설이 나온다고 생각합니다. 그러나 그만큼 모방이 아닌 진정한 창작을 이어가는 예술가만이 살아남을 수 있지 않을까요.

오성은 제가 아까 초반에 '기형'이라는 말씀을 드렸는데요. 이는 제가 다른 예술가들을 만난다는 게 그들이 지닌 어떤 예술 세포를 제안으로 이식시키는 작업을 하는 걸 수도 있거든요. 오늘 이 시간도 물론 마찬가지고요. 우리는 시대에 맞는 형태로 예술 세포를 복제하고 번식시키면서 기형적으로 생존해 나가고 있어요. 우주가 끝없이 팽창하는 것처럼 예술도 새로운 것이 탄생하는 게 아니라 그냥 팽창하는 중인 거죠. 우주의 끝을 한번 알기 위해서 노력하다가 죽는 거예요. 혹은, 우주적 팽창이 무한히 열리는 것처럼 예술도 무한히 뻗어나가는 중일 수도 있죠. 어쨌든 끝은 어딘지 모르겠지만 애써 보는 것, 애쓰는 삶. 그것이 예술가로서 가진 자질이고 예술의 의미인 것 같습니다.

사회자
예술은 늘 흔들려도 되는 것. 여러 장르에서 활동하시는 선생님들의 예술과 문화에 대한 깊고 폭넓은 사유와 현장의 활동들이 그런 생각을 갖게 하네요.

흔들림 속에서
만들어 낸 무늬

대담에서 들은 이야기 중에 인상 깊었던 것이 있다. 과거에는 파란 물감이 몹시 귀하고 비쌌다는 사실이다. 화학기술이 폭발적으로 발전하면서 저렴한 파란 물감이 개발되었고, 그때부터 회화작품에 청색이 많이 등장하게 되었다고 한다. 기술의 발전과 예술 사이의 관계를 알려주는 사례라고 할 수 있다.

그러나 나는 그 이야기를 듣고 다른 생각에 빠졌다. 파란 물감이 없다고 해서 과연 화가들이 하늘과 바다를 표현하기를 포기했을까. 오히려 파란색 없이 파랑을 표현하기 위해 새로운 시도를 계속해 나가지 않았을까.

기술의 발전과 예술은 분명 떼려야 뗄 수 없는 관계다. 기술이 변화함에 따라 예술도 늘 같이 흔들릴 거란 건 명백한 사실이다. 그럼에도 불구하고 발전 속도와는 무관하게 지켜나가고 싶은 창작 욕구와 예술의 본질이 존재함을 이번 대담을 통해 확인하게 되었다.

생태계가 급변하면 진화가 더딘 생물은 멸종할 수밖에 없다. 하지만 우리는 공룡을 잊지 않고 기억하고, 그들이 남긴 발자국에서 어떤 경이로움을 느끼곤 한다. 7명의 청년예술가는 각자의 위치에서 분투하며 하루하루를 살아가고 있었다. 그들이 끝내 닿을 지점이 어느 곳이든, 흔들리는 땅 위에서 꿈틀거리며 남기고 간 무늬가 어떤 형태로 남게 되든, 그 자체로 충분히 아름답지 않을까.

3장

일상과
취향

대담자

밴드 보컬 및 타투이스트 **달연**

북카페 두두디북스 대표 **정두산**

보임과 숨김 제작소 작가 **심성아**

영도문화도시센터 커뮤니티사업팀 **이상명**

같이줍깅 운영 **홍석희**

카페 월월월 운영 **황가희**

청년예술가, 유튜버 쓰레기 줍는 남자 **손동혁**

대담 진행
부산문화재단 청년문화팀장 **박소윤**

2021.11.03.(수) 오후 2시, 라움 프라다바코

문화예술, 그중 저는 비보이를
성인까지 프로팀에서 활동하면서 했는데요,
지금은 하지 않아요.
이유는 생계 유지가 힘들기 때문이죠.
그래서 다양한 경험을 통해 하고 싶은 일,
잘하는 일을 찾았고 지금은 방송 MC와 리포터로
활동을 하고 있어요.
하는 일이 저에게 많이 배우고 투자를 해야 하는 일이라
한 번 사는 인생 할 거 다 해보자 같은
마음으로 사는 거 같아요.

청년의 삶,
라이프스타일

대담 정리 · 집필 **이승은**
작가 · 소설 연구자

삶은 그 어떤 것도 동일하지 않기에 아름답다. 삶을 산다는 것은 나를 증명하는 행위이고, 마치 퍼즐을 맞추어 나가는 작업과도 같다. 우리의 인생은 그림이 없는 백색 퍼즐이다. 가장 적절한 위치의 퍼즐은, 그 과정 속에서 뒤를 돌아볼 때나 알 수 있을 테다.

당신은 어떤 퍼즐을 가지고 있는가? 그것의 모습은 취미일 수도 있고, 애정하는 것일 수도 있지만, 확실한 것은 그 하얀 그림을 볼 수 있는 사람은 당신 자신밖에 없다는 것이다.

시대가 변하면서 그 양태도 다양한 형태로 분화되기 시작했다. 아마도 이제는 단체에 대한 소속보다는, 개인의 역량과 개성이 더 중요한 시대가 되어버렸기 때문일지도 모른다.

퍼즐이란 따지면 삶의 목표점이다. 우리가 속수무책으로 그 매력에 빠져드는 까닭이다. 그것을 사랑할 수밖에 없어서, 나도 모르게 좇고 있는 것이다. 마치 스스로 발산하는 마력 같다. 숨기고 싶어도 자꾸만 드러나게 된다. 내가 좋아하는 것, 내가 할 수밖에 없는 것들을 이야기하는 것은 개인에게 있어 이제 숙명이 되었다.

다시 한 번 시대의 이야기를 끌어온다면, 말하지 않고는 참을 수 없는 시대가 된 것이다. 21세기를 아우르고 있는 모든 이슈의 중심은 결국 자신의 라이프스타일을 주장하는 데서 온다. 인종이든, 혹은 성적 취향이든, 결국 전부 자신이 꾸려가는 삶의 양식이고 나 자신이다.

그 중심에 청년이 있다. 청년들이 다채로운 색의 퍼즐을 만들어 내고 있다. 이 모든 것이 모여 다중주의 세상이 된 것이 분명하다. 시끄러울수록 세상은 좀 더 풍부해진다.

꾸밈없이 말할 수 있는 것, 어느 시대든 청년들이 가지고 있는 매력이다. 마치 보석으로 태어나고 있는 원석처럼 느껴진다. 그것이 아름다운 까닭은, 다이아몬드가 되리라는 기대에서 온다. 청년 또한 그러하다.

이번 라운드테이블에는 그 소리 중 일부의 이야기를 모아보았다. 참석자 모두 각자의 통일되지 않는 분야를 가지고 있지만, 그것이 모였기에 아름답다.

그들의 다채롭고 풍부한 이야기를 들으며, 이 글을 읽는 당신 또한 자신만의 하얀 퍼즐 조각을 떠올려보길 바란다. 혹여 그것이 없다면, 이 속에서 자신의 일부를 찾아가도 좋을 것이다.

라이프스타일의
중심에 있는 것

사회자

지금 청년들은 MZ세대, 즉 밀레니얼 세대와 Z세대를 묶어서 통칭하기도 합니다. MZ세대는 일상생활 속에서 문화를 향유하는 방식도 기성세대와는 다르다는 이야기를 많이 합니다. 양식의 다양성이기도 하지만 분명히 가치를 두는 지점의 변화이기도 하리라 생각됩니다. 오늘 여러 영역에서 활동하고 계시는 선생님들을 모시게 되었는데요, 선생님들의 라이프스타일과 중요하게 생각하는 가치에 대해 말씀 부탁드립니다.

이상명 최근에 제가 자꾸 일과 관련된 고민과 걱정만 하고 있더라고요. 문화예술을 매개로 지역의 가치를 회복하고 활성화하는 회사 업무도 저에게 중요한 부분이지만, 이상명이라는 한 사람으로서 나를 돌보고 또 나를 알아야겠다는 생각이 들었어요. 요즘 달라진 저의 라이프스타일은 혼자 조용히 사색하고, 그저 맘 놓고 쉬는 거예요. 내 몸과 정신의 에너지를 채우고 또 건강도 돌보는 시간을 가져요. 잘 쉬어야 일의 효율성도 올라가잖아요.(웃음)

심성아 저는 출판사를 5년 정도 다녔어요. 아시다시피 작품으로 당장 먹고살 수 있는 건 아니잖아요. 그런데 제가 지각을 100번 정도 한 거예요. 그런데 이런 생활이 워라밸도 지키지 못하고. 그래서 제 생활 패턴에 맞춰 필요한 만큼 일하고, 조금 덜 벌어도 좋아하는 일과 해야 하는 일의 균형을 맞추어 일하고 있습니다.

솔직히 이렇게 살아도 될까? 하는 생각이 없는 건 아닌데요, 그럼에도 스스로 괜찮아! 라고 생각하는 의식이 있어야 살아갈 수 있는 것 같아요. 저의 이러한 생각이 다른 사람의 가치를 실현하는 데 도움이 되면 또 좋을 것 같아요.

정두산　　　　저도 알 것 같아요. 저는 그래서 바쁘게 일하다가 틈틈이 여유를 가지고 있어요. 예를 들면 커피 한 잔을 한다던가. 잠깐이라도 여유를 가졌다가 다시 복귀하면 활력이 생기거든요.

　바쁘더라도 제가 스스로 선택하는 시간을 늘리는 것을 지향하고 있습니다. 순간의 취미죠. 쉰다는 생각이 일의 효율을 올려주는 것 같아요. 그래서 요즘은 출근이 고민되지 않아요. 오히려 퇴근하고 뭐하지? 이렇게 하루를 이겨내는 것 같네요.

달연　　　　저는 원래 좋아하는 걸 직업으로 삼으면서 살아왔던 사람이여서요. 자유에 대해서 많이 생각하는 것 같아요. 그런데 우리가 살면서 현실과 많이 타협하며 살잖아요. 그렇게 자유가 침해되는데, 나뿐만 아니라 동물들, 이렇게 확장도 가능하구요. 그래서, 스스로 나는 자유로운 사람이야, 라고 생각하는 게 중요한 것 같아요. 내 옆집의 사람들도 마찬가지고, 친구들도 마찬가지고. 그래서 내가 먼저 자유를 위해 투쟁해야겠다! 그렇게 생각하고, 또 실천하고 살고 있어요.

　남성 구조 속에서 나만의 프레임을 가지고 산다는 게 도전이기도 하고, 투쟁적인 일이기도 해요. 그렇지만 투쟁이란 게 마땅히 거대한 게 아니거든요. '야, 너 하고 싶은 말 그냥 해!'라고 말하는 것도 투쟁의 일부거든요.

손동혁　　　　문화예술, 그중 저는 비보이를 성인까지 프로팀에서 활동하면서 했는데요, 지금은 하지 않아요. 이유는 생계 유지가 힘들기

때문이죠.

　그래서 다양한 경험을 통해 하고 싶은 일, 잘하는 일을 찾았고 지금은 방송 MC와 리포터로 활동을 하고 있어요. 하는 일이 저에게 많이 배우고 투자를 해야 하는 일이라 한 번 사는 인생 할 거 다 해보자 같은 마음으로 사는 거 같아요.

일과 휴식을 관통하는
당신의 삶

사회자

지금 청년들의 라이프스타일은 일과 취미가 조화를 이루어 있어서 두 가지를 구분하는 것조차 기성의 방식이라는 생각이 드네요. 청년들은 생태나 환경의제에 대해서 관심을 기울이고, 자신의 라이프스타일 안에서 다양한 실천도 하고 있습니다. 손동혁 선생님은 쓰레기 줍기 활동을 하고 계시지요? 여기 모인 선생님들 모두 환경에 많은 관심을 가지고 계신 것 같습니다. 문화를 자연과 생태로 확장해서 이야기를 나누어 볼 수 있지 않을까요?

손동혁

유튜브를 하고 싶은 마음이 있었는데 막상 어떤 콘텐츠를 해야 할지 몰랐었어요. 그러던 찰나 길거리 걸어 다니며 사전 조사를 하다 보니 아! 저거 콘텐츠 되겠구나 싶어서 쓰레기 줍는 콘텐츠를 시작하게 되었습니다. 하게 되니 많은 걸 느낄 수가 있었는데요, 요즘 MZ세대에 유행이 불명? 멍때리기 대회? 이런 게 있잖아요. 쓰줍을 하다 보면 그냥 멍하게 쓰레기만 줍게 되어서 참 좋아요. 생각 정리도 되면서 운동도 되고 마음도 건강해지니깐요. 아직도 지구 환경에 대해 배우고 있는 단계입니다. 제가 할 수 있는 한 작은 실천을 하고자 계속 꾸준히 하고 있습니다.

홍석희   저도 환경에 대해서 고민하고 있어요. 코로나 팬데믹이 닥쳐오고, 집 밖에도 못 나가고, 마트도 갈 수 없고. 그래서 택배를 많이 이용했는데 이게 또 택배 쓰레기가 엄청 나오더군요. 주변에서 '그럼 네가 환경오염의 주범 아냐?' 그런 말을 듣기도 했죠.

그래서 처음에는 물티슈를 줄였어요. 저는 다 같이 잘 사는 삶이 중요하다고 생각하거든요. 그러한 가치관 때문에 부산에 내려와서 가장 먼저 찾은 게 여성단체였어요. 마을을 위해서 뭘 해볼까 싶어서요. 지구든 내 마을이든, 공동체도 무척 중요한 거잖아요. 개개인의 자유를 반박하는 건 아니지만, 그걸 담아낼 수 있는 게 또 공동체잖아요.

같은 것을 지향하는 사람들끼리 모여 목소리를 높여 나가면 더불어 잘 사는 삶과 일맥상통한 공동체적인 삶을 지향하게 될 거고, 저도 그렇게 살고 있습니다.

사회자
위계적인 조직이 아닌 수평적 구조에서 취향과 생각이 비슷한 사람들의 커뮤니티 활동들이 중요하지요. 환경보호와 같은 일상문화프로젝트들이 지금의 트렌드가 된 것 같네요. 황가희 선생님 활동도 동물권 운동의 하나로 볼 수 있을까요? 반려견 아트에 대해 소개 부탁드립니다.

황가희   저는 취미나 휴식, 모든 일들이 반려동물과 연관되어 있어요. 반려동물의 위치가 예전과는 많이 달라졌잖아요. 일전에는 애완동물, 나의 소유물이었다면 지금은 가족의 위치에 올라갔죠. 저는 실제로 제 강아지를 데리고 유럽여행을 가기도 했어요. 그래서 지금 제 무릎

"

저는 다 같이
잘 사는 삶이 중요하다고 생각하거든요.
그러한 가치관 때문에 부산에 내려와서
가장 먼저 찾은 게 여성단체였어요.
마을을 위해서 뭘 해볼까 싶어서요.
지구든 내 마을이든, 공동체도 무척 중요한 거잖아요.
개개인의 자유를 반박하는 건 아니지만,
그걸 담아낼 수 있는 게 또 공동체잖아요.

"

위에 강아지가 없는 게 무척 어색한데.(웃음)

강아지, 나아가 반려동물과 함께 사는 것은 배움의 영역이에요. 비반려인도 '펫티켓에 대해서 알고 있어야지 함께 공존하지 않을까?'라는 생각을 하고 있어요. 그래서 키트나 굿즈를 활용해서 다 함께 배워가는 가치를 생각하는 중이에요.

이상명　　　　어렸을 적부터 제 취미활동이 열대어를 돌보는 물생활이에요. 그냥 보고만 있어도 힐링이 되거든요. '물멍'이라고 하죠. 그런데 회사 업무의 저의 메인 영역은 생태와 환경적 관점을 문화예술에 녹여내는 프로젝트거든요. 일할 때는 생태적 가치와 자연의 중요성을 계속 강조하고 있는데, 이게 막상 제 취미활동과는 또 부딪치더라고요. 자연을 있는 그대로 두고 어우러진 태도를 가지는 사람들도 있는데, 어쨌든 저는 자연의 일부를 제 소유로 들인 거잖아요. 요즘에는 계몽적이지 않으면서 자연과 어울리도록 하는 유익한 활동이 많이 소개되는 것 같아요. 저도 조금 더 친환경적인 라이프스타일로 다가가려고 시도 중이에요.

사회자
오늘날에는 지구별에 사는 생명들이 공존하기 위한 의제가 중요합니다. 이전에는 인간중심 개발이었다면 현재는 흔히 말하는 지속가능발전, 즉 모든 생명들이 함께 살기 위한 지속가능활동들이 중심을 이루고 있습니다. 문화는 그 활동들 속에 있는 거지요. 그래서 문화활동이나 일상생활 양식에도 변화가 있는 것 같습니다. 선생님들은 일상생활에서 즐기는 여가활동에 있어 기성세대의 라이프스타일과는 다른 점이 있으신지요?

황가희　　　　저는 반려동물과 함께 갈 수 있는 동반 카페, 식당 등을 찾아다니면서 SNS에 남기는 게 취미예요. 같은 공통사를 가지고 있는 사람들과 소통하는 게 과거와 지금의 차이점이라고 생각해요.

저는 반려동물을 지금의 위치에 오르게 해준 매체 중 하나를 SNS라고 생각해요. 내가 내 반려동물에게 얼마만큼 관심과 사랑을 주는지 다들 SNS에 올리게 되고, 그게 애완동물을 반려동물로 변하게 만든 요인 아닐까요?

정두산 저 같은 경우에는 옛날에는 다 같이 하는 활동이 많았는데, 요즘엔 혼자 하는 활동이 늘어난 것 같아요. 예를 들면 예전에는 캠핑을 가면 한 명이라도 빠지면 곤란하고 그랬는데 지금은 그런 걸 크게 신경 쓰지 않죠. 그냥 각자 텐트 치고, 각자 의자 들고 오고. 그래서 요새는 함께가 좀 가벼운 느낌으로 받아들이게 되는 것 같아요.

어떻게 보면 구성력이 약해진 걸 수도 있는데, 진짜 좋아해서 만난다기보다는 그냥 내가 좋아하니까 공유하자, 그런 느낌이에요. 집단이 셀화가 된 거죠. 그러니 더욱 각자의 생각을 깊이 얘기할 수 있는 게 아닐까요? 좀 더 솔직해지는 거죠.

심성아 제 취미는 일하고 관련되어 있는 것 같아요. 저는 스탬프 만드는 일이거든요. 그러다 보니 상호나 로고에 굉장히 관심이 많아요. 그런데 이런 건 큰 곳은 잘 안 만들어요. 소규모로 운영하는 곳에서 잘 만드는데, 여기서 이름이 특이한 것들이 굉장히 많아요. 예를 들면 '이 검은 빵은 보기는 흉해도 맛은 좋아요' 같은.(웃음)

그래서 이걸 유심히 봐두었다가, 제가 스탬프를 드린 뒤 찾아가는 걸 좋아해요. 아마 그분들은 제가 왔다 간 걸 모를 거예요.

달연 저는 당근마켓이 취미예요. 식물을 많이 키우는데, 그러다 보니 팔 게 오히려 많아지는 거 있죠. 식물도 너무 자라면 팔고 싶고. 요새는 1인 가구도 많으니까, 물건이 남으면 팔고 싶기도 하구요.

요새는 개인이 재화를 주고받을 수 있는 시대가 된 거 같아요. 필요한 게 생겼을 때 찾아 나서지 않아도 되니까요.

손동혁　　　　책은 저랑 안 맞더라고요. 그래서 이것저것 배우고 도전해보다가 개인적으로 라이프스타일이라고 하면 공으로 하는 운동이 재밌어서 여러 가지 운동을 하고 있습니다.

욕구의 탈피,
청년-라이프

사회자

선생님들 말씀을 들어보니, 기성세대와는 확실히 다른 개성이 있네요. 지금의 청년들이 추구하는 라이프스타일과 특징은 무엇일까요? 또 그 속에서 추구하는 것은 무엇일까요?

달연　　　　제 생각에는, 청년들은 구분 짓기를 싫어하는 것 같아요. 그냥 자기 자신으로 존재하는 게 좋지 MZ세대, 이런 구분은 꺼려지는 거죠.

홍석희　　　　저는 솔직히 차이점을 체감하는 것 같아요. 두 개의 공동체에서 활동을 했었는데, 마을 커뮤니티와 청년 커뮤니티 사이의 다름을 느꼈어요. 청년들은 좀 더 자유분방한 반면 마을공동체는 교육적 가치나, 뭐 그런 걸 따지는 거죠.

저는 청년과 기성세대, 그 중간적 위치에 있어서 차이가 좀 더 명확하게 느껴지는 것 같아요. 예를 들어 말씀 주신 당근마켓은 갖고 싶으면 사고, 팔고 싶으면 판다는 느낌인 반면 맘카페에서의 중고거래는 좀 돈을 아끼기 위한 합리성을 더 추구한다는 거죠.

　청년들은 좀 더 힙한 걸 좋아하는 거 같아요. 트렌드를 따라가는 거죠. 예를 들면 환경의 가치, 좋죠. 그런데 최근에는 트렌드이니까 한번 해볼까? 이런 느낌이에요.

심성아　　　청년들은 타인의 기대에 부응하겠다는 부담을 좀 더 적게 느끼는 것 같아요. 물론 윗세대가 보기에는 개인적이다, 이기적이다 이렇게 느낄 수도 있겠지만, 오히려 청년들은 내 가치관이 있기에 타인의 가치관도 인정해 주는 거죠.

정두산　　　요즘에는 SNS를 통해 취향을 찾는 사람들이 많아서, 그렇게 커뮤니티가 구성되는 것 같습니다. SNS를 통한 홍보 또한 오라고 강요하는 게 아니라 선택의 여지를 남겨주는 거지요. 여기에 매력을 느끼는 것 같아요.

　저희도 SNS를 통해서 많이 홍보하는데, 그렇게 입소문이 나는 경우도 있더라구요. 그러다가 손님과 친구가 되기도 하고, 다시 SNS로 연결되고.

　그래서 저희는 커뮤니티 활동도 많이 해요. 경험은 잘하는 사람이 곁에 있으면 좋은 것 같아요. 저희가 꾸려나가는 활동들이 앞서 말한 것들을 통해서 그려보는 일들이에요. 이런 활동이 있을수록 나에게 맞는 것을 찾아갈 수 있어서 좋다고 생각해요.

황가희　　　저도 비슷한 것 같아요. 커뮤니티는 확장되거든요. 예를 들면 우리 아이들 산책하는데, 쓰레기가 많아서 곤란해요, 이러면 같

"

청년들은 타인의 기대에 부응하겠다는
부담을 좀 더 적게 느끼는 것 같아요.
물론 윗세대가 보기에는 개인적이다,
이기적이다 이렇게 느낄 수도 있겠지만,
오히려 청년들은 내 가치관이 있기에
타인의 가치관도 인정해 주는 거죠.

"

이 쓰레기를 줍거나 그러거든요.

혹시 오픈채팅 활용해 보셨나요? 그 속에도 지역 모임이 굉장히 많거든요. 강아지 부산, 이렇게 검색하면 강아지 산책 모임, 푸들 모임 이렇게요. 거기서도 많은 만남이 있어요.

때론 인스타그램을 보다가 우리 집 근처에 사는 강아지 같은데? 그러면 DM을 보내기도 해요. 그렇게 같이 만나서 강아지 돌잔치를 하기도 하고.

손동혁　　　저는 그렇게 검색하고 사람을 만나기도 하는데, 막상 가서는 못 어울리겠더라구요. 그래서 좀 더 혼자만의 시간이 늘어난 거 같아요. 그러다 보니 최근에는 주변 사람들만 만나곤 해요.

심성아　　　문득 생각났는데, 추천하고 싶은 모임이 있어요. 작년에 작업하면서 무기력함을 느껴서 상담심리프로그램에 참여한 적이 있거든요. 여기서 상담에 오셨던 예술인들하고 함께 집단상담을 받았죠.

집단상담이라고 하면 무게가 있잖아요. 여기 모인 사람들하고 함께 작업 이야기를 나누고. 그러면 이 사람들은 이런 고민을 하는구나, 하고 파악할 수 있어요. 이걸 통해서 다양한 시각이 생기는 거죠. 분야는 다르지만 장르는 같은 거잖아요. 좋아하는 일에 대해서 말할 수 있는 모임, 사람에게 위로가 되는 것 같아요.

홍석희　　　제가 좋아하는 모임은 세 가족이 함께 나누는 작은 소모임이에요. 이렇게 세 가족이, 나이가 같은데 자녀들 나이도 비슷하더라구요. 제겐 아이를 매개로 만나는 게 제일 편해요. 왜냐하면 저는 어딜 가도 아이들을 데리고 가는 일이 더 많거든요. 그렇게 만나서 맛있는 걸 먹고 놀기도 하고 그래요.

청년세대의
말말말

사회자

선생님들의 이야기들로 이 자리가 풍요롭게 채워졌습니다. 선생님들의 소소하고
의미있는 프로젝트들이 우리 사회에 녹아있는 것도 알게 되었구요. 앞으로 문화
예술인으로서 바라는 점을 자유롭게 말씀 부탁드립니다.

심성아　　　　문화예술 분야에서 활동하려면 지원을 받아야 하잖아
요. 그런데 지원해 주는 곳들 중에서 팀으로 활동하길 바라는 곳이 많아
요. 보통 기획이라고 하면 혼자서 해요. 그래서 사람 구하기가 쉬운 일이
아니거든요. 기획서 단계에서 사람을 넣을 수가 없으니까. 확정된 게 없
는데 어떻게 그 사람하고 함께하겠다, 이걸 기획서 단계에 넣나요.
　그래서 굳이 팀이 아니더라도, 마음을 열어주면 좋겠어요.

손동혁　　　　저도 공감해요. 예술 공연하는 친구들의 활동 폭이 넓
어지면 좋겠어요. 폭넓게 바라봐 주길 바라요.

이상명　　　　저는 생태문화를 기반으로 예술인과 지역주민들을 위
한 프로젝트를 고민하고 구현하고 있어요. 문화예술에 대한 가치지향적
인 영역을 떠나 순수하게 그 사람이 안전하게 지역에서 활동하고, 또 삶
을 꾸려나갈 수 있도록 사회적 장치나 제도가 잘 다져지면 좋을 것 같아
요. 나의 소신을 자유롭게 표현할 수 있는 구조와 환경이요. 충분히 함께
고민할 수 있는 부분이고요. 문화예술이라는 게 꼭 크고 거창한 것만은
아니잖아요. 자유롭게 소통하고 싶어요.

"

저는 장애를 가진 분들이 문화를 좀 더 자유롭게 즐기고
소비할 수 있게 여건이 마련되면 좋을 것 같아요.
저희처럼 비장애인들에게는 일상이지만 외국인 노동자,
저소득층 분들은 문화를 향유할 시간을 내기도 어렵고,
즐긴다는 선택을 하기가 쉽지 않아요.
예를 들면 정신장애가 있으신 분들은 갈 곳이 없어요.
문화를 향유하는 곳이 비장애인 중심적이니까요.
극장에서는 조용히 해야 하는데, 그럴 수가 없으니까
대관을 해야만 영화를 볼 수가 있는 거예요.
그런데 그분들도 문화를 관람할 권리가 있는 거잖아요.

"

정두산   이런 기획은 5년 정도 했는데, 가장 중요한 것은 기회인 것 같습니다. 기회는 많을수록 좋지요. 요새는 그래서 콜라보레이션을 많이 생각하고 있어요. 1+1은 2 이상이에요. 어떤 분야에 뛰어난 사람들이 모이면, 더 거대한 퍼포먼스를 만들어 냅니다.

그러한 자리가 마련되어서, 같이 해볼까요? 이러면 더 확장적인 공간으로 나아가게 되는 거지요. 그런 채널, 자리가 많아지면 좋겠습니다.

달연   저는 장애를 가진 분들이 문화를 좀 더 자유롭게 즐기고 소비할 수 있는 여건이 마련되면 좋을 것 같아요. 저희처럼 비장애인들에게는 일상이지만 외국인 노동자, 저소득층 분들은 문화를 향유할 시간을 내기도 어렵고, 즐기기가 쉽지 않아요.

예를 들면 정신장애가 있으신 분들은 갈 곳이 없어요. 문화를 향유하는 곳이 비장애인 중심이니까요. 극장에서는 조용히 해야 하는데, 그럴 수가 없으니까 대관을 해야만 영화를 볼 수가 있는 거예요. 그런데 그분들도 관람할 권리가 있는 거잖아요.

그래서 예술인으로서, 어떻게 하면 다 함께 나누고 콜라보할 수 있을까 스스로 연구하게 되는 것 같아요. 그런 창작을 해보고 싶구요. 그러지 못하는 것에 대한 답답함이 있습니다.

홍석희   저는 환경에 대한 고민이 있습니다. 쓰레기를 분리수거하고 세척하는 것이 왜 소비자들의 몫인가요? 만들어 판매하는 사람들에게 책임이 있는데도 말입니다. 이런 규제를 강화하고, 그 책임을 소비자들에게 전가하지 않았음 좋겠습니다.

황가희   반려견의 문화도 문화예술의 일부로 받아들여지면 좋겠어요. 저는 예술을 좋아하는 사람이지, 예술가인가? 하는 고민도 있었거든요. 그런데 이제부터는 반려견 문화도 문화예술에 포함되지 않을까? 이 라운드테이블에 참석하면서 여기에 그런 긍정성을 볼 수 있었어요.

아직 법적으로는 반려동물이 어느 개인의 소유물로 되어 있잖아요. 그러한 법적인 부분이 개선되었음 좋겠고. 반려견 문화도 많은 사람들에게 전파되면 좋겠어요. 사실 반려동물과 함께하는 이들이 산책을 하기에 쉬운 환경이 아니거든요. 시민공원도 그리 좋지 않아요.

물론, 비반려인에 대한 배려도 필요합니다. 예를 들어 티비에서 너 왜 강아지를 무서워해? 강아지는 네가 더 무서워. 이런 시선을 사람들에게 강요하기도 하죠. 또는 티비에서 장모 치와와가 유행했더니 유기견 센터에 장모 치와와가 늘어난다거나 그런 일도 있었고. 그런 걸 보면 취향이 강요되는 것 같아요.

펫샵도 마찬가지죠. 펫샵에서 어떻게 동물을 취급하는지를 알아봐야지, 펫샵에서 동물을 데려온다고 무조건 폭력적인 게 아니거든요.

정두산　　　　　말씀을 들으니, 집단의 압력이 생각나는군요. 예전에는 휴가를 가면 꼭 해외여행을 가야 한다거나 남들 다 하니까 너도 해야지, 같은 흐름이 있죠. 그런 요구에 피로감을 느끼는 것 같습니다.

사회자

다른 사람들이 말하는 청년들의 라이프스타일이 아니라 청년인 선생님들이 직접 들려준 라이프스타일에 대한 시간이라 즐거웠습니다. 선생님들께서 생각하고 있는 지점, 또 바라시는 것들이 우리 문화예술계를 좀 더 아름답게 변화시키길 바랍니다. 앞으로도 가치 있고 개성 넘치는 일상 속 문화, 라이프스타일을 만들어가시길 기대하겠습니다. 함께해 주셔서 감사합니다.

4장

N잡러,
문화예술로
먹고살기

대담자

청년기획자 **강민주**

청년기획자 **오미솔**

청년문화기획자 **전정훈**

프로젝트 아미 대표 **김재준**

글이 출판사 대표 **이슬기**

스토리머지 대표 **정종우**

로스트펭귄 대표 **조수인**

오느린윤혜린밴드 보컬 **윤혜린**

대담 진행
부산문화재단 청년문화팀장 **박소윤**

2021.9.28.(화) 오후 2시, 리프레쉬

부모님과 우리 세대의 차이는
취미생활로 돈을 벌 수 있느냐의 차이인 것 같습니다.
예전에는 직업 자체가 다양하지 못했고,
안정적인 직업을 추구할 수밖에 없는 시대적 상황이었죠.
반면에 지금은 다양한 활동을 통해서
돈을 벌 수 있는 시대가 되었어요.

현시대에서 N잡러로
산다는 것

대담 정리 · 집필 **김성환**
프리랜서 작가,
〈우리가 글을 쓴다면〉 외 3권 집필

불과 5년 전까지만 해도 평생직장을 그려 왔다. 안정적인 삶을 위한 오래된 믿음이자 최선의 선택이었다. 그런데 하루는 지인의 장례식에서 '나는 무엇을 하고 있는지'에 대한 의문이 들었고, 그에 대한 답으로 퇴사를 선택했다. 퇴사와 동시에 긴 여행을 했다. 많은 것을 보았고, 더 많은 것을 느꼈다. 여행을 마치고 돌아와서 안정적인 직장이 아닌 흔히들 불안정하다고 말하는 프리랜서의 삶을 선택했다.

누군가 말했듯 직장이 전쟁터면, 밖은 지옥이었다. 조직이란 포근한 울타리에 익숙했던 나는 냉혹한 찬바람이 부는 현실에 적응해야 했다. 나를 찾기 위해 선택한 글쓰기는 살아남기 위한 씀으로 바뀌었다. 먹고 살기 위해서는 불러주는 곳에 감사하며 말하는 일을 해야만 했다. 대중 공포증 따윈 파도 앞의 모래성일 뿐이었다. 세 손가락 크기의 명함 한 장이면 타인에게 나를 설명할 수 있던 이전과는 달리 타인에게 지금의 내 삶을 이해시키기 위해서는 가타부타 부연 설명이 이어져야 했다. 나는 원했건 원치 않았건 사회가 말하는 N잡러의 삶을 살아가고 있다.

N잡러는 2개 이상의 복수를 뜻하는 'N'과 직업을 의미하는 'job', 사람을 뜻하는 '~러(er)'가 합쳐진 신조어로 여러 직업을 가진 사람을 의미한다. 오래전부터 이어온 부업의 진화이며, 지금의 청년세대를 상징하는 단어이기도 하다. 일반적으로 다양한 일을 하는 프리랜서를 통칭하는 단어로 여기지만, 직장을 다니면서도 겸업하는 사람이 늘면서 N잡러에 속하는 대상의 범주가 폭넓어졌다.

N잡러를 이야기할 때 기본으로 이해해야 하는 개념은 일과 직업이다. 둘의 의미는 다양하게 해석할 수 있지만, 중요한 건 자신이 하는 일로서 돈을 벌 수 있느냐일 것이다. 직업으로서의 일은 돈이 되어야 한다. 저녁 한 끼 사 먹을 수 있는 금액이라기보다는 적어도 생계를 유지하는 데 일부라도 도움이 되어야 한다. 단순히 취미가 많다고 해서 N잡러라 칭하지 않는 것과 같다. 즉 직업으로서의 일은 먹고사니즘에 어느 정도 기반을 두어야 한다.

흔히들 돈이 안 된다고 말하는 문화예술에서도 먹고사니즘은 그 무엇보다 중요한 문제이다. 배부른 돼지는 지양해야 할지언정, 자본주의 사회에서 배고픈 소크라테스는 그 무엇보다 험난한 가시밭길과 같다. 슬픈 현실이지만, 순수 창작도 돈이 있어야 지속 가능한 시대가 되었다. 재능 있는 청년예술가들이 자의로, 타의로 N잡러를 선택하는 이유일 것이다.

N잡러에 대해 옳고 그름을 논하기보다는 지금의 현실을 파악하고, 지금보다 더 나은 어떠한 방향성을 찾는 게 필요하다. 기나긴 여정이 되겠지만, 무엇이든 첫걸음이 중요하다. 지금의 이 글이 앞으로 나아가는 누군가의 발걸음에 작은 발판이 되었으면 한다.

N잡러를 바라보는
현재와 과거의 온도차

사회자

시대가 변하면서 직업과 직장, 직업과 취미의 구분이 옅어지고 있습니다. 꿈, 직업, 직장과 관련하여 부모님 세대와 지금의 청년세대가 바라보는 시각의 차이는 어떠한 것이 있을까요?

이슬기 직장에서 퇴사를 선택했을 때 부모님은 제 선택을 이해하지 못하셨습니다. 아마도 직장을 바라보는 세대 간의 견해차에서 발생한 간격이었을 겁니다. 부모님 세대에는 꿈이나 자아 발전보다는 가정이 우선이었죠. 그것을 이룰 수 있도록 하는 게 안정적인 직장이었습니다. 일의 개념이 밥벌이의 영역에만 국한될 수밖에 없었을 겁니다. 저는 밥벌이로서의 일만을 하며 살아가지 않아도 괜찮다고 생각합니다. 처음에는 좋아하는 일로 밥벌이할 수 있을지 불안했지만, 시간이 지날수록 가능하다는 확신이 서는 중입니다. 지금은 평생직장, 평생직업의 개념이 무너지고 있어요. 여러 가지 방식으로 일할 수 있는 환경이 만들어졌죠. 일로서의 일이 아닌 좋아하는 일을 할 수 있는 시대가 되어서 스스로 만족하며 살고 있습니다.

강민주 어릴 때부터 공동육아 교육을 받고 자라서 내 길을 찾는 것에 대해서는 어느 정도 길이 열려 있었습니다. 하고 싶은 일이 있으면 부모님이 일정 대안을 제시해 주시기도 했습니다. 그러다가 대학에서 연극영화과를 선택하면서 그 틀을 깼습니다. 나의 삶을 모색하는 시간을 가졌고, 그 끝에 직업이 있다고 여겼습니다. 부모님께서는 그러한 시간을 가지는 저를 부러워하시며 제가 20대에 하던 치열한 고민을 50대인 지금에서야 하고 계십니다. 부모님께서 20대였던 80년대 당시에는 나에게 오롯이 집중하는 행위 자체가 사회로부터 비난받는 분위기도 있었다고 합니다.

김재준　　　저도 두 분의 생각과 비슷합니다. 부모님 세대에는 직업을 선택할 때, 자기 주관이 아닌 눈앞에 놓인 것 중에 하나를 선택했습니다. 생계를 위해서는 자신을 돌아볼 시간조차 없으셨죠. 그런데 저는 지금의 세대도 비슷하다고 생각합니다. 오히려 그렇지 않은 사람이 소수이지 않을까요. 다만, 지금은 예전보다 환경적인 면에서 선택 조건이 많아졌습니다. 우리 윗세대가 고생해 주신 덕분이겠죠. 저는 타인에게 제 직업을 소개할 때 수입이 가장 많은 것을 선택합니다. 언젠가는 제가 원하는 목표의 직업을 먼저 소개하기 위한 과정으로 여깁니다. 그런데 결혼하면 하고 싶은 일에 스스로 제약이 많이 생깁니다. 부모님 세대도 똑같지 않았을까요.

　그래도 여기에 있는 분들은 본인이 원하는 것들을 해나갈 수 있는 삶을 살고 있다고 생각합니다. 그러나 그런 삶 속에서도 지울 수 없는 불안감이 여전히 있을 겁니다. 저도 마찬가지죠. 다만, 그러한 불안감보다 꿈을 좇아 살아가는 게 삶에 훨씬 크게 반영되기에 잘 살아가고 있는 것 같습니다.

정종우　　　다른 분들의 의견을 들을수록 세대 차이가 아닌 입장 차이일 수 있겠다는 생각이 듭니다. 일반적으로 부모의 위치는 월 고정 지출이 많아서 삶의 여유가 마땅치 않습니다. 저처럼 자녀가 네 명이나 되는 집의 부모들은 제대로 쉴 수조차 없었을 겁니다. 시대 차이도 크게 반영되는 것 같습니다. 요즘은 정보의 가속화로 인해 선택지가 많고 결정이 빨라지죠. 스스로 선택지를 고를 수 있습니다. 그런데 부모님 시대에는 그렇지 못했기에 여러 제약이 있었을 겁니다.

윤혜린　　　어머니는 20년 동안 한 직장에서 일하고 계십니다. 그에 맞는 커리어를 가짐으로써 사회적 대우를 받으시죠. 반면에 아버지는 여러 직장을 옮겨 다녔습니다. 예전에는 회계사였으나 지금은 다른 직업을 선택하셨죠. 먹고사는 데 특별한 문제는 없지만, 한 분야의 전문성은 부족하시죠. 부모님 세대에는 평생직장이 일반적인 현상이었습니다. 그런데 요즘은 그렇지 않죠. 직업과 직장을 바라보는 시선이 달라졌습니다. 예를 들어 IT 기업은 이직을 많이 할수록 능력을 인정받는 분위기가 있죠. 제가 처음에 음악을 한다고 이야기했을 때 부모님은 심하게 반대했습니다. 부모님의 성격이 보수적인데다가 음악은 안정적인 직업과는 일정 거리가 있으니까요. 음악을 취미로 하다가 대학을 졸업하면서 조금씩 수입을 올렸습니다. 부모님은 조금씩 제 선택을 인정해 주셨고, 지금은 응원까지 해 주십니다.

전정훈　　　다들 비슷한 상황에서 자라온 듯합니다. 저의 부모님은 일찍 결혼하셨고, 가정을 꾸리기 위해 부단히 노력하셨습니다. 부모님의 꿈을 듣게 된 것도 제가 스무 살이 넘어서였죠. 부모님에게 일은 가족을 먹여 살리기 위한 최선의 선택이었습니다. 그러다 보니 무의식적으로 제게 안정적인 직장을 요구하셨죠. 그런데 저는 그동안 부모님이 원하는 바와 일정 거리를 뒀습니다. 다행히 현재 다니는 직장은 부모님이 조금은 인정해 주십니다. 덕분에 지금 하는 일에 더욱 만족하고 있죠.

조수인　　　부모님과 우리 세대의 차이는 취미생활로 돈을 벌 수 있느냐의 차이인 것 같습니다. 예전에는 직업 자체가 다양하지 못했고,

안정적인 직업을 추구할 수밖에 없는 시대적 상황이었죠. 반면에 지금은 다양한 활동을 통해서 돈을 벌 수 있는 시대가 되었어요. 그러한 부분을 이해해 주는 부모가 있지만, 대부분 갈등으로 이어집니다. 부모의 뜻을 따라가는 선택이 틀렸다고 할 수 없지만, 점차 그 선택의 비중이 줄어드는 것 같습니다. 다행히도 저의 부모님은 제 선택을 믿어 주셨기에 지금 이렇게 하고 싶은 일을 하며 살아가고 있습니다.

오미솔　　　조수인 님의 말씀처럼 두 세대의 가장 큰 차이는 가치관이 아닐까 합니다. 부모님 세대의 일반적인 가치관이라면 일을 해서 돈을 모으고, 결혼해서 아이를 낳고 잘 살아야 하죠. 그런데 주변에 청년예술가들을 보면 예술이란 행위에 모든 에너지를 쏟습니다. 그래서인지 대부분 가족의 반대에 부딪혀가며 힘겹게 작업하고 있습니다. 한 계절 동안 일해서 번 돈으로 다른 계절에 작업하죠. 만약에 금전적인 여유가 없으면 전시 기획은 진행할 수가 없습니다. 시대가 변하면서 예술도 하나의 직업으로 인정하는 시대가 되긴 했습니다. 그런데 저의 부모님은 아직도 저를 무직으로 여깁니다. 제 직업을 인정해 주시지 않는 거죠. 그래도 저는 계속 예술을 할 거고, 지금 가는 길을 잘 걸어가서 차후에는 부모님에게 직업인으로서 인정받을 겁니다.

N잡러는 자의인가, 타의인가

사회자

지금의 청년들은 생계형 평생직장보다는 하고 싶어 하는 일을 하면서 그 일을 통해 자기존재를 구현해 간다는 말씀들을 들었습니다. 어쩌면 우리 사회의 조직문화가 청년들이 꿈꾸는 가치나 니즈를 충분히 수용하지 못하는 것은 아닐까 생각이 들었습니다. 또 지금의 청년이 자의가 아닌 타의에 의해 N잡러로 내몰리는 건 아닐까 우려되기도 하고요. 선생님들의 생각을 들려 주시면 감사하겠습니다.

강민주   이전 직장에서 정규직으로 있었습니다. 그런데 당시에 창작자로의 자유로움과 직장인으로서의 안정적인 마음이 공존했습니다. 두 가치관 사이에서 갈등이 심했습니다. 결국 안정보다 자유를 선택하여 퇴사를 선택했습니다. 그렇다고 타의에 의해 내몰렸다고 생각하지 않습니다. 결정까지 쉽지는 않았지만, 선택의 문제로 여길 뿐입니다. 그 순간들을 치열하게 고민하여 용기 있게 결정하는 게 중요합니다. 다행히도 지금까지 당시의 선택을 후회한 적은 없습니다. 물론 N잡을 해야 하는 상황에 부닥친 청년도 있습니다. 그런데 오히려 주도적이고 주체적인 선택을 한 사람이 더 많을 듯합니다.

김재준   주변을 보면 어느 정도는 N잡러가 될 수밖에 없는 상황도 있습니다. 예를 들어 문화단체에서 일하며 벌어들이는 돈은 대부분 최저시급에 가깝습니다. 1인이 생계를 영위하는 금액은 되지만, 한 가정을 꾸리기에는 거의 불가능하죠. 그런 점에서 선택적 N잡러와 피치 못할 사정으로 선택한 N잡러는 다르다고 봅니다. 직장을 다니면서 부업을 하는 사람들은 사회적 구조에 따른 선택일 경우가 많죠. 이러한 부분이 지속되어서 결혼과 출산을 포기하는 사회적 분위기가 만들어진 건 아닐까요.

오미솔   작가들끼리 모여 이야기를 할 때면 고정수입이 중요하다는 말에 대부분 동의합니다. 예술 활동은 고정수입을 창출하기 어렵습니다. 사회에서 요즘 청년예술가에게 요구하는 부분이 많습니다. 단순히 작업의 퀄리티만 기대하지 않죠. 말도 잘해야 하고, 글도 잘 써야 하고, SNS도 해야 하죠. 예술가로서 온전히 자기 작업에만 몰두하는 사람도 있지만, 생계를 위해서 N잡러를 선택하기도 합니다. 슬픈 현실이죠.

이슬기   개인의 탓만은 아니지만, 반은 내몰린 게 맞다고 봅니다. 제가 직장을 퇴사한 이유는 직장이 개인적인 성향과 맞지 않아서였는데요, 처음에는 생계를 위해 투잡 개념으로 여러 가지 일을 했습니다. 그럼에도 취업을 다시 선택하지 않은 건 내쫓김에 대한 불안보다 얽매임의 불행이 더 크다고 여겼습니다. 경제적 불안이 오더라도 지금의 삶을 유지하겠다고 다짐했죠. 제 성향상 많은 돈이 필요하지 않다 보니 수입원으로서 직장은 큰 의미가 없었습니다. 제 꿈에 집중했고, 다행히도 먹고살기 위한 여러 수입 경로가 발생했습니다.

조수인   회사가 제게 적절한 보상과 일에 대한 적당한 인정이

"

처음에는 생계를 위해
투잡 개념으로 여러 가지 일을 했습니다.
그럼에도 취업을 다시 선택하지 않은 건
내쫓김에 대한 불안보다 얽매임의 불행이
더 크다고 여겼습니다.
경제적 불안이 오더라도
지금의 삶을 유지하겠다고 다짐했죠.

"

있었다면 저는 퇴사를 선택하지 않았을 겁니다. 물론 대부분 회사가 이러한 문제를 보듬을 수 없기에 사람들이 회사 밖으로 나오는 거겠죠. 저는 퇴사 직전의 마지막 해가 정말 힘들었습니다. 업무량은 많은데, 인원은 충당되지 않았죠. 일을 해내기 위해서 야근을 지속하다 보니 번아웃이 왔습니다. 회사에서는 별다른 조치를 취해주지 않았습니다. 단순히 나를 소비하는 느낌만 들었고, 재충전의 시간이 필요했습니다. 밖으로 나와 보니 나를 들여다볼 수 있는 여유가 생겼습니다. 삶의 다른 방향들이 조금씩 눈에 들어오기 시작했죠. 작년에 이전 회사에서 더 나은 보수를 제시하며 재입사 제의가 왔을 때 긴 고민 끝에 돌아가지 않았습니다. 보수보다는 삶의 만족도에 초점을 맞췄습니다. 돈을 더 받는 만큼 야근하며 쳇바퀴처럼 사는 삶이 행복할까 자문했고, 그렇지 않다는 답을 내렸습니다.

문화와 예술로
먹고사는 삶에 대하여

사회자

많은 예술가가 생애를 걸고 활동하지만, 현실적으로 생계조차 어려운 사람도 많습니다. 이러한 현실에서 각자가 생각하는, '문화와 예술로 먹고사는 삶'에 대해 말씀 부탁드립니다.

윤혜린   운이 좋게도 첫 앨범은 지원사업으로 탄생했습니다. 그런데 지원사업이 끝나고 나니 무엇을 해야 할지 몰라서 오래도록 방황했습니다. 아르바이트로 행사 공연을 3년 정도 했는데 어느 순간 그렇게 살면 안 될 듯하여 그만두었죠. 신기하게도 일들이 계속 들어왔습니다. 비록 제 연주는 아니었지만, 음악으로 생계 유지는 가능했죠. 기존에 하고 싶었던 일이기에 즐겁게 했습니다. 음악으로 돈을 벌려면 지역에서 음악을 지속해서 소비하는 사람이 많아야겠다고 생각했습니다. 그래서 레이블을 운영하게 되었습니다. 관객들이 돈을 지급하는 만큼 가치 있는 공연을 하는 중이라는 것을 알리고 싶었죠. 지금은 제 음악을 할 시간이 없을 만큼 바쁘게 살아가고 있지만, 경제적 안정이 오면 N잡러보다 음악에만 집중하고 싶습니다.

강민주　　　저는 이제 막 연극에 발을 들인 상태입니다. 예술로도 충분히 먹고살 수 있다는 걸 증명해 보이고 싶고, 계속해서 그 방향을 찾고 있습니다. 영상 편집 기술을 활용하여 돈을 벌 수 있으나 전공자로서 최후의 보루에 가깝습니다. 이 방법을 쓰지 않고 지금의 일로 먹고살았으면 합니다.

정종우　　　적당한 생활을 누리면서 문화로 먹고사는 경우와 돈을 벌기 위해 문화를 접하는 경우가 나뉜다고 봅니다. 저는 디자인의 영역에서 한 회사에 소속되어 있다 보니 적지만 고정수입이 발생합니다. 개별로 버는 돈의 액수에 크게 신경 쓰지 않는 이유입니다. 그런데 주변을 보면 문화를 숫자와 연결시키는 현실을 불편해하는 사람도 있습니다. 예술과 돈은 다르다고 생각해서일까요.

강민주　　　정종우 님의 이야기에 의견을 조금 덧붙이자면, 예술이 돈과 친해지는 분위기가 생겼으면 합니다. 예술가가 돈을 좇으면 순수하지 못하다는 일부 시선이 있죠. 가족 구성은 누군가 돈을 벌기에 가능한 일입니다. 생계를 위해서는 돈이 중요할 수밖에 없죠. 아마도 오늘과 같은 자리가 많아진다면 그러한 분위기가 조금 더 형성될 수 있을 것 같습니다.

전정훈　　　　문화로 먹고살 수 있는 환경을 만드는 게 필요합니다. 주변에서 대부분 예술인이 부업을 하고 있습니다. 코로나 때문에 본업인 예술을 포기하는 사람도 있습니다. 그러다 보니 지원사업에 더 목을 매는 듯합니다.

그런데 누군가는 지원사업에서 발생하는 지원금을 당연시하기도 합니다. 그러한 점에서 단순히 돈을 주는 데서 그치지 않고 오늘과 같은 네트워킹 자리를 자주 마련하는 게 좋을 듯합니다. 좋은 사람도 만나고, 좋은 정보도 듣는 겁니다.

김재준　　　　전정훈 님 의견에 동의합니다. 부정적인 사람은 아니지만, 예술가가 예술로 먹고사는 건 어렵다고 봅니다. 실제로 예술가 중에 예술 활동이 아닌 다른 활동으로 돈을 벌죠. 먹고살 만큼은 안 되어도 일정 수입을 위해서는 사람이 뭉쳐야 합니다. 그 중심을 재단과 같은 지역 공공기관이 이끌어줄 필요가 있습니다. 더불어 지원사업의 경쟁을 뚫지 못한 사람들을 지원하는 방법도 필요하다고 봅니다.

조수인　　　　저는 지원금 해당사항에 맞진 않아서 문화예술 분야보다 철저히 상업적인 면에 집중합니다. 정책적인 부분을 적극적으로 활용한다기보다는 틈새시장을 노려서 수입을 발생시키는 방법을 고민하죠. 시선을 다르게 보기 시작한 계기가 독립출판 프로그램이었어요. 기존에는 회사와 집만 다녔는데요, 프로그램에 참여하면서 삶을 뒤돌아보고 다른 삶을 사는 사람들을 경험하다 보니 세상에는 다양한 시각이 존재한다는 걸 알았죠. 그때부터 취미를 수입으로 연결할 방안을 계속 찾았어요.

기획자가 가져야 하는 역량으로도 볼 수 있을 것 같아요. 우연히 글래스 블로잉 클래스를 들었는데요. 처음에는 제가 좋아서 시작했지만, 나중에는 널리 알리고 싶었어요. 수경재배하는 식물의 모양에 맞춰서 유리를 디자인해서 서울에서 하는 팝업샵에 설치했죠. 결국은 내가 잘할 수 있는 영역이 무엇인지 치열하게 고민하는 시간이 필요한 것 같아요. 그런 고민을 구체화할 수 있도록 용기를 주는 곳이 이런 네트워킹 자리겠죠. 비슷한 고민을 하는 사람들을 만나면 다양한 자극과 영감을 받게 되거든요.

문화와 예술로 먹고살기 위한 현실적인 방안

사회자

문화로 먹고살아가기 위해서는 더 나은 일을 할 수 있는 환경이 필요한데요, 청년 예술가와 활동가에게 실질적인 도움이 되는 방법은 무엇일까요?

정종우　　서울에서 준비한 작업을 부산에서도 판매할 수 있을까 생각해봤을 때, 바로 답을 내리지 못했습니다. 실력이 출중하다고 해도 그 지역에서 구매하는 사람이 없다면 크게 소용이 없습니다. 부산 관객들은 좋아하는 것과 비용을 내는 것을 분리하는 듯합니다. 정당한 금액을 지불하고 문화예술을 즐기는 마음가짐도 필요하죠. 그러기 위해서는 생산자의 커리큘럼과 콘텐츠도 중요한데요, 그러한 부분을 알려줄 수 있는 교육이 필요한 이유이기도 합니다. 저는 지금 아시아 영화학교에서 영화·음악 수업을 듣고 있습니다. 한 번은 유튜브에서 재즈 피아노 기초 영상을 보게 되었는데요. 완성된 음악을 들었을 때는 잘 몰랐는데, 재즈를 만드는 과정을 배우게 되면서 관심이 깊어졌습니다. 관심이 생기니 자연스럽게 이전에는 재미없다고 생각했던 재즈 공연을 보고 싶다는 생각이 들었습니다. 또한, 큰 단위의 돈을 소비할 수 있는 고객이 필요합니다. 문화에서 개인의 소비만큼이나 기업의 투자도 중요한 이유입니다. 기존의 지원사업은 목마른 사람에게 목을 잠시 축이는 역할에 불과합니다.

윤혜린　　　정종우 님이 이야기한 것처럼 생산만큼이나 소비의 영역이 중요합니다. 현재 부산에서는 소비하는 사람이 많지 않습니다. 공연장에서 공연해도 매번 오는 사람들만 오죠. 인디씬의 매력으로 볼 수도 있지만, 모객이 힘든 게 명백한 사실이죠. 그렇다고 홍보에 많은 돈을 쏟아 부울 수 있는 현실도 아닙니다. 공연자들이 사비를 내가며 공연을 지속하기도 어려운 상황이죠. 지원사업을 발판 삼아 문제를 해결하고 싶지만, 대부분 단발성에 그칩니다. 물론, 뮤지션의 능력 부족으로도 볼수 있습니다. 그런데 시장의 규모가 커질 방안이 필요해 보입니다. 돈을 내고 문화를 소비할 수 있는 사람이 늘어나야죠. 예전에 한 공모에 선정되어 일정 돈을 지급받았습니다. 그 돈으로 유명 카페를 대관하여 성황리에 공연을 마쳤습니다. 이후에 그때 했던 구성 그대로 유료 공연을 기획했는데 사람이 거의 오지 않았습니다. 냉혹한 현실이었죠. 예술가에게 직접적으로 투자하는 만큼 시장의 규모를 더 키우는 게 예술가가 자립할 수 있는 환경 조성에 도움이 될 것 같습니다.

이슬기　　　정책적인 부분은 지금도 충분히 잘 지원되고 있다고 생각합니다. 반면에, 두 분의 말씀처럼 문화예술에 대한 전반적인 인식 개선이 필요하다고 봅니다. 연극계에서는 흔히 도는 말인데 사람들은 연극을 초대권으로 보는 거지, 돈을 지불하는 게 아니라고 생각합니다. 정

당한 돈을 지급하고 문화예술을 충분히 향유하겠다는 마음가짐이 필요합니다. 그러기 위해서는 문화예술에 다가가기 어렵다는 인식을 깨는 것도 중요합니다.

강민주　　　　연극을 하려는 한 사람으로서 이슬기 님이 속하신 물음표 극단이 그런 부분을 잘하고 있다고 생각합니다. 연극을 보러 갈 때 관객들이 지인이 아닌 순수관객으로 보인 연극은 대부분 물음표 극단 작품이었죠. 창작자인 한 사람으로서 부러움과 희망을 동시에 느꼈습니다.

이슬기　　　　물음표 극단은 올해 10주년을 맞이했습니다. 저는 이 극단에 들어온 지 1년밖에 안 되었는데요, 주변에서도 극단에 대한 칭찬이 많습니다. 왜 그런지 생각해보면 기존의 기성극단은 상하관계 체계를 갖추지만 물음표는 수평적입니다. 무정부 스타일이라고 봐야 할까요. 구성원들 스스로 즐기는 마음가짐을 중요시합니다. 프로보다는 아마추어를 지향하죠. 다행히 연극을 즐기다 보니 사람들도 그 마음을 알아주는 듯합니다.

전정훈　　　　더 나은 환경을 위해서는 인식 개선과 불필요한 지출을 줄이는 게 필요합니다. 지원금은 예술인들이 예술 활동을 하기 위한 가로등 같은 존재죠. 지원이 이어져야 예술가들은 활동하고, 문화를 향유하는 사람들은 예술가의 작품에 마음을 치유 받을 수 있죠. 다만, 공공의 세금으로 지원을 받는 부분이기에 지원 금액에 대한 인식 개선은 꼭 이루어져야 한다고 봅니다. 예술가 지인들의 이야기를 들어보면 사업을 진행할 때 예술 활동에만 집중하고 싶은데 홍보도 하고, 포트폴리오용 영상 촬영도 해야 하는 등 어쩔 수 없이 N잡이 요구된다고 합니다. 큰 비용이 들어가는 장비는 대여 형식으로 지원하면 불필요한 지출을 줄일 수 있을 듯합니다.

오미솔　　　　인식개선만큼이나 예비 예술가들을 위한 프로그램이나 교육이 필요합니다. 이전에는 사비를 들여서 전시를 기획했는데, 현재는 지원사업을 많이 하고 있습니다. 주변에 전공자들을 보면 관련 제도를 잘 모르고, 공연 전시에 대한 정보도 많이 부족합니다. 학부생 때 이런 부분을 가르쳐 주지 않습니다. 물론, 정보를 안내하는 사이트는 많지만, 집약적으로 알려주는 시스템이나 교육이 필요하지 않을까 합니다. 작가로서 지원사업을 받는 자체를 찜찜하게 느끼는 사람도 있습니다. 순수 예술을 원하지만, 지원에 맞춰 기획하다 보면 순수 예술과는 멀어지죠. 자신의 예술세계를 지키면서 지원사업을 진행하는 게 중요할 듯합니다.

문화와 예술로
먹고살 수 있는 일자리 정책

사회자

기존에 제공되는 문화예술 정책들은 예술 활동에 맞춰지다 보니 일자리로서 역할은 많지 않습니다. 기존에 공공정책으로 나오는 청년 일자리 정책 외에 제공되었으면 하는 일자리 관련 정책은 무엇이 있을까요?

오미솔　　　　재단 소속의 작가나 예술가가 있으면 좋을 듯합니다. 여럿이 같이 작업을 하다 보면 각종 서류를 받아볼 때가 있는데요, 말 그대로 예술만 하셨다는 게 느껴질 때가 많습니다. 워드를 비롯한 문서작업은 물론이고 기획서는 손도 대지 못하는 사람이 많습니다. 특히 현시대를 살아가는 청년예술가들이라면 여러 의미에서 경쟁력이 떨어질 수밖에 없죠. 자기 예술을 포기하지 않고 잘하는 것을 보여줄 수 있는 지원사업이 있었으면 합니다. 한 단체에 소속된 배우나 뮤지션은 자기 일에만 집중할 수 있으니까요.

전정훈 　　　문화기획자로서 뜻을 품기 시작한 지는 얼마 되지 않았습니다. 어릴 때부터 안정적인 직장이 중요하다고 들었을 뿐, 막상 대학에 왔을 때 무엇을 해야 할지 몰라서 방황했죠. 저와 같은 사람이 많지 않을까 하는데요. 그 당시 다양한 직업을 경험할 수 있는 전문학교나 상담시설들에 대한 정보를 미리 알았다면 어땠을까 생각합니다. 적어도 일자리를 선택할 때 많은 도움이 되지 않았을까요. 한 사람이 다양한 직업을 갖는 개념이 아닌 다양한 직업의 사람을 만날 기회가 있다면 차후에 더 큰 도움이 될 듯합니다.

김재준 　　　앞서 언급된 물음피 극단처럼 한 장소에서 지속적인 활동을 하는 게 중요합니다. 관객을 유입시키는 동기나 계기가 되죠. 그런데 기존에 상주단체로 등록되는 단체들을 보면 규모나 인원 등 덩어리가 커야 하며, 전문성의 영역을 크게 중시합니다. 막상 장소를 이용할 때는 여러모로 제한적이고 잘 활용하지 못하는 경우도 많죠. 청년예술가나 예술단체에 일상적인 공연을 할 수 있는 장소들을 지원해 주면 일자리에도 도움이 될 수 있을 것 같습니다.

강민주 　　　문화예술 분야 관련 일자리 정보를 통합적으로 제공받을 수 있는 플랫폼이 있으면 좋을 듯합니다. 자연스럽게 네트워킹도 되고, 안정적으로 N잡을 할 수 있을 겁니다.

현시대의 청년에게
일이란?

사회자

문화예술 활동이 일자리 역할을 한다면 더할 나위 없을 것 같습니다. 실질적인 좋은 아이디어를 들려 주셔서 감사합니다. 오늘 N잡러, 문화예술로 먹고살기를 정리하면서 일에 대한 정의를 한 말씀씩 부탁드려도 될까요?

정종우   제 경우에 빗대면 영상, 디자인을 주문하는 사람이 있고, 그 사람에게 원하는 걸 수행해 주면 최종적으로 돈이 생깁니다. 그 과정과 결과가 일job입니다. 생계를 위한 최소한의 일은 별다른 옵션이 없는 자동차와 같습니다. 어떤 사람은 경차를 타면서도 여러 옵션을 원하지만, 어떤 사람은 옵션이 없는 차를 타면서도 충분히 만족하죠. 가치관의 차이입니다. 우리가 어떤 시각으로 '일'이란 차를 바라보는지가 중요합니다.

김재준   일job은 삶을 위해 필요한 최소한의 돈을 벌기 위해 하는 행위입니다. 하루하루 살아가는 과정에서 내 눈앞에 놓인 과제들을 정신적, 육체적으로 해결해 나가는 과정이 아닐까 생각합니다.

조수인   자신이 가진 능력을 이용하여 수익을 창출하는 행위가 아닐까요. 굳이 지금 당장 수익을 창출하지 않더라도 지금의 job이 나의 job이 되는 것도 좋겠죠. 진정으로 하고 싶고, 되고 싶은 것이 구체화되는 과정으로 생각하면 될 듯합니다. 이상적인 부분으로 여길 수 있지만, 저는 그 과정이 가치 있다고 믿습니다.

"
생계를 위한 최소한의 일은
별다른 옵션이 없는 자동차와 같습니다.
어떤 사람은 경차를 타면서도 여러 옵션을 원하지만,
어떤 사람은 옵션이 없는 차를 타면서도 충분히 만족하죠.
가치관의 차이입니다.
우리가 어떤 시각으로 '일'이란
차를 바라보는지가 중요합니다.
"

강민주　　　노동을 제공하고 그에 대한 합당한 대가를 받는 행위, 먹고사는 데 드는 '돈'을 버는 수단, 나의 재능과 추구하는 가치를 펼칠 수 있는 하고 싶은 활동. 이 세 가지 일의 정의가 내면에서 수없이 반복되고 교차하는 것 같습니다.

전정훈　　　개인의 목표를 이루기 위해 나아가는 과정에서 목표에 가까워지도록 돕는 수단입니다. 저는 마을 활동가라는 목표를 이루기 위해 재단에서 행정적인 업무를 배우고, 행사기획을 하면서 전반적인 실무를 배우고 있습니다. 원래는 도시재생 기획자가 꿈이었는데, 마을 활동가로 좁혀졌습니다. 한 사람이 한 마을에 들어가서 그 마을을 변화시키는 과정이 정말 매력 있게 느껴졌습니다. 그 과정에서 여러 가치를 느낀다면 멋진 일이 아닐까 생각합니다.

윤혜린　　　직업은 꿈을 이루기 위한 발판으로 삼으면 좋을 듯합니다. 영어에서는 job과 career가 구분되는데요. job은 돈을 벌기 위한 직업이고, career는 자아실현을 위한 직업이죠. 두 단어가 일치하는 게 가장 이상적인 일의 형태겠죠. job으로 일을 대하는 사람들이 꿈 없이 돈만 좇고 살지 않았으면 합니다. 누구에게나 꿈이 있습니다. 꿈이 없다고 말하는 사람들도 모른 척할 뿐이죠. 저는 제가 만족하는 음악을 하고 싶습니다. 지금 하는 축제 기획, 레이블 운영, 작곡 등이 꿈을 위한 발판일 겁니다. 이 모든 것이 합쳐질 때를 기다리고 있습니다.

오미솔　　　하고 싶은 게 일이라고 생각합니다. 저는 커피가 좋아서 카페에서 일하고, 대화가 좋아서 커뮤니티를 합니다. 어느 순간 의미는 달라졌지만, 자기가 하고 싶은 일을 해야 합니다. 조금 더 가치 있는 일을 하기 위해 끊임없이 자기 자신을 의심할 필요가 있습니다.

"

직업은 꿈을 이루기 위한 발판으로 삼으면 좋을 듯합니다.

영어에서는 job과 career가 구분되는데요.

job은 돈을 벌기 위한 직업이고,

career는 자아실현을 위한 직업이죠.

두 단어가 일치하는 게 가장 이상적인 일의 형태겠죠.

"

이슬기　　　　퇴사와 독립을 경험하면서 일과 삶을 대하는 방식이 바뀌었습니다. 이전에는 일이 밥벌이에 한정되었다면, 지금은 저를 살아가게 하는 것으로 범위가 확장되었죠. 한나 아렌트Hannah Arendt가 『인간의 조건』에서 분류한 일의 정의를 따르고 싶은데요. 한나 아렌트는 일을 먹고살기 위해 하는 노동, 창작활동인 작업, 사회적 연대를 위한 행위로 나뉜다고 했습니다. 제게 일이란 이 세 가지가 유기적으로 얽혀 있는 상태를 말합니다. 먹고살기 위해 강의를 하지만, 강의를 준비하는 자체가 저의 창조성을 키우죠. 취미로 연극을 하지만 연극에서 만난 관계에서 협업하며 노동으로 이어지기도 하죠. 지금도 노동과 작업이 유기적으로 확장되어 가고 있습니다. 계속해서 글을 쓰고, 창작물을 남기고 싶습니다. 그러다 보면 사회에 연대할 수 있고 도움이 되는 사람이 될 수 있지 않을까요.

사회자
선생님들의 이야기를 들으며 청년들이 갖는 일에 대한 생각이 가치 중심으로 전환되고 있음을 느꼈습니다. 아울러 가치 있는 그 일이 곧 직업으로서 역할을 하도록 해야겠다는 생각도 들구요. 진솔하고 당당한 이야기들을 들려 주셔서 감사합니다.

5장

결혼에 관한 새로운 합의

대담자

나락서점 대표 박미은

미술작가 강정훈

발코니출판사 대표 안희석

국악예술가 신근영

신세계갤러리 큐레이터 권서현

작가 김정

붐빌스튜디오 대표, 미술작가 이정윤

연극배우 김현정

대담 진행
부산문화재단 청년문화팀장 박소윤

2021.9.24 (금) 오후 2시, 청년작당소

저도 결혼을 어떻게 정의해야 하는지,
결혼이란 무엇인지 혼자 많이 고민해 봤어요.
전통적인 의미로는 남녀가 합의하고 함께 사는 건데,
그걸 넘어서서 자기만의 방식으로 살아가는 사람도
소외당하지 않는 사회가 되었으면 좋겠어요.
결혼이란, 비혼주의자인 저는 결코 누릴 수 없는 거죠.
저 같은 사람이 소외되고 차별받지 않도록,
제도적으로 많이 보완되었으면 합니다.

결혼은
고정된 개념이 아니다

대담 정리 · 집필 **박정오**
호밀밭 출판사 편집자,
『저도 편집자는 처음이라』(호밀밭, 2019) 저자

결혼은 인류가 만들어 낸 아주 오래된 제도 중 하나다. 제도는 기본적으로 사회를 기반으로 하며, 인간이 사회적 동물임을 말해주는 증표이기도 하다. 제도가 처음 만들어지게 된 건 필요에 의해서였다. 관계를 이루며 살아가다 보면 마주하게 되는 여러 문제를 효율적으로 해결하고 사회를 유지하기 위한 목적이 강했다. 그중에서도 결혼은 가장 기본적인 제도이면서, 공동체를 지탱하는 강력한 제도에 속했다. 결혼 제도가 없는 공동체를 상상해 보면, 결혼이 어떤 사회적 의미를 지니는지 어렵지 않게 이해할 수 있을 것이다.

결혼은 당시 사회의 풍속, 관습에 커다란 영향을 받는다. 그런 점에서 결혼은 보편성을 띠고 있는 제도이지만, 역사적으로나 문화적으로나 계속 변화했다. 모든 제도가 그렇듯, 결혼에도 이처럼 사회성이 짙게 묻어 있다. 그리고 사회성이 짙은 건 언제나 개인을 억압하기 마련이다. 우리가 인지하는 전통적인 결혼은 이성애를 기본 전제로 하고 있으며, 아이를 낳는 것도 선택이 아닌 의무로 여긴다. 또한 결혼에는 적당한 시기가 있다는 게 사회의 전반적인 인식이다. 이 과정에서 개인의 선택 혹은 다양성이 설 자리는 그 어디에도 없다.

불과 몇 세대 전까지만 해도 결혼의 결정권은 양가 부모님이 가지고 있었으며, 결혼은 개인끼리의 결합이 아니라 공동체를 유지하고 신분제 사회를 탄탄하게 하기 위한 수단이었다. 동서양을 가릴 것 없이 결혼은 수많은 이해관계가 얽힌 정치 행위였으며, 결혼 당사자의 의사는 전혀 중요하지 않았다. 우리가 당연하게 생각하는 자유연애와 연애결혼이 등장한 건 근대 이후라는 게 일반적인 견해다.

사회성이 강하다는 건 한편으로는 당시 사회의 환경이나 분위기 등에 따라 유동적으로 바뀔 수 있음을 의미한다. 결혼은 절대적으로 고정된 개념이 아니라 계속해서 변화하고 움직이는 개념이다. 이것은 결혼뿐만 아니라 대부분의 제도가 가지는 특징이다. 제도는 다양성을 포용하기 어려우며, 제도가 다듬어지기 위해선 많은 논의와 합의가 필요하다. 이는 곧 다양한 목소리가 나오고 마찰이 생기며 당연하다고 여기던 것들을 수면 위로 올려내면, 제도는 언제든지 변할 수 있다는 의미이기도 하다.

결혼율이 줄어드는 건 한국을 포함한 전 세계적인 추세다. 불과 수십 년 전까지만 해도 적당한 나이가 되면 결혼해서 아이를 낳고 가정을 이루어 사는 게 일반적인 삶이라 여겼지만, 이제는 그 누구도 그게 일반적이라 생각하지 않는다. 이러한 변화의 중심에 지금의 청년세대가 자리 잡고 있다. 사회는 늘 당연하다고 생각했던 것에 의문을 품고 다른 목소리를 내고 균열을 일으키는 과정에서 변화했다. 100년 전만 해도 상상도 하지 못했던 자유연애와 연애결혼이 지금은 보편화된 것처럼, 지금은 낯설게 다가오는 다양성, 즉 1인 가구, 비혼 등의 단어도 훗날에는 특별하지 않은 개념이 될 것이다. 변화를 위해 선행되어야 하는 건 문제 해결을 위한 처방전이 아닌 진단이다. 진단은 특별한 행위가 아닌, 다양한 목소리에 귀를 기울이는 일이다. 바야흐로, 결혼에 대한 새로운 합의가 필요한 시점이다.

결혼이 가지는 의미

사회자

이번 대담에서는 '결혼'이라는 주제로 다양한 이야기를 나누어 보려 합니다. 결혼은 당시 사회의 문화, 관습 등의 영향을 많이 받는데요, 사회가 바뀌는 만큼 그 의미도 달라진다고 생각합니다. 그런 점에서 부모 세대의 결혼과 지금 세대의 결혼은 의미에 사뭇 변화가 있는 것 같습니다. 선생님들은 문화예술인들로서 창작활동을 하고 계신데요, '결혼'이 창작활동에 미치는 영향도 클 것 같습니다. 우선 선생님들이 가지고 계신 결혼에 대한 생각을 들려주시겠습니까?

김정   결혼은 기본적으로 법률을 기반으로 한 하나의 계약입니다. 보통 법률혼이라고 하죠. 계약의 전제는 가정을 이루어 자녀를 생산하고 대를 이어야 한다는 거예요. 그 외에 가족을 책임지고 부모를 공양해야 한다는 의미도 포함되어 있죠. 이게 제가 생각하는 전통적인 결혼의 의미이고, 저희 부모님 세대는 여전히 이렇게 생각하고 있어요. 저는 사랑하는 사람을 만나 연애를 하고 결혼을 했어요. 나름 정해진 절차를 잘 밟았지만, 결혼이 무엇인지 잘 알지 못하는 상태에서 결정했던 거 같아요. 그래서 경력단절을 포함해 여러 일이 일어났죠.

성별이나 목적을 떠나 서로 여러 가지를 합의하고 평생 서로 돌보기로 약속했다면, 누구든 가족이 될 수 있다고 생각해요. 이걸 이성끼리만 해야 한다고 법률적으로 제한하고 있어요. 지금은 서로 사랑하고 함께 살고 있어도 법률적으로 가족이 아니면 긴급 상황이라도 수술 동의서에 서명도 못 하고, 동반자의 계좌를 열람할 권리도 없어요. 가족으로서 당연히 행사할 수 있는 권리임에도, 법이 허용한 테두리 안에서만 주장할 수

있다는 의미죠. 그런 점에서 생활동반자법[1]이 얼른 통과되어야 한다고
생각합니다.

사회자

여성가족부에서 2021년 9월 15일에 발표한 '비혼동거가족 실태조사'에 따르면,
비혼동거 파트너의 만족도가 법률혼 관계의 배우자보다 높은 것으로 나타났다고
합니다. 법으로 제한하는 게 전부가 아니고, 조금 더 포괄적이고 넓은 범위에서
적용될 수 있도록 법이 개정되어야 한다는 의미가 아닐까 싶습니다.

안희석　　　　저는 애인과 동거하고 지낸 지 꽤 오래되었어요. 주변
에 동성 친구는 아무도 없어요. 그들은 결혼하면 행복하다고 항상 말하
는데, 그러면서 룸살롱에 가거나 성매매 등은 그대로 하더라고요. 행복
한데도 성 착취를 계속하고 있는 거죠. 저의 생물학적 아버지는 무척 폭
압적이었어요. 그래서 어렸을 때부터 결혼은 굉장히 이상한 거라고, 여
자가 굉장히 불리한 제도라고 생각했던 거 같아요. 어머니는 결국 황혼
이혼을 했어요.

　애인과 동거하면 어떻겠냐고 어머니가 먼저 제안했어요. 결혼에 얽매
이지 말라고, 함께 지내기만 하면 괜찮다고 하셨죠. 우리 사회의 문제는,
결혼이라는 제도가 정상 취급받는다는 거예요. 만약 제가 갑자기 사고가
나서 수술해야 하는 상황이 오면, 어머니가 지방까지 내려오셔야 결정할
수 있어요. 지금은 결혼한 사람만이 수술 동의서에 서명할 수 있어요. 이
런 상황이 만들어지지 않도록, 법과 제도가 바뀌면서 여러 형태의 가족
구성원이 인정받을 수 있는 사회가 되었으면 좋겠어요.

1　정확한 명칭은 '생활동반자관계에 관한 법률'로 대한민국에서 아직 통과된 법안은 아니다. 이 법이
통과된다면 1인 가구, 동성결혼 가정, 동거 가정 등도 가족으로서 혜택을 받을 수 있다.

"

우리 사회의 문제는,

결혼이라는 제도가 정상 취급받는다는 거예요.

만약 제가 갑자기 사고가 나서 수술해야 하는 상황이 오면,

어머니가 지방까지 내려오셔야 결정할 수 있어요.

지금은 결혼한 사람만이 수술 동의서에 서명할 수 있어요.

이런 상황이 만들어지지 않도록, 법과 제도가 바뀌면서

여러 형태의 가족 구성원이 인정받을 수 있는

사회가 되었으면 좋겠어요.

"

권서현　　　저는 결혼 생각이 전혀 없습니다. 올해 11월에 싱글웨딩을 올릴 예정입니다. 앞으로 결혼을 안 하겠다는 걸 말하는 자리이기도 하죠. 싱글웨딩을 하겠다고 얘기할 때마다 주위에서 왜 쓸데없이 돈을 쓰냐, 왜 그런 걸 하냐 등 부정적인 반응이 대부분이었어요. 꼭 필요한 절차는 아니었지만, 오기가 생겨서 진행했던 거 같아요.

　삶에는 다양한 방식이 있다고 생각해요. 그럼에도 비혼을 마치 성숙하지 않은 행동처럼 바라보는 게 힘들었어요. 친한 친구들마저 제 선택을 존중해 주지 않았어요. 사회적인 분위기도 굉장히 냉담했죠. 저는 그저 결혼에 굳이 얽매이고 싶지 않고 제가 살아가는 방식을 스스로 결정하고 싶었을 뿐이에요. 저는 결혼이 옳고 그름의 문제가 아니라 생각해요. 오히려 삶을 어떻게 꾸려 나갈 것인지 고민하는 태도의 문제가 아닐까 싶어요.

　저는 결혼은 안 하고 싶지만 출산은 하고 싶어요. 연예인 사유리가 이런 선택을 하면서 사회적으로 큰 이슈가 되었죠. 법은 언제나 사회 현상 뒤에 따라온다고 생각해요. 이러한 사례가 점점 많아지고 관련 담론이 계속 만들어지면, 거기에 맞게 법이 개정될 거라 확신해요. 저 역시 사실혼을 가장해서 시험관을 통해 아기를 가질 수는 있겠지만, 지금의 법에서 정당한 방법이라 얘기하긴 어려워요. 언젠가 제도적으로 뒷받침된다면 방법을 찾아서 저만의 가족을 만들고 싶은 마음이 커요. 이런 제 생각을 얘기하니, 어느 작가님이 '아이가 불쌍하지 않냐'라고 했어요. 부모 중 한 명이 없으면 문제아로 자랄 거 같다는 건데, 바로 이런 편견 때문에 아이가 더 힘들지 않을까요. 저는 제 삶을 통해서 사회를 향해 목소리를 내고 싶어요.

결혼 이후의
삶

사회자

결혼이 무엇인지 얘기하는 것을 넘어 새로운 삶의 방식으로서 함께 고민해 보면 어떨까 합니다. 청년들이 자신에게 맞는 삶의 방식을 찾고자 하는 노력이 세계 곳곳에서 일어나고 있고, 우리 역시 우리만의 방식을 찾아 나가는 과정일 것입니다. 문화예술인으로서 결혼 이후 삶과 창작활동에서의 변화에 대해 여쭈어 봐도 될까요?

이정윤   저는 24살에 결혼했고, 올해 결혼 18년 차예요. 대학 졸업 후 유학 생활을 했는데, 부모님에게 등을 떠밀려서 어쩌다 보니 공부를 마치기 전에 결혼하게 되었어요. 그래서 유학 생활이 끝날 때까지 학생 부부로 살았어요. 당시만 해도 아내로서 혹은 며느리로서 부여받은 사회적 역할은 전혀 신경 쓰지 않았어요. 공부 중이었고, 외국에 있었으니까요. 오히려 지원을 많이 받으면서, 꽤 괜찮은 환경에서 공부했던 거 같아요.

　그런데 한국에 돌아오자마자 저는 아내 혹은 며느리로서 역할을 해야만 했어요. 당시 그런 것들을 전혀 몰랐고 사회적으로도 성숙하지 않아서 여러 문제와 맞닥뜨려야만 했죠. 직장과 가정의 균형, 시댁과의 관계 등 예상하지 못한 여러 충돌이 일어났어요. 오랫동안 공부한 만큼 작가로서 역량을 펼치고 싶었지만, 현실이 만만치 않았어요. 누구에게도 기댈 수 없는 상황이었죠. 당시 시간강사 일을 여러 군데나 했던 기억이 나요.

　그렇게 아이를 키우면서 작가 생활을 병행했어요. 다행히 시댁에서 육아를 많이 도와줬어요. 유학 생활을 오래 해서 그런지, 생전 얘기도 몇 번 안 해본 사람이 갑자기 부모님이 된 느낌이 들었어요. 육아를 도와주는 만큼, 시댁에서는 저에게 너무 많은 역할을 기대했어요. 그렇게 서울에서 2년 정도 생활하다가 결국 친정이 있는 부산으로 내려왔어요. 여전히 시간강사 생활을 하면서 작업을 이어나갔는데, 친정의 도움을 받는 것도 마음이 편하진 않았어요. 내가 내 일을 하는데도 스스로 계속 죄인처럼 느껴졌어요. 육아를 전적으로 부탁한 것도 아니었고 제 일이 끝나면 아이를 돌봤음에도, 늘 주위 눈치를 봐야만 했어요.

저는 굉장히 가부장적인 분위기에서 살아왔는데, 최근 몇 년 사이에 많은 변화가 생긴 거 같아요. 제 주위에 있는 30대 후반 혹은 40대 초반의 친구 중 뒤늦게 결혼하는 친구들이 있어요. 대부분 저처럼 프리랜서 혹은 작가들이에요. 그런데 다들 저처럼 안 살려고 해요. 그런 모습을 보면서, 저 역시 지금까지 살아온 방식으로 계속 살 필요가 없다는 걸 깨닫고 있어요. 최근에는 아이들에게 이렇게 말하고 있어요. 엄마는 굉장히 독립적인 사람이라고, 다른 엄마들과 다를 수 있다고, 너희들이 성인이 되면 혼자 살 거라고 말이죠. 저는 혼자 작업실에서 퇴근 없이 살아보는 게 소원이에요. 가족들 밥을 챙겨주기 위해 퇴근하고 싶지 않아요. 물론 같이 살지 않는 게 이혼하겠다는 의미는 아니에요. 아직 가족들의 동의는 얻지 못하고 있지만요.

신근영   저는 아들이 두 명 있고, 결혼 10년 차예요. 결혼 전에는 직장을 다니면서 음악 관련 단체에서 활동했어요. 그러다 갑작스레 결혼을 했어요. 특별한 이유가 있었던 건 아니에요. 저는 가부장적인 집안에서 자라면서 결혼에 무척 부정적이었어요. 주위 사람들도 항상, 제가 결혼을 가장 늦게 하거나 평생 안 할 거라고 많이 얘기했던 거 같아요. 그런데 의외로 가장 일찍 결혼했어요. 저는 늘 불안했고, 어딘가에 안정되길 바랐어요. 불안하던 저에게 안정을 준 게 마침 결혼이었던 거죠. 결혼 이후에도 제가 하는 활동을 계속 이어나갈 수 있을 거라 생각했는데, 현실은 그렇지 않았어요. 직장에서 뭔가 잘못하거나 실수하면 '결혼해서 정신없구나'라는 말을 들어야만 했어요. 결국 이런 분위기를 견디지 못하고 결혼 직후 사직서를 냈어요.

다시 활동을 시작하려 했는데, 역시나 쉽지 않았어요. 제가 지금 경남에서 살고 있는데, 이곳은 고향도 아니었고 그렇다고 여기서 학교를 나온 것도 아니었어요. 아는 사람이 한 명도 없는 상황에서 활동을 시작하려니 현실에서 부딪히는 것들이 굉장히 많았죠. 그래서 고민을 하다가 스스로 쉬는 기간을 가지기로 했어요. 당시 첫아이를 출산하기도 했죠. 그러다 문득 나 자신을 찾고 싶다는 생각이 들었어요. 다시 활동을 시작하려고 여기저기 알아봤는데, 저를 찾는 사람이 없었어요. 공부라도 시작해야겠다는 생각에 대학원 시험을 쳐서 간신히 붙었는데, 곧장 둘째를 임신했어요. 그래서 다시 우울해졌어요. 둘째 출산 후 다시 악기 연주를 시작하려는데 체력적으로 정말 힘들더라고요.

그렇게 지난한 과정을 겪으면서 계속 연주를 했어요. 다행히 여기저기서 조금씩 도움을 받으면서 활동을 이어나갈 계기와 새로운 기회가 생겼어요. 결혼 후 경력단절 기간이 3~5년 정도 있었지만, 돌이켜보면 스스로를 돌아보는 좋은 계기가 되었던 거 같아요. 아쉽다거나 후회한다거나 하진 않아요. 그때의 내가 있어서 지금의 내가 있다고 생각해요. 그래서 경력단절 기간을 마냥 부정적으로 바라보고 있진 않아요.

김현정　　　　　저는 고향이 제주도라 국내에서 유학 생활하는 기분으로 지냈어요. 그러다 보니 피상적인 관계에 지치고, 스스로 소모되는 느낌을 많이 받았어요. 안정적인 관계에 대한 열망이 컸고, 우연한 기회로 공동체 생활을 하는 극단에 들어갔어요. 아이를 낳았을 때, 마치 마을일처럼 모두가 아이를 예뻐하고 더 나아가 제가 다시 일할 수 있도록 배려

해줬어요. 공동체가 함께 노력해준 거죠. 아이를 낳은 이후로도 무언가에 위협받지 않고 안정적으로 일을 할 수 있어서 정말 좋았죠. 하지만 극단 안에서만 이런 안정감을 느낄 수 있었고, 사회에서는 여전히 저에게 요구하는 역할이 정해져 있었어요. 그러다 보니 배우로서, 예술가로서 무언가를 시도할 때도 아이를 위한 쪽으로 스스로 치우치게 되는 거 같아요. 결혼 이후 엄마, 여자로서의 역할이 더 강조되는 느낌을 지울 수가 없어요.

박미은 　　　자본주의 체제 내에서 가족은 노동과 재생산의 수단으로서 기능한다고 생각합니다. 그러다 보니 사회에서 결혼을 강요하는 일이 많이 발생하는 거 같아요. 택시를 타면 기사님에게 질문을 많이 받아요. 며느리 삼고 싶은데 결혼을 했냐. 그래서 제가 결혼했다고 하면, 이번에는 아이를 낳았냐고 물어봐요. 처음 보는 사람에게 어떻게 그런 질문을 할 수 있을까 싶지만, 의외로 많은 사람이 이런 질문을 당연하게 생각하는 거 같아요. 이런 질문을 하는 게 당연하지 않다는 걸 많은 사람이 인식할 수 있도록 교육이 필요하다고 생각해요. 한편으로는 사회적인 부딪힘이 많이 필요해요. 동성끼리 결혼하겠다며 구청에 서류를 제출한다거나, 택시에서 그런 질문을 받으면 강력하게 내 의견을 말하는 등 이런 소소한 노력이 쌓여야 사회가 바뀌지 않을까요.

강정훈 　　　결혼을 단순히 '한다'와 '안 한다'라고 이분법적으로 나누는 게 문제가 아닐까 싶습니다. 결혼에 다양성이 생기면 이런 이분법적인 관점이 점점 약해지지 않을까 생각해요. 저는 어렸을 적 생활이 불안해, 다른 가족과 비교하는 말을 부모님께 많이 했어요. 그러다 어른이 된 이후에는 제가 무엇 때문에 불안했는지, 그걸 채우기 위해 어떤 게 필요한지, 어떤 가족이 행복한지 직접 찾아내려고 노력했어요. 그래서 지금은 아이가 있는 결혼이 행복하다고 생각하고 있어요. 이런 관점이 보수적으로 비칠 수 있다고 봐요.

이정윤　　　코로나 이후 예술 분야에도 '시선의 다양성'이 대두되고 있어요. 우리가 교과서에서 배웠던 것들, 프레임이 이미 정해져 있는 것들을 새로운 시선에서 바라봐야 하는 건 결혼 이외에도 많이 있다고 생각합니다. 최근에 손자를 돌보는 할머니들을 대상으로 교육하는 봉사 활동을 하고 있어요. 그중 한 할머니가 며느리를 욕하길래, 반기를 들면서 제 의견을 전달했죠. 나와 생각이 다른 사람과 의견을 주고받는 과정이 편하진 않았지만, 이러한 노력이 변화를 위한 자그마한 시작이라 생각해요. 우리 세대가 이전 세대와 같지 않다는 걸 끊임없이 말해 줘야 해요. 지금도 일을 하다 보면 아이는 어떡하냐는 질문을 종종 받아요. 하지만 저는 일터에서는 엄마 이정윤이 아니라 작가 이정윤이에요. 아이가 있지만, 누구의 엄마가 아닌 이정윤 그 자체에요. 자신의 이름을 찾아야 해요. 그래서 기회가 될 때마다 이런 이야기를 하면서 사람들의 편견을 깨기 위해 노력하고 있어요.

사회자
여성은 엄마로 살아야 한다는 사회적 인식이 여전히 만연한 거 같습니다. 아이의 시간은 아이의 시간표대로, 엄마의 시간은 엄마의 시간표대로 가야 하는데, 그걸 분리하는 게 쉽지 않은 일이라 생각합니다.

김정　　　결혼 문제를 얘기할 때, 돌봄 문제는 빼놓을 수 없습니다. 돌봄은 누군가는 맡아서 해야 하는 일입니다. 내가 하지 못하면 양가 부모님이 하든, 누군가를 고용해서 하든, 꼭 필요한 일이죠. 어린아이를 키우는 것도 돌봄이지만 성인도 돌봄이 필요하고, 노년 역시 돌봄이 필요합니다. 우리는 늘 누군가를 돌보고, 또 누군가로부터 돌봄을 받으면서 살아가야만 하죠. 그런데 이런 돌봄을 누가 수행하냐고 했을 때, 남녀가 동등하지 않습니다. 뻔한 얘기지만, 돌봄은 여성에게 좀 더 치우쳐 있죠. 아기는 어떻게 키우냐는 질문은 늘 엄마만 받고, 경력단절이 되는 것도 대부분 여성이에요. 육아로 힘들어하는 것도 여성이고, 일하면서도 육아나 집안일에 신경 쓰는 쪽도 여성이에요. 여기서 많은 문제가 발생하죠. 지인 중에 예술가끼리 만나서 결혼한 사례가 있는데, 이때도 여성만 경력이 단절되더라고요.

저는 공간디자인을 전공했어요. 현장에 자주 나가야 하는 일인데, 당연히 출산 후 현장에 나갈 수 없어 경력이 단절되었어요. 육아를 하면서 부모님의 도움을 받지 못했고, 누군가를 고용할 만한 경제적 여건이 되지 않아 결국 제가 전담해야 했죠. 결혼과 출산, 돌봄은 함께 고민해야 하는 문제라고 생각합니다. 저는 스스로를 소개할 때 '돌봄 노동자'라고 해요. 아이를 키우고 있다고 말하는 게 아니라, 제가 집에서 하는 일을 개인의 일이라 여기지 않고 엄연한 '노동'이라 인식하기 위함이에요.

사회자

지금 제가 이런 대담을 기획하고 진행하는 것도, 친정어머니가 제 아이를 돌봐주고 계시기 때문입니다. 가정 내 누군가는 항상 돌봄의 주체가 되어야 합니다. 아이와 노인은 누가 돌볼 것인지, 깊은 논의가 필요하지요.

경력단절 여성에 대한 담론은 자주 등장하지만, 개개인의 사연과 이야기들은 조명받지 못하는 경우가 많습니다. 경력단절은 다른 사람의 이야기가 아닌 우리 모두의 이야기라고 생각합니다. 이러한 문제를 해결하기 위해 어떤 점이 달라져야 할까요?

박미은　　　　저는 경주에서 태어났는데, 대학에 진학하면서 부산에 오게 되었어요. 이모 집에서 1년 정도 지냈는데, 그때 이모가 손자까지 다 돌보더라고요. 자식을 키우는 것도 모자라, 거의 30~40년을 누군가를 뒷바라지하면서 지내고 계신 거죠. 그 모습을 보면서, 내가 아이를 낳고도 일을 지속하기 위해선 엄마의 노동을 착취해야만 하는 구조가 아닐까 생각이 들었어요. 그때 출산을 안 하기로 다짐했어요. 저의 소신도 있지만, 경제적인 이유도 크게 작용한다고 생각해요.

김현정　　　저는 26살에 아이를 낳았어요. 출산 후 스스로의 정체성을 정의해야 한다는 생각에 고군분투했던 기억이 나요. 그때 신랑과 크게 대립하기도 했죠. '노동'은 대가가 따라오는 일이에요. 처음에는 돌봄을 사랑을 가득 담아 주체적으로 했는데, 어느 순간 보상을 받기 위해 돌봄을 이용하고 있는 게 아닐까 생각이 들었어요. 남편은 가정을 꾸리기 위해 청년기를 고군분투하고, 저는 가정을 이루면서 청년기를 희생하고 있다고 생각했어요. 서로 접근 자체가 틀렸던 거죠. 그래서 서로의 생각을 내려놓고, 문제를 극복하기 위해 대화하려고 노력했어요.

이정윤　　　저는 앞서 말씀드렸던 것처럼 유학 생활을 했고, 26살에 미국에서 첫아이를 낳았어요. 그때 엄마가 미국에 와서 제 몸조리를 도와주셨어요. 당시엔 그게 당연한 거라 생각했는데, 그건 한국의 방식이었어요. 미국 친구들은 아이를 낳으면 바구니에 애를 들고나와서 업무를 봤어요. 그래도 사람들이 아무렇지 않게 인식하더라고요. 아빠가 아기를 회사에 데리고 나와도 눈치를 주기보다 오히려 환영해 주고 챙겨주는 분위기였어요. 육아 때문에 스트레스 받을 일이 줄어든 거죠. 스웨덴에 사는 한 친구는 체력이 좋은 자기 남편이 1년 정도 육아휴직을 신청해서 아이를 키우고 있다고 했어요. 시어머니나 시아버지도 그런 모습을 아무렇지 않게 받아들여요. 우리나라는 그런 동의의 시선이 없어요.

"

내가 아이를 낳고도
일을 지속하기 위해선 엄마의 노동을 착취해야만 하는
구조가 아닐까 생각이 들었어요.
그때 출산을 안 하기로 다짐했어요.
저의 소신도 있지만, 경제적인 이유도
크게 작용한다고 생각해요.

"

자기 아들은 쉬어도 된다고 하면서, 대신 아내가 직장에 다니면 된다고 얘기하는 시어머니, 시아버지의 모습이 한국에서는 상상하기 힘들어요.

김현정　　　　저는 출산 후에도 제 활동을 계속 이어나가는 걸 동의하는 사람과 만나서 결혼했어요. 그래서 아이를 낳고 건강을 회복한 후 다시 일을 시작했는데, 들어가서 쉬어야 한다고 말하는 사람은 모두 저보다 연배가 높은 여성분이었어요. 지금이 아니더라도 일은 언제든 많을 텐데 쉬어야 한다고, 나중에 후회한다고, 아이를 출산한 경험이 있는 분들이 조언을 해주더라고요. 같은 아픔을 가진 인생 선배들이 보살펴 주는 게 감사하긴 했지만, 한편으론 우리 윗세대는 엄마로서 책무를 다하면서 살아가는 게 당연한 환경에 놓여 있었다는 생각도 들었어요. 그래서 세대별로 교육이 필요하다는 말에 적극 공감이 가요.

결혼에 관한
현실적인 고민

사회자

결혼의 다양성, 돌봄, 경력단절 등의 문제에 대한 대화를 나눠 보았는데요, 소득이 불안정한 문화예술인으로서 당면해야 했던 현실적인 문제도 있었을 것 같습니다만⋯⋯.

이정윤　　　　저는 집 살 걱정은 잘 안 하는 편이에요. 짧게 머물거나 월세로 살더라도 제가 살고 싶은 곳에서 살려고 해요. 돈도 함께 모으는 게 아니라 제 월급은 스스로 철저하게 관리하면서, 독립적으로 생활하기 위해 노력하고 있어요. 빚이 많지만 그만큼 일도 굉장히 열심히 하고 있어요.

강정훈   제가 대학을 졸업했을 때만 해도 예술인을 지원해 주는 재단이 없었어요. 미술작가를 꿈꿨지만 당장 할 수 있는 게 없어서, 당시 벽화를 그리면서 생계를 유지했던 기억이 나요. 일이 끊길 때도 있었는데, 이따금 2만 원으로 일주일을 살아가기도 했어요. 자연스레 소비에 대해 많이 고민하고 생각했어요. 소비를 최소한으로 하려니 잃었던 것도 많았어요. 가고 싶은 곳이 있어도 좀처럼 갈 엄두를 못 냈어요. 여름휴가는 아직도 못 가고 있어요. 지금도 집은 있지만 빚을 갚으면서 하루하루 살아가고 있습니다.

신근영   저는 경제적으로 남편과 분리해서, 자신이 번 돈은 각자 관리하고 있어요. 예술 활동을 하는 사람은 대개 결혼 전에 지출이 많은 편이에요. 저축한다는 개념이 없는 예술가들이 많은 거 같아요. 저 역시 저축을 못하는 사람이었어요. 결혼을 했는데도 경제적인 지식이 너무 없어서, 오히려 남편한테 피해를 주는 느낌이 들었어요. 그나마 결혼 후 경제 관념이 생겼어요. 이제 결혼 10년 차인데, 서로 얼마를 버는지 몰라요. 그저 한 달에 공동으로 얼마를 내자, 합의만 되어 있을 뿐이죠. 지금 사는 집을 구하는 과정에서 이사를 많이 다녔어요. 다 빚이에요. 현관까지만 우리 집이라 할 수 있을 정도예요.

김정   저는 20대를 서울에서 보냈어요. 그때도 주거가 늘 불안정했던 기억이 나요. 결혼하면서 비록 작긴 했지만 집을 직접 샀어요. 결혼을 이유로, 같이 지낼 보금자리가 있어야 한다는 생각에 내린 결정이었죠. 만약 혼자 지냈다면 그런 결정을 내리지 못했을 거예요. 그러다

"

결혼을 꼭 해야 하는 건 아니지만,
하고 싶다면 지금의 판을 깨야 가능하다고 생각해요.
차가 있어야 한다, 집이 있어야 한다,
돈이 얼마 있어야 한다 등 사회적인 공식을 부수고
투쟁해야 자신이 원하는 걸
성취할 수 있다고 확신합니다.

"

제5장 결혼에 관한 새로운 합의

부산에 오게 되었죠. 지금은 집값이 너무 많이 올라서 안타까울 정도예요. 시작하는 시점에서, 진입조차 못 하는 상황이죠. 다만 처음부터 나한테 맞는 집을 적당한 가격에 산다기보다 집을 옮겨가면서 자금을 운용하면 자신에게 맞는 집도 구할 수 있다고 생각해요.

결혼을 꼭 해야 하는 건 아니지만, 하고 싶다면 지금의 판을 깨야 가능하다고 생각해요. 차가 있어야 한다, 집이 있어야 한다, 돈이 얼마 있어야 한다 등 사회적인 공식을 부수고 투쟁해야 자신이 원하는 걸 성취할 수 있다고 확신합니다.

김현정　　　　저는 아이가 먼저 생기고 이후 결혼했어요. 그러다 보니 처음엔 어떡해야 하나 정말 막막하고 앞이 깜깜했죠. 그런데 직접 살아보니, 결혼하고 아이를 낳으면 혜택도 많고 지원금도 있더라고요. 대출 금리도 적었고요. 생각보다 복지 혜택이 잘 되어 있어서 놀랐어요. 최근 나라에서 주는 재난지원금만 보더라도, 아이가 많은 만큼 지원금을 더 받잖아요. 집을 사고 차를 사는 걸 보면 엄청난 사업수완이 있다거나 돈을 굴리는 테크닉이 있는 것처럼 보이는데 사실은 다 할부이고, 내가 다 갚을 수 있을 거라는 믿음으로 사는 거라 생각해요. 결혼하면 돈이 많이 필요하고 고민도 많아지는 건 맞지만, 개인적으로는 결혼 후 삶의 질이 더 좋아진 거 같아요.

권서현　　　　유기견을 한 마리 더 입양하려고 했어요. 경제적으로는 안정이 되어 있어서 큰 문제가 없었거든요. 그런데 제가 미혼 여성이라는 이유만으로 분양을 꺼리더라고요. 여성이 결혼하면 반려동물을 버릴 확률이 높다며, 분양마저 기혼 여성을 선호한다는 얘기를 들었어요. 지금도 제 소유의 집이 있어요. 살아가는 데 필요한 조건이 이미 갖춰졌는데, 굳이 결혼하면서 집을 공유하고 여러 제한을 받으면서 생활하고

싶지 않아요.

안희석　　　　사회가 청년들을 각자 투쟁으로 밀어 넣는다는 느낌이 들어요. 현실적으로 월급을 모아 집을 사기 어려우니, 그걸 해결할 수 있는 게 바로 결혼이라면서 적극적으로 권유하는 거죠. 우리는 지금 기혼자가 최고인 사회를 살아가고 있어요. 결혼은 경제적인 문제를 결코 배제할 수 없어요. 한편으로는 국가에서 집을 제공하는 등 주거 문제를 해결해준다고 했을 때, 한국 여성들이 과연 결혼을 할까 의구심이 들기도 하고요.

박미은　　　　저는 작년 11월에 결혼했는데, 오히려 코로나가 기회라고 생각했어요. 결혼식 비용을 크게 줄일 수 있었거든요. 처음에는 저도 결혼식을 올릴 계획 없이, 혼인신고만 해도 괜찮다고 생각했어요. 고민하던 중, 혼인신고만 하고 결혼생활을 이어가는 한 언니의 이야기를 들었습니다. 혼인신고 후 첫 가족행사가 집안 어르신의 장례식장이었다고 해요. 다른 이의 죽음을 추도하는 자리에서 "제 처 OOO입니다" 라고 인사해야 하는 자신의 모습이 이상하게 느껴졌다고 하더라고요. 그 이야기를 들으며 알게 되었어요. 사람들이 결혼식을 하는 이유를요. 결국 결혼은 주위 사람한테 인사하는 의식이었던 거죠. 비용이 부담되긴 했지만, 막상 결혼식 비용의 대부분을 돌려받더라고요. 결과적으로 돈을 쓴건 결혼반지밖에 없었어요. 그전에는 최소 2천만 원은 있어야 결혼한다고 생각했는데, 사실은 그게 아니었던 거죠. 문제는 결혼을 강요하는 사회, 그리고 그걸 이용하는 웨딩업체가 아닐까 싶어요. 하지만 내가 주인공이라 생각하지 않고 욕심을 버린다면, 충분히 결혼할 수 있다고 생각합니다.

다시,
결혼이란 무엇인가

사회자

불과 한 세대 전까지만 해도 아버지가 만든 질서 속에서 사는 게 당연했고, 여전히 가부장적인 분위기가 강하긴 하지만 지금, 사랑과 결혼은 각각 어떤 의미로 다가오는지 생각을 듣고 싶습니다.

이정윤   복잡한 무언가를 간결하게 정의 내리는 게 쉽지 않습니다. 인간은 다양하고 복잡한 감정을 가진 존재고, 사랑 역시 간단하게 정의하기 어려운 감정이라 생각합니다. 다만 결혼에 관한 얘기를 하자면 결혼은 다양한 가족의 모습 중 하나이고, 개인이 살아가면서 하는 여러 선택 중 하나라고 생각합니다. 어떤 형태의 삶을 살아가든 개인의 선택은 늘 존중받아야 하죠.

강정훈   현재도 결혼 상태로 살아가고 있어 정의 내리기 쉽지 않습니다. 다만 결혼도 의식의 한 부분이고, 모든 의식이 그렇듯 결혼도 믿음을 기반으로 이루어진다고 생각해요. 결혼은 믿음이 가는 사람과 함께하는 거라 확신합니다.

신근영   사랑이라는 단어를 입 밖으로 내뱉어본 기억이 많이 없어요. 외국에서는 넘어지거나 실수를 해도 가볍고 쉽게 사랑한다고 말하는데 말이죠. 특히 저는 보수적인 집안에서 자라서, 사랑한다고 표현하는 걸 굉장히 어려워했어요. 그래서 정의를 내리기엔 어려운 단어가 아닐까 싶어요.

결혼은 개인의 선택이라는 데 동의하지만, 그렇다고 결혼이 그리 나쁜 거라 생각하진 않습니다. 밖에서 힘든 일이 있을 때 돌아갈 곳이 있고 내 편이 있다는 건 무척 소중한 감정이라 생각합니다. 가족이 주는 안정감과 편안함을 느끼면서 마음을 다스리다 보면, 결혼하길 잘했다는 생각이 듭니다.

권서현　　　사랑은 하나의 세계를 만나는 일이에요. 한국에서는 그게 결혼으로 치부되는 경향이 있어요. 저는 동물이나 아이 등에 더 관심이 많은데, 왜 꼭 이성 남자에 관심을 가져야 하는지 이유를 모르겠어요. 남들과 다르게 세상을 보고 살아가는 방식도 존중을 받을 수 있으면 좋겠어요.

저는 모든 기혼자를 존중해요. 제가 그 길을 가지 않은 건 현실적으로 넘어야 할 산이 정말 많기 때문이에요. 함께 사는 동반자는 그 산을 함께 넘는 존재죠. 저도 결혼을 어떻게 정의해야 하는지, 결혼이란 무엇인지 혼자 많이 고민해 봤어요. 전통적인 의미로는 남녀가 합의하고 함께 사는 건데, 그걸 넘어서서 자기만의 방식으로 살아가는 사람도 소외당하지 않는 사회가 되었으면 좋겠어요. 결혼이란, 비혼주의자인 저는 결코 누릴 수 없는 거죠. 저 같은 사람이 소외되고 차별받지 않도록, 제도적으로 많이 보완되었으면 합니다.

김정　　　미친 듯이 사랑에 빠진 순간도 있었지만, 지금 저에게 사랑이란 누군가를 책임지는 행위로 다가옵니다. 결혼은 자신의 동반자를 발견하고, 더 나아가 스스로를 발견하는 과정이라 생각합니다. 결혼을 한다는 건, 이 과정을 함께하자고 약속하는 거죠. 다만 이렇게 많은 책임과 의무가 따를 거라 생각하진 못했어요. 물론 그렇다고 지금 불행하다는 의미는 아니에요.

김현정   사랑은 나의 미흡한 부분, 결핍된 부분을 채우는 과정
이라 생각해요. 그렇게 나의 세상을 천천히 만들어 나가며, 완전한 인간
으로 나아가는 거죠.

저 역시 결혼은 가정의 한 형태라 생각해요. 저도 그걸 모르고 결혼을
했죠. 개인적으로는, 결혼에 대해 알려주는 교양과목이 있었으면 싶어
요. 관습적으로 내려오는 제도이다 보니 잘 알지 못하고 하는 경우가 많
고, 그러다 보니 여러 고민과 문제가 발생한다고 생각해요.

안희석   사랑은 제 삶을 할애해도 그게 어떤 희생이나 손해라 생
각하지 않는 것이라 생각합니다. 자신의 삶을 상대에게 오래도록 할애한
다는 건 단순히 정이나 의리 등의 가벼운 것들로 설명할 수 없으니까요.

결혼 후 생활이 안정되고 행복해하는 모습을 많이 보긴 해요. 하지만
제가 생각할 때 한국에서의 결혼은, 단순히 사회적인 계약이라 생각해
요. 그것도 한국 남자한테 일방적으로 유리한 계약이죠.

박미은   사랑을 생각하면 제 반려인과 고양이가 가장 먼저 떠
올라요. 반려묘와 함께 있다 보면, 똥을 예쁘게 싸놓기만 해도 기분이 좋
아지더라고요. 아이를 키우는 부모 마음도 비슷하지 않을까 싶어요. 저
는 조건이 없는 게 사랑이라 생각해요. 동거를 해보고 결혼을 할지 안 할
지 선택하는 것은 말이 안 된다고 생각합니다. 저 역시 결혼 전에 동거를
했지만, 그렇다고 결혼을 위해 동거를 한 건 아니었어요. 그냥 자연스러
운 일이었어요. 저는 조건을 따지면서 사랑을 선택하지 않았어요.

저는 결혼이 집을 마련하기 무척 유리한 제도라고 생각해요. 신혼부부
전세대출이 1.2% 정도에요. 다른 대출에 비해 무척 저렴한 편이죠. 내가
살 곳을 마련하는 데 결혼만큼 좋은 제도는 없어요.

박정오　　　사랑이란 감정은 시대가 바뀔수록 더욱 섬세해지고 있다고 생각합니다. 예전에는 사랑을 느끼고 받아들이는 과정이 비교적 투박하고 단순했다면, 이제는 사랑을 생각할 때 더 조심해야 하고 고민해야 하는 부분도 많아진 거 같아요. 그냥 감정에 치우쳐 사랑에 빠지기엔 쉽지 않은 세상이 되어버린 거죠. 한편으로는 사랑이 더 조심스러워지고 섬세해지는 게 좋다고 생각해요. 우리가 사랑하는 걸 조심스럽게 대하고, 섬세하게 보살피는 것처럼 말이죠.

　결혼은 굉장히 관습적인 의식이고, 역사적으로 오랫동안 존재해 왔습니다. 그러다 보니 결혼으로 인해 생기는 문제도 당연한 거라고, 남들도 다 겪기에 특별한 게 아니라는 인식도 만연해요. 역사적으로 살펴보면 사회는 늘 기존의 관습에 저항하고 반대할 때, 당연한 거라 생각하는 것에 반기를 들 때 발전하고 진보해 왔습니다. 결혼을 놓고 여러 의견이 충돌하는 것도, 단기적으로 보면 잡음이 심하다고 생각할 수 있지만 사회가 바뀌기 위해선 반드시 필요한 과정이라 생각합니다.

사회자

사랑은 책임을 감당할 만큼, 소중한 감정이지요. 사랑이 담기는 그릇을 우리는 결혼이라고 하는데 그 결혼이 사랑을 강제하거나 억압하는 일은 없어야겠지요. 청년들의 다양한 사랑만큼 결혼제도가 좀 더 유연하고 사랑 중심이었으면 합니다. 지난번 〈N잡러, 문화예술로 먹고살기〉에 이어 오늘은 문화예술인들의 결혼을 주제로 이야기를 나누어 보았습니다. 결혼에 대한 생각과 직접 닿아 있는 현실살이에 대한 진솔한 말씀 주셔서 진심으로 감사드립니다.

6장

'젠더 갈등'
이라는 허상

대담자

문학평론가 **강희정**

예술가 **연정**

민주공원 홍보 담당 **김예선**

빨간집 기록활동가 **윤주**

(사)여성인권지원센터 살림 상임대표 **변정희**

대담 진행
부산문화재단 청년문화팀장 **박소윤**

2021.10.19.(화) 오후 2시, 창비부산

여성과 남성 간 불평등은 있지만
페미니즘은 반대한다는, 그 앞뒤 안 맞는 말이
대한민국에서는 사용 가능한 문장이 됐습니다.
이제는 그들을 성차별주의자, 혹은 안티 페미니스트 등으로
정확히 호명할 수 있으면 좋겠습니다.
페미니즘도 민주주의처럼 거스를 수 없는
시대정신이기 때문입니다. 옳은 방향으로 가는데
그걸 거스르는 쪽이 더 부각돼야 하지 않을까요?

'젠더 갈등'이라는 허상, 누가 만드나

대담 정리 · 집필 **안희석**
발코니 출판사 대표,
『몇 줄의 문장과 몇 푼의 돈』(발코니, 2021) 저자

오래전 종영한 MBC 〈무한도전〉에서 '젠더'라는 말이 등장한 적 있다. 코미디언 정형돈 씨는 우스갯소리로 말한다. "젠더가 뭐예요? 그 휴대전화 뒤에 꽂는 그거예요?" 2014년이었다. 젠더가 말장난으로 환원된 그때로부터 수년이 지났다. 지금 정형돈 씨가 저런 개그를 한다면 어떻게 될까. 벌써부터 그의 자필 사과문이 눈앞에 어른거린다.

2022년을 살아가는 청년들에게 젠더는 농담거리가 아니다. 특히 백래시와 여성 혐오 현상을 삶에서 겪고 있는 여성 청년들에게 젠더는, 생존 문제에 가깝다. 그럼에도 안티 페미니스트들은 말한다. '한국의 잘못된 페미니즘'이 우리 사회의 '젠더 갈등'을 불러왔다고.

그러나 안티 페미니스트들이 말하는 '젠더 갈등'은 가부장제의 과실은 유지하고 싶고, 이에 따른 책임은 지기 싫은 인정 투쟁일 뿐이다. 대담 중 나온 "여성과 남성 간 불평등은 있지만 페미니즘은 반대한다는, 그 앞뒤 안 맞는 말이 대한민국에서는 사용 가능한 문장이 됐습니다"는 이 현실을 정확하게 관통한다.

실제로 안티 페미니즘의 최전선에 섰던 '신남성연대'는 남성 인권을 신장해 성차별을 바로 잡겠다고 공언했지만, 정작 남성 인권을 제대로 다루지 않았다. 그들이 했던 건 페미니스트들의 백래시 반대 집회에 훼방 놓기, 선동과 날조를 통한 안티 페미니즘 진영 확대하기, 페미니스트 개인을 특정한 후 집요하고 악질적인 공격 이어가기 등이 전부였다. 징집 장병 남성들의 인권 환경 개선이나 소위 '맨박스'로 불리는 성역할 부수기 등은 시도조차 하지 않았다. 남성 인권을 핑계로 그저 페미니즘을 반대하기 위해 결속된 조직 그 이상도 이하도 아니었다.

안티 페미니스트들의 목소리는 주로 남성으로부터 발화된다. 이에 남성의 목소리에 무게를 두고 확성기를 갖다 대는 대한민국 가부장 사회는, 안티 페미니스트들을 더욱 조명하고 있다. 그 결과 만들어진 '젠더 갈등'이라는 허상이 무지와 폭력의 언어 위에 실려, 망령처럼 우리 사회를 떠돌고 있다. 이제라도 이 허상을 부수고 무엇을 중심으로 젠더를 논할 것인가 재정립해야 한다.

페미니즘을 지지한 순간부터 남성 친구를 모두 잃은 나는, 젠더와 페미니즘을 진중하게 이야기하는 남성을 늘 찾아다녔다. 대담 날도 기대를 안고 도착했지만, 역시나 남성 패널은 보이지 않았다. 하지만 잠깐의 실망이 무색하게도 대담자들은 다채롭고 귀중한 이야기를 들려줬다. 대담 끝자락에 가서는 깨달았다. 남성들은 아직까지 패널로 나설 게 아니라 더 듣는 입장이 돼야 한다고. 수십, 수백 년 동안 묵살되던 여성의 이야기를 더 오래도록 듣고 배워야 한다고 말이다.

누군가는 이번 대담을 읽으며 편향됐다고 생각할 수도 있겠지만, 부디 당부드린다. 가부장 문화가 완고한 한국에서의 '평등'이나 '보편' 혹은 '중립'은 항상 남성의 기준에서 세워졌다. 그 기울어진 운동장의 경사를 이제 겨우 몇 도 움직였을 뿐이다. 예리한 각도기로 세상의 균형을 바로 잡아나가는 사람들의 이야기를 지금부터 읽어보자.

성녀와 창녀,
여성을 향한 이분법

사회자

청년층과 이야기할 때 가장 어려운 주제가 젠더와 난민인 것 같습니다. 두 문제는 항상 장벽이 높아 서로의 시선을 조율하기 어렵더라고요. 그래서인지 사전 질문지를 보고 불참 의사를 밝혀 주신 분들도 있습니다. 왜 이 주제를 부담스러워 하고 회피할까 하는 궁금증도 그대로 담고자 해봤습니다. 어려운 자리에 선뜻 와 주셔서 감사합니다.

아마 여기 모인 분들도 서로의 답변이 궁금하실 것 같습니다. 생각이 다른 지점은 토론으로 풀고 연결될 수 있는 부분은 계속 확장할 수 있었으면 합니다. 가장 먼저, 오늘 모인 분들께서는 사회적 성 역할을 요구받은 적 있는지 여쭤보고 싶습니다.

윤주

저는 2018년까지는 여성단체에서 여성 인권 운동을 했습니다. 지금은 기록활동가로 일하고 있고요. 성 역할을 요구받은 적 있는지 여쭤 보셨지만, 우리 사회는 성 역할을 강요받고 있다는 사실을 여성 당사자조차 모르게 한다는 말씀을 먼저 드리고 싶습니다. 너무나 자연스럽게 성 역할을 몸과 머리에 익히도록 하고 있죠.

저는 어렸을 때 아버지가 사업에 실패하고 집에만 계셨습니다. 각 집안의 클리셰죠?(웃음) 이때 어머니는 바깥에 나가 노동하는, 즉 가장 역할을 맡으면서 집안일까지 동시에 수행했습니다. 그런 기울어진 모습을 보면서 굉장히 불합리하다고 생각했어요. 그때가 초등학교 4학년생이었으니 불합리라는 단어 자체를 몰랐고, 내가 왜 불편한지에 대해서 그 근거나 해석이 담긴 언어를 찾기 힘들었습니다.

비슷한 경험을 계속 체득하면서 성장한 후에 곰곰이 되돌아보니 '아,

이게 불합리하고 싫다고 하면 한없이 싫어질 거고, 그럴 바엔 차라리 체념해버리는 게 아닐까'라는 생각이 들었습니다. 왜냐면 그렇게 불합리하다고 여기던 제가 20대 초반 일본 유학을 가서는 진짜로 체념하게 되더라고요. 당시 중국식 레스토랑에서 아르바이트를 했는데, 가게 장사가 안되니까 가맹점 본사에서 내려와서 모든 직원들에게 치파오를 입혀야겠다고 했습니다. 제가 요구받은 치파오는 몸매가 다 드러나고 슬릿이 있는, 성적 대상화된 그런 치파오였어요. 당연히 싫다고 했는데 입기 싫으면 나가야 하는 분위기가 만들어졌습니다. 그래서 체념했어요. 치파오를 직접 구해서 입고 일했습니다. 결국, 제 인생에서 '너는 여자니까 해야 해'라는 강요보다는 그냥 '내가 여자라서 해야 할 것 같은 순간'이 더 많았습니다.

연정   저는 규범적으로 말하는 성 역할과 많이 충돌했습니다. 여성은 차분해야 하고 안정적이고 부드러워야 한다는 그런 규범적 가치로부터 억압적인 느낌을 많이 받았습니다. 40대 여성인 저는 20대 때부터 흡연자였습니다. 여성 흡연자로서 겪은 불편한 시선들만 봐도 모순적인 부분들이 너무 많습니다. 퍼포먼스 아티스트로서 여러 지역을 다녀보면 도시화가 덜 된 지역일수록 폭언이 심했습니다. 도시화가 돼 있는 곳도 좋을 건 없었죠. 폭력 직전까지 가는 경우를 겪거나 목격하기도 했습니다. 40대가 된 지금도 그런 억압에서 벗어나지 못합니다. 여성이기 때문에 밖에서 더 불편한 한국 사회죠.

김예선   일단 첫 질문부터 느낀 건, 왜 그렇게 많은 분들이 이 자리를 부담스러워 했는지 알 것 같습니다. 풀어내다 보면 끝이 없을 것 같거든요. 너무 많은 이야기가 혼재하다 보니까 이걸 어디서부터 어디까지 꺼내야 할지 걱정이었을 겁니다.

저는 90년생 백말띠 여성입니다. 다들 아시다시피 백말띠 여성에 대한 편견이 굉장히 많습니다. 발표를 잘하면 "너무 주장이 세다"라고 비난받고, 조신하거나 얌전하지 않게 굴면 "역시 90년생 백말띠가 문제다"라는 말을 늘 들었습니다. 지금도 뭐만 하려고 하면 "나댄다", 좀 잘한다 싶으면 "여자가 똑똑하면 안 된다"라는 이야기들을 듣습니다. 심지어 그런 이유로 남성 애인과 헤어지기도 했어요.

직장에서도 '아가씨'라는 호칭을 들어봤고 아직도 이런 호칭이 쓰인다는 것에 충격을 많이 받았습니다. 아가씨라고 불린 경험을 공유했더니 "그렇다고 네가 아줌마는 아니잖아?"라는 반응도 따라왔고요. 제가 겪는 경험이 감수성으로 공유되지 않고, 뭘 몰라서 오해한다는 편견으로 환원되는 경우가 많았습니다.

변정희　　　　성 역할을 요구받았다기보다는 자연스럽게 내가 여자임을 자각하게 되는 순간들이 오고, 이게 차별인지 아닌지 몰랐는데 "빨간약을 먹고 각성한다"라는 말처럼 세상을 다르게 보는 시점이 있다고 생각합니다. 그게 아마 2015년 강남역 여성 혐오 살인 사건 이후였던 것 같습니다. 어린 시절부터 꾸준히, 성인이 되고 일정한 사회적 지위에 올라서더라도 겪게 되는 성폭력 사례들이 너무나 많죠. 이런 경험들을 말하다 보면 내가 여자인 게 싫은 순간들도 오게 됩니다.

저는 지금 성 착취 문제를 다루는 현장에 속해 있습니다. 누군가는 성 착취를 두고 성매매라 하는데, 저는 성인이 될 때까지 성매매라는 단어를 입에 올려본 적이 없어요. 어릴 때부터 "나는 커서 성매매를 하겠다"라거나 속된 말로 '창녀'가 되겠다는 다짐도 하지 않았습니다. 그런데 어느 순간 우리 사회는 여성을 '창녀와 성녀'로 이분화해서 바라보고 있더라고요. 그러다 보니 내가 순결을 빼앗기면 안 된다는 두려움, 강간을 당하면 큰일 난다는 두려움 속에서 자랐습니다. 사회가 규정하는 성녀가

> 어느 순간 우리 사회는 여성을
> '창녀와 성녀'로 이분화해서 바라보고 있더라고요.
> 그러다 보니 내가 순결을 빼앗기면 안 된다는 두려움,
> 강간을 당하면 큰일 난다는 두려움 속에서 자랐습니다.
> 사회가 규정하는 성녀가 돼야 했던 거죠.

돼야 했던 거죠.

여성을 대상화하고 구별하는 문화는 단순 짐작이 아니라 실제로 증명되는 사례들입니다. 동거 중인 제 친구 두 명이 있는데, 한 친구가 술자리에 나갔다가 너무 늦은 시각까지 안 들어오는 거예요. 집에 있던 친구가 걱정이 돼서 경찰에 실종 신고를 했습니다. 그때 경찰서에서 수기 신고서를 작성하는데, 남자는 외형을 '신사형'과 '군인형'으로 구분하고 있었고, 여자는 '숙녀형' 아니면 '접대부형'으로 나누고 있었습니다. 이게 몇 십 년 전도 아니고 불과 2005년의 일입니다. 이런 세상에서 저는 '그럼 성녀도 아니고 창녀도 아닌 나는 도대체 뭐지?'라는 고민에 갇히게 되고, 제가 여자인 사실이 싫어지는 거죠.

사회자

원래는 집필 작가에게는 따로 질문을 하지 않지만, 오늘은 집필 작가를 제외한 대담자 전원이 여성이어서 한번 여쭤보고 싶네요. 안희석 작가님은 남성으로서 요구받은 성 역할이 있습니까?

안희석　　　남성으로서 요구받은 성 역할을 말씀드리기 전에 앞서서 꼭 당부하고 싶은 게 있습니다. 사회적 성 역할 수행을 요구받긴 했지만, 남성인 저는 그 역할을 수행하지 않았다고 해서 수시로 억압을 받진 않았어요. 여성의 경우처럼 일상이나 생명에 지장이 있는 정도는 아니었다는 점을 분명히 해두고 제가 요구받은 성 역할 사례를 말씀드리고자 합니다.

저는 눈물이 많습니다. 지금도 그렇고 어렸을 땐 더 심했어요. 그렇게 울 때면 제 생물학적 아버지는 저를 나무라고, 종종 야구방망이 같은 것들로 폭력을 행사했습니다. '남자가 울면 안 된다'는 단 하나의 이유 때문에요. 그때의 기억이 너무 강렬해서 그런지, 저는 생물학적 아버지와 인연을 끊다시피 한 이후부터는 사회적 성 역할에 따른 압박을 느끼지 못했습니다.

사회자
답변 감사합니다. 여기 모인 분 대부분이 현장에서 활동하는 분들이라 그런지 더 다채로운 사례를 들을 수 있는 것 같습니다. 현장 활동가 혹은 기록자로서 가장 관심 가는 젠더 이슈는 무엇인가요? 말씀 부탁드립니다.

강희정　　　제가 개인적으로 중요시 여기는 젠더 이슈는 '백래시 현상'입니다. 2016년 전후에도 백래시 현상은 있었지만, 최근 서울시장 재보궐선거 후에 일어난 사회적 백래시는 더 큰 범위에서 이뤄지고 있다고 생각합니다. 개인에 대해 '페미니스트냐 아니냐'를 묻는 게 아니라, 정치와 언론이 엮여서 '우리 사회의 젠더 갈등은 페미니스트 탓이다'로 돌리는 분위기거든요. 그래서 이 현상이 계속되는 것에 대해 과거의 백래시와 비교하면서 세세하게 살펴봐야 하지 않을까 합니다. 그런 단계를 넘어서야 젠더 이슈에 대해 제대로 논의할 수 있을 것 같습니다.

집게손가락 모양부터 '허버허버' 등도 어떻게 보면 그냥 무시하고 넘어갈 수 있는 표현인데, 이걸 기업들이 먼저 사과하고 정당화해 버리니까 올 초에 무력함을 많이 느꼈습니다. 이런 사례들을 어떻게 바꿔나갈 수 있을까 하는 고민도 이어졌고요. 대선 국면 아래서도 백래시 흐름이 있어서 여전히 고민입니다.

변정희　　　제가 여성단체에서 활동하다 보니 성 착취나 포르노 문제에 대해 가장 많이 고민하는 편입니다. 특히 주체화와 여성 폭력에 대해 많이 생각해요. 최근까지도 '성노동' 이슈가 좀 많은 편인데요, 젊은 여성들이 '성노동'을 '선택'하게 되는 일들도 있고요. 저는 성 착취가 본질이라 생각하고 그것이 여성 자신과 여성 전체에 얼마나 큰 해로움을 끼치는지 알기 때문에 그것에 반대하는 활동을 하지만, 개인이 그럴 수밖에 없는 현실을 정당화하는 것을 넘어서 주체적으로 선택한다는 것을 지지하는 게 맞나, 그럼 그걸 '존중'해야 하나, 이런 생각을 당연히 하게 됩니다.

당사자가 존재하기 때문에 보다 적극적으로 '성노동'을 반대하지 못하는 현실에 대한 고민이 많습니다. 저는 지금도 성 착취 현장에서 '성노동' 담론과 싸우고 있습니다. 그런데 담론과 지속적으로 싸우다 보면 저는 '성노동자를 존중하지 않는 사람' 혹은 '도덕적이고 보수적인 여성주의자'가 되어 있는 거예요. 그래서 고민이 이어지고 있습니다.

김예선　　　가장 심각한 문제는 동시대 이삼십대 여성과 남성 사이의 생각 차이라고 생각합니다. 이게 나아가 정치권으로 가서는 안티 페미니즘을 제1의 가치로 두는 정당이 나올 정도니까요. 저도 그렇고 주변에 다들 만나서 이야기해보면 "나는 페미니스트"라 말하는 것보다는 "아직은 잘 몰라서 더 공부하고 노력 중이다"라는 반응이 더 많습니다. 페미니즘이나 페미니스트라는 말이 금기인 것처럼 여겨지는 거죠. 사회적으로 고립되거나 회사에서 해고되는 등의 문제가 실제로 일어나고 있으니 쉽게 발화하지 못하는 게 아닐까 합니다.

　여성과 남성 간 불평등은 있지만 페미니즘은 반대한다는, 그 앞뒤 안 맞는 말이 대한민국에서는 사용 가능한 문장이 됐습니다. 이제는 그들을 성차별주의자, 혹은 안티 페미니스트 등으로 정확히 호명할 수 있으면 좋겠습니다. 페미니즘도 민주주의처럼 거스를 수 없는 시대정신이기 때문입니다. 옳은 방향으로 가는데 그걸 거스르는 쪽이 더 부각돼야 하지 않을까요? 누군가 독재를 찬성한다고 외치면 그 사람이 주목받지, 그 사람을 다그치는 쪽이 주목받진 않잖아요.

　신자유주의 속 개인이 다 파편화된 한국에서는 사회적 불평등을 다 페미니즘 탓으로 돌리는 분위기로 느껴집니다. 예를 들면, 강제 징병에 대해 국가에 호소하지 않고 여자들에게 "너희는 왜 군대 안 가?" 하고 묻는 거죠. 다 같이 안 힘들 수 있는 방법을 찾는 게 아니라 '우리 힘드니까 너희도 힘들어야 한다'는 주장이 반복되고 있습니다.

『82년생 김지영』을 향한 현실 부정과 '젠더 갈등' 프레임

사회자

그렇다면 이러한 젠더 이슈와 문화예술 콘텐츠를 연결해서 말씀해 주실 수 있을까요? 인상 깊게 본 콘텐츠가 있다거나, 혹은 문화예술 분야에서 젠더 이슈와 관련해 문제점이 있다는 등 다양한 층위에서 말씀 부탁드립니다.

윤주 저는 영화 〈보헤미안 랩소디〉를 언급하고 싶습니다. 영화 속 실존 인물 '프레디 머큐리'를 좋아하는데, 그가 노래하는 모습에서 패션이 자꾸 눈에 들어왔습니다. 프레디는 짧은 숏팬츠를 입고 공연할 때가 많죠. 그걸 보면서 '아, 저 사람 한국에서 저러면 돌 맞지 않았을까?' 하는 걱정을 했습니다. 이런 걱정을 하는 걸 보면 프레디가 활동하던 1980~1990년대보다 지금이 더 진보하지 못한 게 아닐까 했습니다.

그런 복장과 인식의 연장선상에서 저는 젠더 리스와 젠더 프리에 빠져 있습니다. 여성이면 '명예 남자', 남성이면 '명예 여성'이 돼야 한다는 뜻이 아닙니다. 성별 이분법에 갇히지 않고 내가 될 수 있는 것들을 선택할 수 있는 세상을 꿈꿉니다. 그래서인지 저는 EBS 〈자이언트 펭 TV〉의 '펭수'를 좋아합니다. 펭수는 옷을 안 입기도 하고, 드레스 입기도 하고, 런닝 하나만 걸치기도 해요. 성별란에는 여자도 남자도 아니라고 적혀 있고, 하는 행동은 귀엽고, 호통을 치기도 하고, 따뜻하기도 하고 제멋대로이기도 합니다. 종잡을 수 없는 정체성이죠. 무언가 하나로 정리되지도, 이분화되지도 않아요. 이런 젠더 리스가 모두에게 당연하게 받아들여졌으면 좋겠습니다.

김예선　　　저는 동성 커플이 등장하는데 이에 대해 아무렇지 않게 넘어가는 장면이 나오는 〈보건교사 안은영〉, 이성 연인을 폭행한 남성에게 '변명할 기회'를 주지 않은 영화 〈메기〉, 그리스나 이집트처럼 고대 사회를 배경으로 뛰어난 고증과 함께 정치적 올바름을 잘 녹여낸 게임 '어쌔신 크리드' 등을 말씀드리고 싶네요.

특히 재밌는 점이, 어쌔신 크리드는 여성 차별과 다양성 배제 문화를 모두 걷어냈는데, 안티 페미니즘 유저들이 굉장히 괴롭다는 반응을 보인 적 있습니다. 새로운 시리즈가 나왔으니 플레이해 보긴 해야 하는데 소위 'PC 묻어서[1]' 이 게임을 할지 말지 엄청 갈등하더라고요. 그걸 보니 웃기면서도 착잡했습니다. 너무 당연한 걸 두고 왜 갈등하는지 이해가 안 되더라고요. 시대적이고 역사적인 변화의 바람은 계속 부는데 그걸 거부하고 있는 게 참 우스꽝스럽다고 할까요?

변정희　　　문화와 젠더 이슈를 생각해 보면, 우리 사회가 여자들의 이야기를 제대로 모르거나 사실로 믿지 않는 현실이 안타깝습니다. 가장 대표적인 예로 『82년생 김지영조남주, 민음사, 2016』이 있지 않을까요? 저는 사실 이 책을 처음 읽었을 때 이렇게 베스트셀러가 될 줄 몰랐습니다. 너무 당연하고 밋밋한 이야기, 우리가 일상에서 매일 겪는 이야기라서 '이런 이야기가 인기를 얻는다고?' 하면서 의아했습니다. 그런 제 생각과 달리 『82년생 김지영』은 메가 히트를 달성했고, 우리 사회는 이제야 여자들의 이야기를 다루기 시작했어요. 그런데 또 한편에서는 이 당연한 서사를 판타지처럼 취급하면서 "저건 62년생 김지영 이야기 아니야?"라고까지 하죠.

이와 달리 최근 넷플릭스에서 개봉했던 드라마 〈D.P〉에 대해선 반응

---

1 정치적 올바름(Political Correctness, PC)이 반영됐다는 말로, 안티 페미니스트들이 선호하는 성차별 요소(성적 대상화된 여성 캐릭터, 여성 혐오 정서가 반영된 스토리 등)가 사라지면 등장하는 표현.

이 다르더라고요. 현실고증이 뛰어나다고 평가받았죠. 저도 남성 지인들한테 이 드라마가 사실이냐고, 진짜 이렇냐고 물으면 돌아오는 답변 대부분이 "그렇다"라거나 "실제론 더 심하다"라고 다들 추켜세우는 분위기입니다. 왜 여자들의 경험은 이런 논의가 이뤄지지 않는 걸까요. 여성 당사자는 20년, 30년 세대를 넘어서도 서로 공감하는 이야기인데 이게 왜 사회적 인정을 받지 못할까 생각하면 너무 이상합니다.

강희정　　　문학평론가 입장이라 문화와 관련해서 젠더 이슈를 이야기하면 역시나, 저도 『82년생 김지영』 이야기를 하지 않을 수가 없겠죠. 작품에 대한 미학적 평가를 떠나서 『82년생 김지영』이 우리 사회, 특히 문학계에 큰 영향을 끼친 건 사실입니다. 그전까지 문학에서 여성을 재현하는 방식에 대해 논쟁이 많았었는데, 정치적 올바름이라는 게 중요시된 기점이 『82년생 김지영』의 흥행이었습니다. 문학계 판도가 뒤집어지는 계기였죠. 이런 점들을 짚어보면 『82년생 김지영』과 젠더 이슈는 떼어낼 수 없는 존재가 아닌가 합니다. 그런데도 이 서사를 인정하지 않는 사람들이 많죠.

그리고 얼마 전 뮤지컬 〈헤드윅〉을 보고 왔습니다. 개인적으로 젠더를 바라보는 관점을 재정립하게 된 작품이어서 인상 깊었습니다. 부끄럽지만 페미니즘을 처음 접했던 당시, 트랜스젠더가 오히려 사회적 성 역할과 고정관념을 더욱 강화하는 존재라는 생각을 가졌던 때가 있었거든요. 그들의 존재를 인정하느냐, 마느냐 하는 논쟁을 한 적도 있었습니다.

사실 최근까지도 트랜스젠더 관련 논쟁들을 보면서 '내 입장'이란 것을 못 잡았었는데 〈헤드윅〉을 보고 난 후 어느 정도 생각이 정리됐습니다. 물론 더 많은 공부가 필요하다고 느낍니다. 해당 이슈에 관해서는 여전히 제 의견을 내는 것조차 조심스럽고 두렵거든요. 무엇보다 '내 입장'이 누군가를 차별하고 혐오하는 데에 동조하게 되는 건 아닐까 걱정도

되고요. 하지만 그럼에도 불구하고, 뮤지컬을 보고 난 후 관련 논의를 더 찾아보고 공부해야겠다는 용기가 생긴 것 또한 사실입니다.

사회자

저도 문화와 관련해서 조금만 덧붙여보자면 『파우스트』를 말하고 싶습니다. 『파우스트』의 여성 주인공 '그레첸'은 파우스트가 떠나자 낳은 아이를 유기하게 되고, 그로 인해 그레첸 자신까지 교수형에 처해집니다. 괴테는 이 이야기 소재를 상상 속이 아닌 당시 실제로 비슷하게 일어난 사건에서 가지고 왔어요.

그런데 『파우스트』 이후 아주 오랜 세월이 흘렀는데 우리 사회는 괴테가 집필하던 당시와 크게 변하지 않은 것 같아요. 최근 일어나는 영아 유기나 살해 사건만 봐도 우리 사회가 그 책임과 벌을 오로지 생모에게만 떠넘기는 게 놀라웠습니다. 적어도 생모와 생부 양쪽에게 균등한 책임을 물어야 마땅한데, 우리의 관습과 제도는 과연 『파우스트』 배경인 18세기에 비해 변화되었는가 하는 질문을 하게 됩니다.

연정   40대 이상의 세대들은 젠더 교육을 잘 받지 못했고, 감수성들이 떨어집니다. 앞서 변정희 님께서 말씀하신 '성녀와 창녀'라는 이분법적 사고를 바탕으로 여성에 대한 '묻지 마 혐오' 등을 보인다고 생각합니다. 청년세대들은 더욱 위험하거나 더욱 의식이 있거나 좀 극단적인 부분도 있는 것 같습니다. 그럼에도 긍정적인 측면이 있다면, 여성이나 젠더 이슈에 대한 부분들이 돌봄 노동, 호주제 폐지 등 좀 더 세밀해지고 다양하게 이슈화되고 전개되어 가고 있다는 점입니다. 그러나 다양한 성적 정체성의 문제 등에 관해서는 아직 사회적 공론의 분위기가 조성되지 않았고 너무나 보수적인 수준에 머물러 있지 않나 합니다.

변정희   저는 섹스라는 단어에 대한 어려움, 이에 따라 젠더라는 말이 가지는 확장성에 대한 고민을 해봤으면 좋겠습니다. 예를 들어 영화 〈세상을 바꾼 변호인〉을 보면 이 영화의 원제는 〈On the basis of sex〉였습니다. 영화 속에서도 '섹스'라는 말이 강하니까 '젠더'로 바꾸자고 하는 장면이 있어요. 사실은 젠더라는 말이 섹스를 대체해서 나온 말이긴 한데, 시간이 지나면서 쓰이는 용례가 굉장히 확장적으로 변하고 있어요. 그러면서 젠더와 '갈등'이 결합되기까지 했죠.

그런데 이렇게 한번 생각해 볼까요? 인종 차별이 있다고 이야기한다면, 주로 누가 차별받나요? 유색 인종이겠죠. 그럼 인종 차별을 논할 때 백인과 유색 인종을 나란히 놓지 않습니다. 장애인 차별을 두고 이야기할 때 비장애인과 장애인을 나란히 놓지 않는 것처럼요. 그런데 젠더 갈등에서는 항상 남자와 여자를 나란히 둡니다. 본질과 핵심은 여성 혐오인데, '젠더 갈등'이라는 명제 하에 자꾸 남자와 여자의 문제로 환원하는 거죠. 인종 문제를 이야기할 때는 백인 서사에 포커스를 맞추지 않아도 괜찮지만, 젠더 문제를 이야기하면 늘 남성이 겪는 문제를 같이 언급해줘야 균형이 맞는다고 착각하고 있습니다. 그래서 저는 지금의 '젠더 갈등'이라는 현상에 동의하지 않습니다.

김예선 　　저는 성권력에 대한 문제를 말하고 싶은데요, 심석희 선수와 관련한 지금의 이슈도 결국 성권력의 문제에서 출발합니다. 어릴 때부터 코치에게 성폭행을 당했다는 사실이 법정에서 명확히 판결 났는데, 이 판결 때까지만 해도 사람들은 심석희 선수를 안타까워하고 응원하는 쪽이 더 많았습니다. 그런데 최근 동료 선수와의 불화가 밝혀지자마자 여론이 거의 180도 바뀌었어요. 성폭행 피해 사실과 동료 선수 불화 관계는 각각 별개의 문제로 봐야 하는데 사회는 또 여성에게 '피해자다움'을 강요하고 있습니다. 어떤 피해자다움도 가해자다움도 없습니다. 이런 강요는 여남 개인의 문제를 떠나서 사회적 구조와 젠더 권력의 문제가 작동된 결과입니다.

우리의 연대를 안전하게,
꾸준히 이어갈 곳은?

사회자

젠더 교육, 젠더라는 단어의 오용 혹은 확장성, 그리고 성권력의 문제까지 여러 방향에서 짚어 주셨습니다. 이런 논의가 계속 이어지려면 결국 젠더와 관련한 청년들의 다양한 문화 활동이나 문화 현장이 필요할 것 같은데, 이 책을 읽고 있는 청년들을 위해 자세히 공유 부탁드립니다.

연정　　　　'루이즈 더 우먼'이라고 여성 작가들의 네트워크가 있습니다. 100명의 여성 작가가 있는 대규모 네트워크입니다. 개인적이고 단체를 싫어하는 경향이 강한 작가들이 이렇게 모인 거예요. 80년대 조직문화와 젊은 세대들의 조직문화는 다르다는 걸 강조하면서 회원들을 많이 모집한 것 같았습니다. 권위에서 오는 억압과 불합리함, 폭력처럼 나쁜 것들은 걷어내고 느슨한 연대를 통해 사회적으로 소외된 사람들을 끌어 주더라고요. 예컨대 '당신이 저 남자 작가보다 훨씬 잘하는데 정말로 가만히 있어서 되겠습니까?'와 같이, 열정에 불을 지펴주는 방식도 취하고 있고요. 그런 동기부여를 하면서 많이 끌어냈다고 들었습니다.

　저도 여성 작가들을 만나면 망설이는 장면을 많이 마주하기도 하는데, 이런 사람들과 함께 나아가는 게 인상적이었습니다. 각자 개인적으로도 분명히 힘들 텐데 한 사람보다는 여러 사람이 하면 바뀐다는 걸 믿고 거기에 일조하는 마음들. 그 마음들이 멋졌고 저도 작가로서 함께 힘을 보태고 싶습니다.

변정희　　　부산문화예술계 반성폭력연대의 활동은 부산문화예술

계 미투 운동을 견인하면서 문화다양성 축제나 성평등 포럼 등에 아주 적극적으로 참여하고 문화예술계성폭력예방센터 건립에도 큰 기여를 했죠. 영도문화도시센터의 여성기획자 넥스트 스테이지 프로그램도 최근에 너무 좋았습니다. 단체로는 '버터스푼'의 활동이 매우 인상적이고요. 청년의 범주에서 이야기할 수 있을지 모르겠지만 리크로스의 활동도 좋았다고 생각합니다. 동네 책방의 운영 주체들도 마찬가지로 청년들의 다양한 문화 활동이 포함되어 있었다고 보고, 상당 부분 페미니즘 이슈와 관련한 각별한 관심을 보여주었어요. 또 여성 뮤지션들의 컴필레이션 앨범인 '반했나' 프로젝트는 정말 멋졌습니다.

특히 반했나 프로젝트의 공연을 보면서 작년에 다 같이 울었습니다. 코로나19 때문이기도 하지만, 여성 뮤지션들이 공연할 곳은 너무 적어요. 우여곡절로 마련된다 해도 육아나 돌봄 문제 때문에 포기하는 경우도 있거든요. 그래서 열리기만 하면 눈물이 납니다. 악조건 속에서도 어렵게 어렵게 이어가는 게 멋진 프로젝트입니다.

무엇보다 각 대학에서 생겨났었던 수많은 여성주의 동아리들의 활동도 정말 인상적입니다. 부산페미네트워크, 캠퍼스페미네트워크와 같은 네트워크 방식의 느슨한 연대도 감동적이고요. 부산에서 열린 '성차별 성폭력 끝장 집회'의 동력은 여기서 나왔다고 생각합니다. 또 온라인 커뮤니티 중심의 비혼 커뮤니티 '위드'에서도 다양한 활동을 많이 하는데요, 주로 체육 쪽에서 두각을 나타내고 있는데 정말 좋은 방향이라고 생각합니다. 지금 백래시가 매우 심한 상황이긴 하지만, 이 토대를 쉽게 무너뜨리진 못하겠다고 생각했습니다.

윤주　　　　제가 교류가 활발한 사람이 아니다 보니, 청년들의 다양한 문화 활동이나 현장은 잘 알지 못합니다. 하지만 저는 기록활동가로서 여성들의 서사를 발굴해서 말하고, 기록하고, 쓰고, 공유하는 활동을 하고 있으니 이곳을 소개하고 싶네요. 제가 관여했던 활동은 '기록하는 여자들'과 '글 위에서'라는 기록 모임입니다. '기록하는 여자들'은 20~50대의 여성들이, '글 위에서'는 50~70대까지 여성들이 모여서 진행했어요. 둘 다 곧 책으로 나올 준비를 하고 있습니다.

이런 프로그램을 진행하면서 느꼈던 것은 우리 모두에겐 공적 공간에서 자신의 이야기를 함께 들어줄 기회가 절대적으로 필요하다는 것이었습니다. 여기서 공적 공간이란 내 존재를 인정해 주고, 따뜻하게 위로해 줄 작은 세계를 말합니다. 그곳에서 마음껏 아버지를 미워할 수도, 언니를 미워할 수도, 딸에게 감사할 수도, 죽음이 있어 삶에 감사할 수도 있음을 경험하게 되는 것 같습니다. 나만이 할 수 있는 개별적인 기억과 이야기를 통해 자신과 만나는 시간, 더 나아가 세계와 만나는 시간을 통해 객관이든 보편이든 나이, 젠더 같은 강한 힘을 가진 허구를 깨부수게 될 거라고 생각합니다.

김예선   현재 부산문화다양성교육연구소에서 문화다양성 가치 중 하나로서 젠더를 다루고 있습니다. 젠더는 그 자체로도, 노동이나 인종, 문화예술과 연관 지었을 때 새로운 가치와 논점이 등장합니다. 이 연구소에서 젠더 감수성을 높일 수 있는 여러 프로그램을 진행하고 있어요. 예를 들어 어린이를 대상으로 성 역할 고정관념을 찾고 바꿔보는 교육을 진행하는 겁니다. 혹시 아실지 모르지만, 어린이들이 좋아하는 '킨더' 초콜릿마저 남아용과 여아용이 구분돼 있다는 거 아시나요? 이 연구소에서 관련 교육을 하면서 정말 어릴 때부터 흡수할 수 있는 교육이 중요하다는 걸 느꼈습니다.

또 하나는 민주공원 노동조합 소모임 중 페미니즘 소모임 'Hoxy...'를 만들었습니다. 조직 내 첫 페미니즘 소모임이죠. 책 읽고 이야기를 하거나 일상적으로 젠더 이슈를 이야기합니다. 직장에서 페미니스트로서 정체화하고 발화하는 경험을 통해 일상에서, 특히 조직 내에서 이야기할 수 있는 동료가 있는 것이 얼마나 중요한지 느끼고 있습니다.

강희정   저는 소심하고 말도 잘 못해서 적극적인 활동을 못하는 편입니다. 그래서 활발한 활동보다는 망미동 책방 '한탸'에서 진행한 페미 독서 읽기 모임이 가장 기억에 남아요.

어느 날 인스타그램을 둘러보니 제가 아는 권명아 교수님께서 페미니즘 관점으로 소설 읽기 강의를 하시더라고요. 저는 지금 평론가지만, 소설가가 되는 게 한때 꿈이어서 문학을 공부하려 동아대 한국어문학과에 입학했습니다. 그런데 점점 문학을 배우고 페미니즘을 알면서 내가 쓰고 싶었던 문학과 다른 지점을 많이 만났습니다. 옛날에 재밌었던 소설을 다시 읽어 보니까 이상한 지점이 많았어요. 여성을 소모적으로 표현하는 거죠. 선배들과 글을 합평할 때도 '이런 글을 쓰면서 작가 지망을 한다고?' 싶은 남자 선배들 글이 많았습니다.

이런 후회 속에 어떻게 해야 할지 모르고 있을 때, 권명아 교수님의 수업을 들었습니다. 젠더 관련 문화 비평 수업이었는데 그동안 수업들보다 더 인상 깊었어요. 대학에 들어와서 처음으로 '더 공부하고 싶다'라는 열의가 생긴 거죠. 그 교수님이 진행하는 한탸 프로그램을 듣고 그 자리에서 동아대 '젠더·어팩트 연구소'와 연이 닿았습니다. 그래서 자그마한 소모임 하나하나도 중요하다는 생각이 듭니다.

"

우리 사회는 하나의 틀 속에
개별적 인간을 욱여넣으며 '보편'이라 부르잖아요?
성별 이분법도 마찬가지입니다. 여자, 남자처럼
두 개의 단위로만 담아내기 어려운 인간에 대해
자유롭게 말할 기회가 필요하고, 더 나아가 그것을
세계 안에서 재해석하는 과정을 가져야 합니다.

"

차별 없는 사회,
그 당연한 명제를 위해
필요한 것들

사회자

여러분께서 말씀해 주신 것들이 훗날 우리 사회의 젠더 문화를 더욱 건강하게 만드는 연결 지점이 될 수 있지 않을까 조심스레 추측해 봅니다. 벌써 마지막 질문을 앞두고 있는데요, 더 나은 젠더 문화를 위해 우리에게 필요한 것들은 무엇일까요? 법과 제도, 혹은 사회적 합의 등 여러 가지를 제안해 주시면 좋겠습니다.

김예선　　　포괄적 차별금지법 제정을 통해 '혐오와 차별'의 명확한 기준을 사회에 공유하고 이를 줄여 나갈 수 있는 방안을 모색해야 한다고 생각합니다. 나아가 블라인드 채용 의무화, 돌봄 노동의 공공화 등 사회 각 분야에서 일어나고 있는 혐오, 차별, 배제를 해소할 수 있는 다양한 제도도 시행되어야 합니다. 무엇보다 젠더 감수성, 인권 감수성을 높일 수 있는 시민 교육이 필요하겠죠.

강희정　　　차별금지법이나 생활동반자법 등의 사회적 제도라든지 법제화라든지 모든 게 중요하지만, 저도 교육이 진짜 중요하다고 생각합니다. 제가 한 초등학교에 독서 지도를 나간 적 있는데, 학습지에 사람 모양을 그린 후 어린이들에게 여자인지 남자인지 물어봤습니다. 동그란 머리에 몸통과 팔다리는 직선으로 정말 간단히 그렸어요. 그러자 머리카락이 없는 걸 보고 남자 아니냐고 물었습니다. 제가 "머리카락이 없으니 여자나 남자 다 될 수 있는 거 아닐까?" 하니까 어린이들은 "여기 남자들 머리는 다 짧고 여자들은 다 길잖아요"라고 했습니다.

이 대화를 듣고 가만히 생각하다가 그다음 수업에 쇼트커트를 하고 갔어요. 그리고 보여줬죠. 여자도 머리가 짧을 수 있다는 걸요. 그제야 어린이들과 좀 더 자유롭고 편견 없이 대화할 수 있었습니다. 저는 정식 교사도 아니고 봉사활동가였지만 제 경험만으로도 교육이 중요하다는 걸 많이 느꼈습니다. 어른으로서의 책임감도 그때 처음 느꼈어요. 스스로 자각하고 행동할 수 있는 분위기가 많이 있으면 좋겠습니다.

윤주　　　　저도 개인의 문화적 실천을 말하고 싶습니다. 평범한 사람들의 사소한 활동들이 모여서 저변이 커지는 것이 필요하다고 생각합니다. 우리 사회는 하나의 틀 속에 개별적 인간을 욱여넣으며 '보편'이라 부르잖아요? 성별 이분법도 마찬가지입니다. 여자, 남자처럼 두 개의 단위로만 담아내기 어려운 인간에 대해 자유롭게 말할 기회가 필요하고, 더 나아가 그것을 세계 안에서 재해석하는 과정을 가져야 합니다. 그런 기회의 현장을 만들고 있고, 앞으로도 계속 그러고 싶고, 또 많은 사람들이 그러한 문화적 실천 공동체를 가지길 바라는 마음입니다.

　마지막으로는 '젠더'라는 주제로만 여성 패널을 부르지 않았으면 합니다. 산업, 철학, 경제 등의 주제에서도 성별에 구애받지 않고 여성들이 많이 불리면 좋겠어요. 그 과정에서 여성들이 '나의 환경'을 이야기할 수 있는 기회가 많았으면 좋겠습니다.

변정희　　　　이미 앞서 많은 분들이 좋은 말씀을 전해 주신 만큼 저는 간단한 것만 언급하려 합니다. 제가 부산문화재단 성평등 정책 연구 분과위에 소속돼 있다 보니까, 여성 예술인을 위한 공간이 많이 필요하다는 생각을 자주 합니다. 쉬운 문제는 아니지만, 늘 그런 욕구들을 접하고 있거든요. 공간성이라는 게 꼭 물리적 공간뿐만 아니라 컴필레이션 앨범이나 전시 등을 통해서도 이룰 수 있는 거니까, 이런 공간이 많이 생기면 좋겠습니다.

사회자

문화연구에서도 페미니즘은 가장 진보적인 담론입니다. 여성이 자신의 위치를 제대로 부여받는 일은 여전히 '진보적'인 일인 셈이지요. 2011년에서야 유엔여성기구(UN Women)가 생겼습니다.

여성참정권만 해도 1893년 뉴질랜드를 시작으로 가장 최근의 경우로는 1971년 스위스에서 생겼습니다. 이는 영화 〈거룩한 분노〉에서 다루고 있어요. 한국은 스위스보다는 빠른 1948년에 생겼구요. 운동장의 기울기를 맞추는 일은 꽤나 지난한 일이지만 기울기를 맞춰야 다함께 놀 수 있지 않겠습니까. 젠더 의제는 그 자체로 포스트모더니즘에서 일상 속 예술행동이기도 합니다. 청년문화에 있어 피해갈 수 없고 피해 가서는 안 되는 것이라 이번 청문청답에서 다루어 보았습니다.

여성의 문제는 지속가능발전이라는 유엔발전어젠더나 문화다양성 의제에서도 중요한 지점에 있는 것입니다. 즉, 제도 밖 논의가 아니라는 거지요. 페미니즘 문화활동가들이 아웃사이더가 아닌 인사이더로서 곳곳에서 활발하게 활동하셨으면 합니다.

지역의 여러 문화현장 사례와 함께 경험을 공유해 주셔서 진심으로 감사드립니다.

7장

사회적 청년:
요구 '받는'
존재에서
요구 '하는'
존재로

대담자

와이낫 프로덕션 대표 **소준표**

시각예술작가 **서수연**

영화배급협동조합 씨네소파 이사 **최예지**

(사)사회적기업연구원 **구부성**

청년문화로 협동조합 이사 **김형권**

디자인 스튜디오 대표 **박보은**

신진문화예술 단체 흥 대표 **이준호**

대담 진행
부산문화재단 청년문화팀장 **박소윤**

2021.09.28.(화) 오후 2시, 리프래쉬

우리는 청년으로 살면서 사회 곳곳에서
너무 많은 요구를 받잖아요.
언론이나 매체에서 수없이 이미지화되고, 획일화되고,
주변 사람들에게 어떻게 살아야 한다는 이야기도 많이 듣죠.
하지만 그런 과정들 속에서
우리가 치열하게 해왔던 고민이, 이제는 하나의 요구로
그들에게 되돌아갈 수 있다는 생각이 들었어요.
요구받는 존재에서 요구하는 존재로.

서로 만나고 소통하며
상호작용하는 삶

대담 정리 · 집필 **허태준**
호밀밭 출판사 편집자,
『교복 위에 작업복을 입었다』(호밀밭, 2020) 저자

'인간은 사회적 동물이다'라는 말을 들어보지 않은 사람은 없을 것이다. 고대 그리스 철학자 아리스토텔레스가 했다고 알려진 이 말은 현대 사회의 보편적 상식이 됐다. 당장 주위를 둘러보아도 우리는 다양한 관계와 사회 시스템을 통해 서로 상호작용하며 살아가고 있다. 끊임없이 타인과 관계하고 어울림으로써 자신의 존재를 확인하는 것이다.[1] 그렇다면 특정한 시기에, 특정한 집단에게 요구되거나 기대받는 사회적 역할이란 것도 존재할까? 당사자들은 그런 사회적 역할에 대해 어떻게 생각하고 있을까?

'사회적 역할'은 한편으로 우리 사회가 그들에게 거는 기대나 요구이기도 하다. 역할에는 필연적으로 책임이 따라온다는 점에서 더욱 그렇다. 최근 '청년'이라는 세대는 그러한 요구의 중심에 서 있다고 해도 과언이 아니다. 'MZ세대', '이대남', '이대녀', '90년대생' 등 청년을 지칭하는 호명은 수없이 많고, 지금도 계속해서 개발되고 있다.

1 　두산백과, 「사회적 동물」.

하지만 그러한 호명이 정말 청년들을 올바르게 이해하고 있을까? 청년이 기성세대에 의해 자의적으로 소비되거나 같은 연령대의 의견이 폭넓게 다루어지지 못하고 있다는 점이 꾸준히 지적됐다. 무엇보다 언론에서 다뤄지는 청년이라는 세대의 정체성 자체가 너무 이질적이라는 점을 들어, 정치가 청년의 온전한 얼굴을 수용할 수 있는가에 대한 회의적인 시선도 존재한다.[1]

이렇듯 청년을 정의하고, 해석하고, 규정하는 시도는 많지만 정작 청년 당사자들이 자신의 '사회적 역할'을 고민하고 이야기 나눌 기회는 많지 않다. 당사자들의 경험은 우선적으로 고려되어야 함에도 불구하고 종종 등한시 되고 있다. 우리 사회는 청년에 대한 관심이 늘어났음에도, 그들과 소통하고 상호작용하는 방식조차 마땅치 않은 것이다.

『청문청답』 '사회적 청년' 섹션에서는 이러한 배경 속에서 청년 당사자들이 체감하는 요구에는 구체적으로 어떤 것들이 있는지, 또 청년 스스로 자신들의 역할에 대해 어떤 생각을 가지고 있는지 등의 대화를 솔직하게 담았다. 사업가부터 예술가까지 각 분야에서 활동하는 청년들이 자신의 이야기를 들려주었고, 사회적기업 연구원이나 청년문화 협동조합 이사 등 오랫동안 청년문화 활동을 지속해오다 이제는 그들을 서포트하는 역할을 맡게 된 이들도 대담에 함께했다.

흥미로웠던 점은 참석자 대부분이 어떠한 형태로든 청년으로서의 역할을 요구 받은 적이 '있다'고 대답하면서도, 요구를 받아들이는 방식에 있어서는 각자의 가치관에 따라 큰 차이를 보인다는 사실이었다. 다음 세대를 위한 발판을 마련하기 위해 오히려 요구되는 역할을 긍정적으로 받아들여야 한다는 참석자가 있는 반면, 타인의 요구가 없다면 청년으로서의 역할이라는 게 있는지 의심이 든다는 참가자도 있었다.

---

1   KBS, 「시사기획 창 이십대 생존 비망록」, 2021.7.18.

같은 호명 안에서도 우리는 여전히 각각의 개인으로 살아간다. 그렇기에 청년이라는 역할은 단순한 요구로 끝나지 않고, 그것을 받아들이는 주체로서의 삶으로 이어진다. 서로 만나고 소통하며 상호작용하는 삶. 우리는 거기에 주목해야 한다. 각자의 구체성으로 선명한 목소리는 청년을 규정하고 구분하던 잣대를 밀어내고, 청년 스스로 요구'받는' 존재에서 요구'하는' 존재로 나아가는 창구가 될 것이다.

요구받는
청년

사회자

'인간은 사회적 동물이다'라는 문장은 이미 너무 유명하죠. 그만큼 우리는 사회 시스템을 통해 수많은 타인과 관계하며 살아가고 있습니다. 그렇다면 특정한 시기마다 요구되거나 기대받는 사회적 역할이라는 것도 존재할 겁니다. 선생님들은 '청년'이라는 세대로 살아가며 주변의 말이나 태도에서 느꼈던, 또는 요구받았던 사회적 역할이 있으셨는지요?

박보은

열정을 강요받는 느낌이 있죠. 얼마 전 해커톤 교육 관련 영상을 만들며 수정사항을 요청 받은 적이 있어요. 활기 넘치는 분위기의 포스터를 원하시더라고요. 우리는 각자의 고민을 가지고 자신의 앞날을 진지하게 생각하는데, 그러한 진지함이 받아들여지지 않는 것 같아요. 도전의식이나 열정을 강요받죠. 하지만 언제나 새로운 것을 시작하기는 어렵잖아요. 지역에서 청년이 살아가기에는 너무 많은 문제들이 있는데, 시각적인 부분에만 집중되는 게 있는 것 같아요. 그런 청년의 이미지 자체가 강요받는 사회적 역할이 아닐까요.

김형권

저는 청년들이 트로피로서의 역할을 강요 받는다고 생각해요. "어떤 직장에 갔으면 좋겠다", "누구와 결혼 했으면 좋겠다" 등 여러 강요를 많이 받는데, 그건 누구를 위한 일일까요? 정말 그 사람을 위한다면 직장이나 결혼 상대를 물을까요? 너는 어떤 삶을 살고 싶냐고, 질문의 방향을 바꾸어야 하지 않을까요. 저에게 상담을 받는 청년들도 정말 자기가 뭘 하고 싶은지, 내가 어떤 사람인지에 대해 많은 혼란을 겪는 것 같습니다. 이런 질문들을 상담하면서 실제로 청년들이 가장 많이 하는 질문이기도 하고요.

서수연　　　뻔한 답변일 수 있지만, 사회가 청년들에게 바라는 건 새로운 아이디어, 틀에서 벗어난 것에 대한 요구인 것 같아요. 미술작가로 경험했던 것이라면, 청년들이 주체가 되어 전시를 준비할 때, 기획을 하시는 분께서 "청년인데 조금 더 긍정적이고 밝은 메시지를 줄 수 있게" 해달라는 주문을 하더라고요. 그런데 작가들 중에는 자신의 작품이 그런 메시지와는 어울리지 않는 분들도 있거든요. 실제로 작품에 좋지 않은 영향을 미칠 수도 있고요. 청년으로 작품활동을 하다 보면 그렇게 조금 더 실험적이고 색다르고, 사람들이 관심을 가질 수 있을 만한 것을 기획해 달라는 강요 아닌 강요를 느낀 적이 있어요. 작가분들에게는 그런 게 부담이 될 수도 있지 않을까, 그런 생각을 하고 있습니다.

소준표　　　저는 질문을 처음 받았을 때는, 특별하게 청년으로서 요구받는 건 없다고 생각했어요. 그런데 집에 계신 아버지나 주변의 친척, 아니면 정말 단순하게 택시기사 분들만 하더라도 청년들이 정치에 관심을 가지고 어떤 활동을 해야 한다는 식의 이야기를 하셨던 것 같아요. 그래서 처음에는 청년의 역할은 물리적 세대 양산자, 투표하는 시민 정도로 인식했어요. 그런데 지금 이야기를 듣다 보니 확실히 유행이나 사람들이 좋아할 만한 것들이 무엇인지 캐치하는 역할을 요구 받는다는 생각이 들어요.

이준호　　　청년이 새것에 민감하고 새로운 것을 제안한다는, 그런 합의는 늘 있어 왔던 것 같아요. 다만, 이제 그런 명제 앞에서 얼마나 부담을 많이 느끼고 있는가의 문제가 아닐까요. 저 또한 마찬가지로 사람들과 현장에서 예술행동가로 활동을 많이 하는데, 그 과정에서 진보적인 성향을 가지고 있는 연대체나 단체 등에 참석을 많이 해요. 거기서도 똑같더라고요. 정치적 성향과 관계없이 이 사회가 지금 청년들에게 거는 어떤 기대상이 있다는 느낌을 받아요.

최예지　　　'씨네소파'의 경우는 청년으로 활동하기보다는 지역의 배급사로서의 사회적 역할이 있다고 생각해요. 처음에는 영화 배급 일이 재미있을 것 같아서 친구들끼리 시작했고, 지금도 우리가 살고 있는 곳에서 시민들과 재미있는 일을 하고 싶다는 기조로 일하고 있어요. 그런데 지역의 유일한 장편영화 배급사라는 타이틀 때문인지 지역 영화를 배급해야 한다는 요구나 압박도 있는 것 같아요. 까다롭다는 이야기를 듣기도 했고요. 또 협력이나 지원 등의 도움이 충분하지 않음에도 불구하고, 힘을 내서 이겨내야 한다는 요구가 있어요. 성과적인 퍼포먼스를 요구받는데, 사실 지금 환경에서는 어려운 부분이라는 생각이 들거든요. 말로만 듣는 파이팅은 공허하고 부담을 줘요.

구부성　　　우선 저는 "청년은 항상 무엇을 해야만 한다!"라는 느낌이 들었어요. 우리는 우리가 할 일과 활동들을 잘하고 있는 것 같거든요. 꼭 청년으로서 아이를 낳거나, 결혼을 하거나, 취업을 하거나 창업을 해서 고용을 창출하거나 하는 의무를 가지고 있지는 않다고 생각해요. 그냥 각자의 사명감이나 가치관이 있는 거죠. 거기에 맞는 개개인의 계획을 가지고 사는 게 아닌가, 그런 생각이 들었습니다.

"

우리는 우리가 할 일과
활동들을 잘하고 있는 것 같거든요.
꼭 청년으로서 아이를 낳거나, 결혼을 하거나,
취업을 하거나 창업을 해서 고용을 창출하거나 하는
의무를 가지고 있지는 않다고 생각해요.
그냥 각자의 사명감이나 가치관이 있는 거죠.

"

다음 세대를 위한,
또는 자기 자신을 위한

사회자

참여자 대부분이 타인의 말이나 행동을 통해 '청년'으로서의 요구나 이미지, 편견 등을 경험한 적이 있는 듯합니다. 그렇다면 타인의 요구가 아닌, 자신이 생각하고 실천하고자 하는 사회적 역할이 있을까요? 만약 있다면, 그건 앞서 말한 부분과 어떻게 다를까요?

서수연　　　저는 앞에 말씀드렸던 것과 다른 역할이 아니라 오히려 그 속에 포함되어 있다고 생각했어요. 앞서 부담이 된다고 말씀드렸지만, 사실 어느 정도의 부담은 필요한 게 아닐까요. 제가 국제 레지던시를 할 때 아이슬란드에서 온 연세가 좀 있는 작가님을 만난 적이 있어요. 그분이 저한테 그러더라고요. "수연, 이전 세대의 가치관을 바꾸는 것은 불가능해. 이전 세대의 가치관을 바꾸기 위해 노력하기보다는 우리의 다음 세대를 위한 발판을 만들기 위해 노력해야 해."

저는 전적으로 공감하고 있어요. 그러기 위해선 지금의 흐름을 읽는 건 굉장히 중요한 태도라고 생각해요. 코로나로 인한 많은 변화, 작가로서 할 수 있는 게 무엇일지, 다음 세대들을 위해서 어떤 콘텐츠를 마련해야 할지 등이요. 어쩌면 굉장히 뻔하지만, 시대를 읽고 문제를 파악해서 방향을 제시하는 것이 청년의 사회적 역할이라고 생각해요.

박보은　　　저는 좀 추상적일 수도 있지만, 청년들이 자신의 삶을 직접 결정하고 원하는 방향으로 살아가길 바라요. 요즘엔 퇴사하는 분들이 늘어나고, 막상 퇴사를 하니까 자신이 뭘 해야 될지 모르겠다고 하시

는 분들이 많더라고요. 나는 기획이나 문화예술 활동을 하고 싶은데 시작이 어렵다, 그런 얘기를 되게 많이 들었어요.

그래서 부산 청년들이 하고 싶은 것들을 그려가면서, 여러 활동을 접할 수 있는 프로그램을 계획했어요. 지역 청년이 지속적으로 살아갈 기반을 마련할 수 있도록 네트워킹을 만들기도 하고요. 그러니까 결론은, 그냥 한 번 내버려 두면 어떨까요. '이걸 해야 한다', '이런 게 좋다'가 아니라 아무 말 없이 밀어주는 게 필요하지 않나. 각자의 개성이나 각자의 길을 존중해 주면 저희도 해야 될 일을 고민하고 자기 발로 나아갈 수 있다고 생각해요.

김형권　　　　저는 '나에게 청년으로서의 역할이 있나?' 이런 생각을 했어요. 고민해봤을 때는 그냥 젊다는 거. 그래서 좀 더 자신의 삶을 윤택하게 할 수 있는 시기가 아닌가 생각하게 된 것 같습니다. 내가 나만의 삶의 방향 같은 것들을 구축하고 가치관을 형성할 수 있는 시기가 아닌가. 제가 만나고 있는 청년들도 '내가 조금 더 빨리 나를 위한 생각을 할 수 있었다면, 그런 선택은 하지 않았을 텐데' 이런 얘기들을 많이 하는 것 같거든요. 가치관 구축은 빠르면 빠를수록 좋다고 생각해요. 그래서 청년이 해야 할 일들은 그런 것이지 않을까.

소준표　　　　저는 첫 번째 질문에 대해서도 특별히 고민해 보지 않았기 때문에, 이번 기회에 다시 고민을 해봤거든요. 그랬을 때 '적극적인 국민'이 되는 것과 '적극적인 개인'이 되는 게 청년의 역할이라고 생각해요. 우리는 모두 국가라는 사회의 구성원으로 살아가야 하잖아요. 개인은 집단에 비해 약한 부분이 많고. 그렇기에 생존권이라든지 기본 권리를 갖기 위해서 시스템이 필요한 거죠. '적극적 국민'이 되는 건, 그런 시스템에 관심을 가지는 일이라고 생각해요. 조직에서 자신의 목소리를 내는 것, 그것이 사회적 역할이 될 수 있지 않나. 더불어 그러기 위해서라도 자신을 잘 챙겨야 하지 않나 생각해요. 다른 누군가를 존중하기 위해선 자신을 먼저 존중해야 하니까요. '적극적 국민'이 되기 위해 자신을 들여다보고 관심을 가져 주는 것이, '적극적 개인'이 되는 것이 청년으로서 역할이지 않을까 하는 생각이 들었습니다.

최예지   저는 청년에게 사회적 역할이 있다고 생각하지 않고, 어떤 세대별로 사회적 역할이 있다고 생각해요. 개개인마다 해나가고 싶은 사회적 역할이 다 다르지 않을까, 또 실질적인 측면에서 그런 역할이 개인의 역량이나 흥미를 넘어서서는 안 된다고 생각해요. 타인이 사회적 역할을 각 개인에게 부여할 권한은 없다고 생각하거든요. 저희가 씨네소파로 이야기하는 비전도 결국은 다 개개인의 삶의 가치관과 맞닿아 있어요. 씨네소파의 비전은 사람들의 취향을 확장하고, 고정관념을 깨트리는 영화를 소개함으로써 서로가 서로를 이해하는 세상을 만들자는 거거든요. 그 가치를 이루기 위해, 살고 있는 곳에서 이 일을 계속 지속하는 것을 목표로 하고 있는 것 같습니다.

이준호   저도 앞서 청년들에게 주어진 사회적 역할이 있다고 말씀드리긴 했는데, 시대를 읽는 감수성이나 사회구조에 대한 근본적인 고민 등이 청년의 사회적 역할이라고 생각해요. 그런 역할을 저는 부정적으로 해석하고 싶지 않고, 오히려 청년들에게 주어진 일종의 숙제라고 생각하고 겸허히 받아들여야 한다는 생각도 있어요. 다만, 대다수의 청년들이 그 역할을 주도적으로 받아들일 수 있는가. 사실 너무 각박하잖아요. 주식 붐 같은 것도 왜 청년세대를 중심으로 일어나겠어요. 결국에는 경쟁에 내몰리다 한탕주의로 끝날 수밖에 없는 사회가 돼 가는 게 아닌가 안타까운 마음도 있고요. 그럼에도 불구하고 저는 청년들이 우리의 역할을 수행하기 위해 어떤 고민을 해야 할지, 나는 당장 무엇을 해야 할지 고민하며 활동을 이어가고 있어요.

구부성　　　　저는 되려 우리가 '청년의 사회적 역할' 이런 무거운 단어를 사용하기 때문에 답을 잘 못 하고 있지 않나라는 생각이 들었어요. 차라리 앞으로 사회에서 우리가 해야 할 일이 무엇일까? 아니면 사회에서 우리가 기여하고 있는 가치 있는 일이 무엇일지 고민하면 좋지 않을까요. 저는 '남에게 도움을 줄 수 있는 사람이 되자'가 제 가치관이라 제가 하는 일에 대해서도 어떻게 상대방에게 도움을 줄 수 있을지 생각해요. 하지만 그런 가치관이 뚜렷하지 않은 사람도 있잖아요. 그래서 요즘은 비즈니스 모델을 강의할 때도 질문을 바꿔요. 단순하게 창업하지 마시고, 새로운 제2의 인생을 살기 위해 어떤 비즈니스 모델이 필요할지 묻고 함께 고민해 보는 거죠. 그렇게 한 사람 한 사람에게 물어보며 사회 구성원으로의 역할을 해 나가야 하지 않을까 싶어요.

각자의 역할은
각자의 가치관

사회자

많은 분께서 스스로 생각하는 사회적 역할에 대해 이야기해 주셨습니다. 스스로가 정의한 사회적 역할은 일종의 가치관이라고도 볼 수 있을 것 같은데요, 그것을 이루기 위해 각자가 어떤 노력을 하고 있을지도 궁금합니다.

김형권　　　　저는 자신의 가치관을 확립하는 것을 중요하게 생각하기 때문에 심리학이나 상담 이런 쪽으로 진로를 선택했어요. 그러면서 사람들을 많이 만나다 보니까, 스스로 바로 서 있지 않으면 흔들리겠구나 생각하게 됐습니다. 심지가 굳은 사람이 돼야겠다는 생각을 많이 했던 것 같아요. 그래서 인문학 공부도 많이 했던 것 같고요.

저는 청년들과 상담을 하는 게 되게 재밌다고 느꼈거든요. 왜냐하면 피드백을 주면 변화가 무척 빨라요. 배워본 적이 없을 뿐 방법이 없는 사람이 아니거든요. 청년에게 일반적인 이론으로 접근하는 것과 사회문화적인 부분에서 마음을 여는 일에는 분명한 차이가 있다고 생각해요. 그래서 이쪽 분야가 전문적으로 자리를 잡으면 좋겠다고 생각하고, 저도 계속 공부를 하고 싶어요. 하지만 잘될지는 사실 모르겠어요.

박보은 저는 스스로가 청년이지만, 모든 청년을 대변할 수 없다고 생각하거든요. 그래서 그냥 제가 할 수 있는 일을 가능한 선에서 해야 되는 게 맞는 것 같아요. 저는 제가 생각하는 문제들을 외부적으로 표현하려는 노력을 하고 있거든요. 그게 공간이 될 수도 있고, 예술 활동이 될 수도 있고, 아니면 제가 진행하는 프로그램이 될 수도 있겠지만, 그런 프로세스를 구축해서 문제점을 화두로 던져 해결하고 싶어요. 지금은 준비를 하고 있는 과정이고요. 개개인이 느끼는 문제를 해결하고자 한다면 청년 전반의 문제도 해결할 수 있지 않을까, 그렇게 생각해요.

소준표 일단 저 같은 경우는 사업을 하고 있기 때문에, 제가 사업을 확장시키면 그만큼 인력을 더 고용할 수 있으니까. 그런 부분이 제가 할 수 있는 영역이지 않을까 생각이 들기도 하고요. 단순히 일만 키운다고 될 게 아니라 좋은 기업문화를 만들어 가야겠죠. 직원들과 이야기하다 보면 회사는 일하는 곳이라는 인상이 강하거든요. 그렇다면 어떻게 일을 조금이라도 잘하게 해줄 수 있을까. 어떻게 직원 개개인의 삶의 질을 높여줄 수 있을까 하는 고민을 계속하게 되는 것 같아요.

서수연　　　저 같은 경우는 시각예술 작가이기 때문에, 좋은 작품을 만들기 위해 노력하고 있습니다. 지금 제가 하고 있는 일은 어떻게 더 좋은 작품을 만들어서 얼마나 더 많은 사람과 더 많은 소통을 할 수 있는가, 얼마나 메시지를 풍부하게 전달할 수 있을까에 대한 연구와 고민이겠죠. 저도 이제 선생님들처럼 학생들에게 강의를 할 기회가 있는데, 제가 이렇게 연구하고 활동하며 만든 철학을 그 아이들에게 가르치는 거잖아요. 이후 세대에게 좋은 영향을 끼칠 수 있도록 노력해야 되는 거죠.

　앞으로도 지금 하고 있는 일을 지속적으로 해나가고 싶어요. 작품적으로 얘기하면, 팬데믹으로 굉장히 힘든 상황이기도 하지만 한편으로는 터닝포인트가 될 수도 있거든요. 저는 시각과 다른 장르의 융합을 좋아하는데, 미술만으로는 루즈해질 수 있는 걸 다른 장르가 채워 주며 더 큰 시너지를 만든다고 생각해요. 다양한 장르가 융합된 새로운 디지털미디어를 제작해 보려는 마음도 있습니다. 하고 싶은 건 너무 많아요.

구부성　　　저는 예전에는 대안학교를 만들고 싶었어요. 하지만 막상 제가 아이들을 가르쳐 보니 교육자의 삶은 정말 너무 힘들구나 느껴요. 최근에는 그냥 공감하고 소통하는 법을 배우고 싶다는 생각이 많이 드는 것 같아요. 혹시 '니트 청년'이라고 들어보셨나요? 일하지 않고 일할 의지가 없는 청년을 의미하는데, 전국에서 부산이 세 번째로 니트 청년이 많아요. 1위는 경기, 2위가 서울이고요. 어떻게 보면 이게 너무 심각한 사회문제라 복지관에서도 청년 관련 정책이나 복지 사업을 많이 해요. 그 친구들을 인터뷰하거나 만나 보면, 정말 게임도 안 하고 아무것도 안 하거든요. 그런 니트 친구들과 어떻게 소통하고 그들의 문제를 해결할 수 있을까. 최근에는 그쪽에 관심이 많습니다.

이준호   저는 예술계에 종사하는 청년으로 사회적 역할이 있다고 생각해요. 최근에 했던 프로젝트를 하나 소개해 드리자면, '노블레스 유'라고. '노동이 당신을 이롭게 한다'라는 취지로 전태일 열사 50주기를 맞아 설문조사를 진행했습니다. 우리 사회가 노동의 가치와 소중함을 존중한다고 생각하는가? 50% 넘는 시민이 '존중하지 않는다'라고 대답했다고 해요. 저도 그렇고 사회 구성원 대다수가 노동자로 사는데, 정작 우리는 노동에 대한 가치를 얼마만큼 존중하고 있을까, 그런 문화가 존재하기는 할까 하는 물음을 가지게 됩니다.

그래서 예술 작업을 통해 노동가치를 존중할 수 있는 문화를 만들면 어떨까라는 생각을 많이 해요. 최근에는 코로나 시대에 중요성이 부각되고 있는 필수 노동자분들, 택배, 간호사, 돌봄노동 하시는 분들의 이야기를 바탕으로 예술작품을 만드는 활동을 하고 있습니다. 이런 작업이 저한테 주어진 역할이라는 생각이 들고요. 저 같은 사람이 더 많아지면 좋겠다고 생각하며 지내고 있어요.

최예지   개인적으로 해내고 싶은 사회적 역할이 있기 때문에 씨네소파를 계속 운영하고 있어요. 하고 싶은 일도, 씨네소파로 계속 활동하는 겁니다. 영화 쪽에 관심이 많고 이런 일을 하고 싶은 친구들을 많이 봤거든요. 그런데 일할 곳이 없고, 할 수 있는 일이 없다 보니까 다른 지역으로 가게 되는 것 같고요. 지금은 코로나도 있고 많이 어렵지만, 배급적으로 보면 시장이 아예 없거든요. 지원사업이 없으면 배급을 못 해요. 관객에게 소개하고 싶어도 돈이 없으면 할 수 없는 상태인 거죠. 어떻게 작은 영화를 관객에게 소개할 수 있을까. 그런 고민으로 준비하고 있는 게 영화향유플랫폼 소파섬이에요. 친구들과 재미있는 일을 이어갈 수 있도록 그런 고민을 계속하고 있어요.

이제는 요구하는
존재로

사회자

각 분야에서 활동하시는 분들의 구체적이고 자세한 이야기를 들을 수 있는 시간 이었습니다. '청년이 무엇을 하고자 하는가?'는 결국 청년정책의 방향성과도 맞닿아 있다는 생각이 드는데요, 실질적인 변화를 위해 청년들이 관심을 가지고 참여해야 하는 사회적 의제에는 어떤 것들이 있을까요? 또 더 나은 사회참여를 위해 청년에게 필요한 것은 무엇일까요?

서수연   저는 '몸더하기'라고 해서, 저를 비롯한 다양한 분야에 계시는 분들이 다원적인 예술을 활용할 수 있는 단체를 운영하고 있습니다. 그곳에서도 여러 사회적 이슈를 사람들에게 알리기 위해 노력하고 있어요. 그중 일부가 세이브미얀마였고, 제주 4·3사건, 그리고 세월호까지…… 잊혀서는 안 되는 이야기잖아요. 그 기억을 계속해서 다양한 관점으로 보여주는 게 예술가들의 몫이라고 생각을 하고 있습니다.

'사회적 참여'라고 했을 때 저는 표현에 제한이 없다고 봐요. 어떤 분은 정말 강렬하게, 정말 거칠게 투쟁을 하실 수도 있고, 어떤 분은 평화를 지지한다는 마음으로 좀 더 온화하게 표현할 수도 있잖아요. 사람마다 표현의 방식이 달라요. 그래도 저희는 부산에서 활동을 하다 보니까, 첫째는 부산 시민들에게 알리는 게 목적이고, 그다음으로는 온라인을 통해 영상을 송출함으로써 전국, 더 나아가서는 해외까지도 그런 메시지를 전달하는 것이 저희가 움직이는 이유라고 생각해요. 부산에서 활동하고 있지만 그런 메시지들이 더 멀리 퍼지기를, 많은 사람이 소통할 수 있는 창구가 되기를 바라고 있습니다. 저도 열심히 해야죠.

"

청년들이 더 많은 사회적 참여를 하려면,
청년 본인들이 사회 정책의 대상이 되어야 하는데,
지금의 청년정책은 탁상공론이거든요.
기성세대의 관점은 지금의 청년들과 너무 다르거든요.
청년의 삶을 청년이 직접 결정할 수 있어야
좋은 정책이 나와요.

"

박보은　　　저는 도시재생 쪽에서 활동을 하고 있는데, 지역 내에서 살아가며 관심을 가질 수 있는 의제는 정말 다양해요. 도시재생 안에서도 다양한 사회적 의제가 포괄적으로 발생하고, 개인의 위치에 따라서도 달라질 수 있고요. 특히나 지금 청년은 코로나19와 락다운 세대라 불릴 정도의 저성장, 1인 가구 증가나 불평등 심화 등의 다양한 문제를 체감하고 있을 거예요.

　하지만 그러한 의제에 청년 스스로가 나서서 활동하는 건 너무 이상적이에요. 왜냐하면 청년들이 더 많은 사회적 참여를 하려면 청년 본인들이 사회 정책의 대상이 되어야 하는데, 지금의 청년정책은 탁상공론이거든요. 기성세대의 관점은 지금의 청년들과 너무 다르거든요. 청년의 삶을 청년이 직접 결정할 수 있어야 좋은 정책이 나와요. 일자리, 주거, 교육, 복지 분야까지 다양한 정책들에 청년 주도성이 확대돼서 이루어져야 하지 않나. 그래서 가장 중요한 건 실질적인 청년의 참여를 이끌어낼 것인가, 어떻게 청년을 불러올 것인가가 돼야 한다고 생각해요.

구부성　　　저는 예전에는 목소리를 내는 사람이었고, 지금은 공공기관과도 함께 일하다 보니 두 입장 모두 이해가 돼요. 우선 사회적 의제는 유엔에서 제시한 SDGs^{지속가능발전목표}를 보시면 너무 잘 나와 있습니다. 참고하시면 좋을 거 같고, 제가 말하고 싶은 건 청년은 윗세대가 하지 못했던 일을 해야 하는 존재가 아니라는 겁니다. 그저 한 명의 인격체라고 생각하고 봐 주시면 좋지 않을까 싶습니다. 사람이 꼭 무엇을 해야 한다가 아니라, 그 사람이 지금까지 어떤 삶을 살았지? 이렇게 다르게 생각해 보는 게 중요할 것 같아요. 최근에는 코로나로 많이 힘들잖아요. 그래서 저는 그냥 내가 어떤 공부를 하는 것도 사회적 의제나 참여의 한 방법이 될 수 있겠다는 생각을 하기도 합니다. 꼭 목소리를 내어야만 하나요? 그냥 우리 개개인이 주어진 문제를 해결하기 위해 노력하는 사람

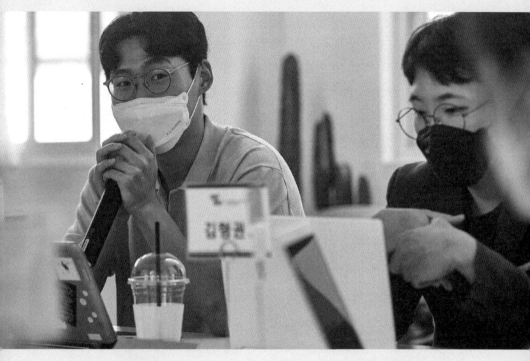

으로 기억되면 좋겠고, 더디더라도 인간성에 대해 생각하면 좋지 않을까 싶습니다.

김형권 　　　　저희도 도시재생 쪽으로 활동을 하고 있는데, 제가 이 쪽으로 방향을 잡게 된 이유는 시간이 지날수록 사람들이 활용할 수 있는 인프라 지원이 없어지고 있다는 느낌을 받아서였어요. 상담을 통해 "이러이러한 것들을 활용해 봐"라고 말할 수는 있는데, 진짜 주변에 만날 사람이 없는 경우도 많거든요. 살면서 한 번도 성취 경험이라는 게 없는 사람도 있고, 누군가를 좋아하는 마음을 한 번도 가져보지 못한 사람도 있어요. '청년들이 이런 경험을 어디서 할 수 있지?'라고 생각해 보면 잘 없는 거예요. 개인적으로는 지역을 활성화시키기 위해 노력하는 방향이 도시재생이라고 생각해요. 저는 청년들을 대상으로 한 질적 조사가 더 많이 이루어져야 한다고 생각해요. 청년들이 정말 원하는 건 뭘까요? 정말 취업을 하고자 할까요? 자기가 뭘 하고 싶고 뭐가 되고 싶은지 모르는 청년들이 너무 많아요. 그런 건 잠깐의 설문조사로 알 수 없어요. 전문적인 질적 연구가 필요하죠. 정책이 만들어질 때 그런 선행 연구가 바탕이 된다면 좋겠어요.

최예지 　　　　사실 먹고 사는 문제가 해결되지 않으면 이런 사회참여를 이끌어 내는 것이 가능할까 생각이 들어요. 저는 아직 먹고사는 문제를 넘어서 보지 못한 것 같거든요. 생존할 수 있는 여유가 있다면 더 다양한 문제에 대해 자기가 내고 싶은 목소리를 내지 않을까요. 하지만 아직은 한참 더 남아 있는 거 같아요. 씨네소파도 '청년'으로서의 사회참여를 요구받는 경우가 종종 있는데, 사실 저희에게는 월급을 받으며 한 달을 넘기는 것도 굉장히 큰 이슈거든요. 이런 생존의 문제는 개인만의 문제는 아닌 것 같고요, 사회 전체가 함께 해결해야 할 과제가 아닐까 생각합니다.

"

사실 먹고사는 문제가 해결되지 않으면
이런 사회참여를 이끌어 내는 것이 가능할까 생각이 들어요.
저는 아직 먹고사는 문제를 넘어서 보지 못한 것 같거든요.
생존할 수 있는 여유가 있다면 더 다양한 문제에 대해
자기가 내고 싶은 목소리를 내지 않을까요.
하지만 아직은 한참 더 남아 있는 거 같아요.

"

소준표   먹고사는 문제라는 말에 굉장히 공감돼요. 저도 창업할 당시에는 사람들에게 영감을 주는 영상, 생각의 전환을 일으키는 영상을 만들고 싶었어요. 하지만 하고 싶은 걸 하기 위해서는 먹고사는 문제를 먼저 해결해야 하잖아요. 그런 해결의 단계가 있는 것 같아요. 그러다 보니 사회에 대한 관심보다는 우리 집단의 생존에 더 관심을 가지게 되는 것 같고요. 도시재생이나 환경실천 등의 사회 의제에 관심이 있어도, 그것을 실천하고 행동할 여유가 없다는 게 매번 아쉬워요. 그래도 우리가 아주 작게라도, 지속적으로 관심을 가지고 주변에 있는 작은 것들부터 요구해 나갈 수 있다면 좋을 것 같아요. 관련 기관이나 부서에서도 관심이 있다면, 청년들을 직접 만나는 것도 하나의 방법이 될 수 있지 않을까 하는 생각이 들었습니다.

이준호   둘러보면 우리가 참여할 수 있는 사회적 의제는 굉장히 많다고 생각합니다. 서수연 선생님께서 앞서 말씀해 주신 기억의 현장, 추모의 현장도 마찬가지죠. 사회 곳곳에 그런 현장이 무척 많은데, 오히려 참여가 일어나지 않는 사회라는 생각이 들어요. 더 많은 사회참여를 위해서는 문화가 바뀌어야 하지 않을까요. 노동존중 문화라든지, 그 외에 사회를 견인하는 다양한 문화적 요소들이 있다고 느끼거든요.

　예를 들면 10년 전까지만 해도 대학교 내에 존재하던 공동체 문화, 동아리 문화도 지금은 찾아보기가 힘들잖아요. 게다가 코로나 시대이기도 하고. 문화적 요소들이 죽어가고, 없어지고, 파편화되다 보니 청년들의 사회참여가 이뤄지기 힘들다는 생각이 들어요. 그런 부분을 개선하기 위해 어떤 것들이 정책적으로 논의되고 반영되어야 할지 고민하게 되는 것 같습니다.

허태준   저는 청년이라는 존재가 시한적이라고 생각해요. 정책이든 사회적 합의든, 청년을 정의하는 기준이 존재할 수밖에 없고 그 기준은 결국 '시간'이니까요. 그래서 궁금하기도 했어요. 그 제한된 시간 안에 해야 할 일이 있다면, 또는 성취하거나 이루어야 할 무언가가 있다면 그건 무엇이 될 수 있을지. 여러분들의 이야기를 들으면서 그 궁금증을 조금이나마 해소하고 가는 것 같아요. 다들 '청년'이라는 자의식과 각자의 고민을 가지고, 그 고민을 바탕으로 삶을 살아가고 있으니까요.

더불어 우리는 청년으로 살면서 사회 곳곳에서 너무 많은 요구를 받잖아요. 언론이나 매체에서 수없이 이미지화되고, 획일화되고, 주변 사람들에게 어떻게 살아야 한다는 이야기도 많이 듣죠. 하지만 그런 과정들 속에서 우리가 치열하게 해왔던 고민이, 이제는 하나의 요구로 그들에게 되돌아갈 수 있다는 생각이 들었어요. 요구받는 존재에서 요구하는 존재로.

사회자

요구받는 청년에서 요구하는 청년은 오늘날 도시권, 문화권과도 연동되는 면이 있습니다. 도시권은 시민이라면 누구나 도시에서 안전하고 쾌적하게 지낼 권리가 있다는 것이고, 문화권도 인간이라면 누구나 문화를 누릴 권리가 있다는 것이지요. 청년의 문제도 최근의 담론에서는 청년으로서 우리 사회에서 정주하고 누릴 권리를 당당히 요구해야 한다는 의견도 등장합니다. 현장에서 활동하시는 선생님들의 지역사회와 관계 맺기와 다양한 활동들을 통해 '요구하는' 청년들의 역동적인 모습을 만날 수 있었습니다. 참여해 주셔서 감사합니다.

8장

청년청책의 재구성

대담자

진지한녀석들 대표 **권민철**

올어바웃미 대표 **김소영**

청소년특별회의 활동가 **박의진**

짐캐리 대표 **손진현**

부산대학교 강사 **정민경**

협동조합 고치 이사 **정서원**

에코액션포레스트 대표 **최동민**

작가, 출판편집자 **허태준**

한국다문화청소년 부산협회 사무국장 **송태운**

대담 진행
부산문화재단 청년문화팀장 **박소윤**

2021.10.12.(화) 오후 2시, 노티스

저는 실패할 수 있는 기회가 주어지는
문화가 생겨나야 한다고 생각합니다.
지금 사회의 가장 문제는 '실패하면 안 된다'라는
강박으로 뭉쳐져 있다는 거예요.
세대 당사자든 정책 설립자든 모두 그렇습니다.
실패하면 안 된다는 프레임에 갇혀 있어요.
실패해야 발전 가능성이 보이는데 말이죠.
실패가 용인되고 반복될수록 청년 문화 역시
다양화되지 않을까 합니다.

당신에게
'청년'은 누구입니까

대담 정리 · 집필 **안희석**
발코니 출판사 대표,
『몇 줄의 문장과 몇 푼의 돈』(발코니, 2021) 저자

이 책을 읽는 여러분께 한번 여쭤보고 싶다. 당신에게 '청년'의 정의는 무엇이냐고. 누군가는 나이를 언급할 수도 있고, 누군가는 가능성을 언급할 수도 있을 것이다. 또 누군가는 대학생을 떠올리고, 누군가는 사회 초년생을 떠올릴 것이다. 그렇게 모인 하나하나의 청년 이미지를 종합했을 때, 과연 이들의 공통점이 무엇인지 혼란스럽기 마련이다. 그 혼란스러움이 바로 시대가 마주하고 있는 '청년'의 정의 아닐까. 100명의 청년이 있으면 100명의 서사가 있는 것처럼, 이제는 청년을 나이나 소속이나 어떤 상태에 따라 단순하게 가를 수 없는 세상이다.

하지만 우리 사회 주요 결정권자들은 자신의 프레임에 꼭 맞는 청년을 골라내어 그들에게만 적용되는 정책과 조례를 구성했다. 물론 그 정책과 조례로 도움닫기를 한 청년은 있겠지만, 실제 세상을 살아가는 청년들을 모두 포괄하지는 못했다. 뼈아픈 실수를 인정하고 개선해야 함에도 불구하고, 정치의 영역은 청년에게 자리를 내어주지 않는다. 대담 중 언급된 것처럼 청년 당사자의 목소리는 늘 '논의까지만 가능하고 결의가 되지

않는' 지점에 머물러 있다.

그래서인지 대담자들 역시 가장 불편해한 부분이 바로 '우리를 어떤 프레임으로 바라보고 싶은가'였다. 기성의 관행이 항상 청년들을 입맛대로 재구성하려 했으니 이 과오가 반복되리라 생각했을 것이다. 그만큼 청년에 대한 논의에 지치고 피로한 상태다. "너희 스스로의 목소리를 높여"라거나 "너희의 이야기로 정면 돌파해 봐" 등 조언을 빙자한 시혜성 강요가 짜증 나는 이유다.

작은 제안을 하나 드려볼까 한다. 지금부터 이어질 모든 대화에서 '청년'을 '시민'으로 바꿔 읽어보자. 그렇게 바꿔 읽을 때 어딘가 이상하고 어색하다면, 우리 사회는 그만큼 청년을 하나의 별종으로 대했다는 걸 증명한다. 사회의 일원이 아니라 '무력하고 힘이 없는 존재', '도전정신 없이 일자리만 바라는 존재'로 청년을 타자화하지 않았는지 돌아볼 필요가 있겠다.

여기, 모든 정의를 거부하고 자기만의 세계관으로 삶을 꾸려나가는 아홉 명 이야기를 준비했다. 뾰족하지만 무해한 대화를 천천히 곱씹어보길 부탁 드린다.

어떤 '시선'으로
우리를 보고 싶습니까

사회자

오늘 함께해 주셔서 감사합니다. 부산문화재단에서는 청년문화와 관련한 사업들을 진행하고 있습니다. 사업을 기획하면서 '청년'의 의미는 뭘까 생각했어요. 청년기 본법에는 "청년이란 19세 이상 34세 이하인 사람을 말한다."라고 적시되어 있지만 청년이라는 용어가 갖는 함의는 사회문화적 맥락에서 작동하고 있는 것 같습니다. 청년이라는 용어는 제가 청년일 때는 그다지 사용되지 않았습니다. 지금은 자주 호명되는데 누가 호명하는지, 호명하는 이유는 무엇인지, 청년을 타자화하는 것은 아닌지, 더 나아가 청년이라는 용어를 소비하는 문제는 없는지 고민이 되었어요. 그래서 이번 청년문화백서의 한 장으로 펼쳐 보기로 했습니다.

권민철   저는 청년기 과반을 장사로 보내고 있습니다. 어렸을 때부터 사회가 바라는 '어른'이 되는 것보단 내가 되고 싶은 어른이 되고자 했고, 지금도 하고 싶은 일을 하며 살고 있어서 그런지 상당히 양질의 삶을 살고 있습니다. 청년기는 인생의 가장 중요한 시기라 생각합니다. 청년을 단순히 '사회적 약자' 혹은 '도와줘야 하는 존재' 등으로 치환하는 건 매우 옳지 못한 태도입니다. 이는 탁상공론에서 나오는 발상들일 뿐이에요. 물고기를 잡아 주는 게 아니라 잡는 방법을 가르쳐 줘야 하는데 우리 사회는 그냥 잡아다 주면 좋아할 줄 알고 있죠.

김소영   저는 모든 일에 열심히 임했고, 내 앞의 벽을 넘어야 한다면 넘을 수 있다 다짐하고 온 힘을 다했으나 갈수록 지쳐가고 무기력해지고 있습니다. 직업 관련 자격증만 국가인증 6개, 민간인증 17개를 20대에 취득하고 창업 10년 차에 접어들었습니다. 하지만 20대 중반엔 대상포진으로 입원, 20대 말기엔 갑상선암 진단을 받았어요. 30대를 갑상선암 수술로 시작했습니다. 우리 사회는 무례하고 소모적으로 청년을 대하고 있습니다. "왜 못하느냐?"부터 시작해 "왜 도와줘도 이 정도밖에 못 하느냐?"라고만 합니다. 무엇이 문제고 무엇을 같이 시작해야 할지 고민하지 않습니다.

송태운   단순히 취업이나 경력 쌓기가 아닌, 제 미래를 설계하기 위해 다양한 경험과 스펙을 준비했습니다. 지금은 어떻게 하면 청소년과 청년들에게 좋은 영향력을 주고 도전할 용기를 불어넣을 수 있을지 고민하고 있습니다. 청년을 소비한다는 표현 자체가 안타까운 현실이지만, 우리 사회는 청년들을 대상으로 가혹한 평가서를 가지고 나열하여 주요 결정권자기성세대를 중심으로 소비하고 있는 게 사실이죠.

    청년 개개인이 가지고 있는 고유의 개성을 존중해야 하지만 사회가 원하는 형태의 청년을 선호해요. 그런 모습을 보이면서 "우리가 시키는 것만 잘하면 된다"라고 이야기합니다. 철을 만들려면 철광석을 먼저 녹여야 하잖아요? 그렇다면 녹이는 도구에 집중할 게 아니라 철광석이라는 자원 자체에 더 투자하고 지원해야 하는 게 아닌가 하는 생각을 요즘 들어 특히 많이 하고 있습니다.

정민경   저는 대학교 때는 공연장 어셔[1]와 부산 축제 자원봉사자로 활동했고, 졸업 후에는 PCO[2]에서 근무했습니다. 대학원 진학 이후부터는 극단 단원, 축제 스태프, 문화예술사업 기획자 등 다양한 분야에

---

1   공연장에서 관객을 안내하고 질서 유지를 담당하는 등 쾌적한 공연 환경 조성을 돕는 역할.

2   각종 국제회의, 전시회 등의 개최 관련 업무를 행사 주최 측으로부터 위임받아 부분적 또는 전체적으로 대행해 줌으로써 회의 개최에 따른 인력과 예산의 효율적 관리, 시간과 자금의 절약, 세련된 회의 진행을 가능하게 해주는 업체.

몸담았고 현재는 문화예술연구 활동을 하고 있어요. 되돌아보면 청년기의 정중앙에 서 있던 그때의 나는 청년으로서의 정체성은 크게 생각하지 않았던 것 같아요.

이제는 청년이라는 단어가 명징하지 않고 정치적 의도에 의해 제 의미가 희석된 채로 활용되는 것 같습니다. 역사적으로 되짚어보면 각 시대는 청년에게 새로운 역할을 기대해 왔습니다. 이 기대는 1997년 외환위기를 기점으로 꺾여요. 경기 침체가 지속되고 노동시장 진입이 어려워지면서 청년에게 경제적 약체라는 프레임이 만들어지죠. 2004년에 「청년실업해소특별법」이 제정되는데, 경제적 존재로서의 청년을 정책 대상으로 삼기 시작한 겁니다. 우리 사회는 청년을 경제적 관점에서 이해하거나 바라보는 경향이 짙었고, 그런 탓에 불안정하고 사회적 약체라는 시각이 많이 깔려 있어요. 서발턴(Subaltern)의 존재로 청년을 바라보는 인식이 앞서있는 셈이죠..

허태준　　　청년기의 절반 정도를 지나왔는데, 대부분은 일을 하면서 보낸 것 같습니다. 고등학교 졸업 후 곧바로 취업하고, 산업기능 요원으로 근무하며 군 복무도 해결할 수 있었습니다. 이후에도 계속 취직, 개인사업, 프리랜서 등 일을 이어갔습니다. 그렇다고 제 청년기가 '일'로 갈음되는 건 아닙니다. 사이사이 다양한 사건과 노력이 있었고 책을 읽거나 글을 쓰고 제 문제의식을 바탕으로 책을 집필하기도 했습니다. 어쩌면 청년기라서 가능했던 것 같아요. 체력이나 실행력이 다른 시기보다 월등히 높은 상태였으니까요.

지금은 좀 나아진 편이긴 하지만, 우리 사회는 아직도 '20대 청년=대학생'이라는 편견이 짙습니다. 또한, 청년들의 활동적인 측면을 유독 강조하죠. 새롭고 트렌디한 것, 재치 있고 기발한 것, 열정적이고 과감한 것으로 표현되는 경우가 많은 것 같아요. 하지만 저는 개인적으로도 혼자 있는 걸 좋아하는 편이고, 독서나 글쓰기 등의 정적인 활동을 선호해요. 드러나지는 않아도 분명 노력이 필요하고, 다른 종류의 열정을 필요로 하는 일인데 그런 부분은 쉽게 인정을 받지 못하는 것 같아요.

기성세대의
프레임이 자초한
청년 오독

사회자

정말 다양한 색깔의 청년기를 보내고 계시네요. 그래서인지 저와 같은 기성세대는 청년들이 어떤 생각을 하며 어떤 방식으로 행동하는지 예측하기가 어려웠습니다. 전혀 다르게 움직이는 거죠. 기성세대는 취업과 결혼 등 삶의 패턴이 비교적 정형화된 편인데, 지금의 청년들은 직업만 해도 N잡러이고 결혼도 다양한 방식을 추구하고 있습니다. '단순히 일자리 얻고 결혼하면 지역을 떠나지 않을 거야'라는 생각만으로 청년정책을 펼치는 것은 기성세대 중심의 접근이 될 수 있겠네요.

박의진

저는 올해 스무 살입니다. 청년과 청소년의 가운데 시기에 있는 거죠. 청소년 때는 청소년특별회의 정책 기구에서 3년 동안 활동했고, 현재는 부산정책부대라고 해서 기존 정책기관들이 너무 형식적으로 움직이지 않나 감독하기 위한 곳에서 활동 중입니다. 청소년특별회의에서 활동하는 3년 동안 실망감이 많았습니다. 위원들이 정책을 많이 만들긴 하는데, 그 정책들이 결의 과정을 넘어가기가 쉽지 않습니다.

주요 결정권자, 흔히 말하는 기성세대가 청소년에게 관심을 기울이기 시작한 건 사실 얼마 되지 않았습니다. 참정권 연령대가 1년 낮아지고 나서야 정치가 청소년에게 관심을 가지기 시작했거든요. 매우 안타까운 부분입니다. 청소년과 정치인의 교류는 왜 이렇게 한계적인지에 대한 회의도 있고, 사회적 합의를 위한 토론장은 청년에게도 청소년에게도 그리 긍정적으로 열리지 않는지 의문점도 많습니다.

　이런 상황에서 청년 정치인이 없으니 청년정책의 부재도 당연한 거죠. 부산은 특히나 고령화가 심각한 도시입니다. 그렇기 때문에 기성세대와의 갈등도 존재하고 이 갈등을 조정할 수 있는 지원이나 정책이 시급한 상황입니다. 노인 복지뿐만 아니라 청년 복지도 개선돼야 하는데 정치인과 청년과 청소년이 만날 수 있는 자리가 적으니 치명적이죠. 우리 목소리가 제대로 닿지 못하고 있습니다.

권민철　　　저는 기성세대의 오해와 갈등을 말하고 싶은데요, 청년과 기성세대 사이 갈등은 지금도 분명히 존재합니다. 실제로 겪기도 했고요. 저는 더불어민주당 당원이고 다양한 활동을 하고 있는데, 국민의힘 쪽에서 청년 간담회를 진행할 때 저처럼 청년 당원들을 초청한 적 있습니다. 그런데 청년 CEO부터 대학생 등을 초청하는데 낮 2시에 부르는 겁니다. 사전에 시간 조정도 없이 가장 사회적 활동이 활발한 시기에 초대해 놓고 정작 간담회 중에 쓸 펜이나 종이도 구비하지 않았습니다. 이것부터가 청년세대를 제대로 생각하지 않는 태도죠. 우리의 목소리를 듣고 싶은 게 아니라 언론 보도용 사진만 찍길 원하는 것 같았습니다. 이런 것처럼 기성세대가 저희를 대하는 방식과 태도에 상당히 불만이 많습니다.

사회자
하필이면 저희가 오늘 오후 2시에 모였군요.(웃음)

권민철   아, 그러네요.(웃음) 그래도 저희는 서로 시간 조정은 거쳤으니 괜찮습니다.

최동민   주요 결정권자들이 만드는 대부분의 정책이 '법과 제도만 만들어서 관리하면 해결할 수 있다'라는 프레임에 빠져 있는 것 같습니다. 코로나19 바이러스 확산 사태만 봐도 우리나라의 확산세가 안정화 되는 건 다양한 정책도 한몫하지만, 시민들이 선택하게끔 만들어 주고 여러 가지 실험이 이뤄져서 가능한 부분도 있거든요. 이런 것처럼 청년에 대한 문제를 스스로 해결하도록 기다려 주고 도와주고 나아가도록 내버려 둬도 괜찮을 것 같습니다.

김소영   저는 일자리 정책과 관련해서 말씀드리고 싶은 게 있

는데, 부산시에서 동부산관광단지를 말하면서 2만 개 일자리 창출을 약속한 적 있습니다. 저는 그게 별로 좋지 않았어요. 2만 개의 일자리가 만들어졌는데 2만 명이 안정적으로 오래 일할 수 있는지, 그게 평생 직업이라 할 수 있는지 생각하니 소름이 돋았습니다. 2만 개 일자리에 2만 명을 넣고 나서 끝. 그게 우리 사회가 청년을 바라보는 시각인 거죠.

청년 창업도 마찬가지입니다. '돈 줄 테니까 창업하고 일자리 만들어서 고용 창출해'라고 간단히 주문합니다. 제가 중소벤처기업진흥공단 청년창업 프로그램에 참여했을 때였어요. 처음에 모였던 30명의 창업자 중 2년이 지나니 6명만 남았습니다. 떠난 사람 중 절반은 폐업하거나 부산에 없는 거예요. 청년 창업이라 해서 신문에 나오고 부산시 성과가 자랑 되지만, 등 떠밀고 지원해 줘서 창업 성사시킨 청년도 떠난단 말이죠. 그런 것에 대해서는 실무자들이 관심이 없는 겁니다. 실제로 청년들이 어떻게 사는지 관심이 없어서 생기는 문제라 생각합니다.

정서원　　　당장 저만 해도 고등학생들과 이야기 나눠 보면 이해가 잘 안 되듯이, 기성세대들도 청년을 이해하지 못하는 것 같습니다. 발을 딛고 있는 세계가 서로 다른 거죠. 저는 요즘 부산에서 '니트족'으로 불리는 청년들을 만나면서 그들이 사회 활동 진입 단계까지 갈 수 있도록 시간을 같이 보내고 있습니다. 언론이나 기성세대는 이들을 '구직 단념자'라고 단순히 표현하고 있는데, 실제로 그렇진 않습니다. 취업을 원하고 자신의 모습이 변화되기를 꿈꿉니다. 다만, 과거와 달리 이 목표를 위한 이행기가 너무 길어진 거죠. 오랜 시간 공부해서 들어가는 직장이 평생직장이 될 수도 없는 시대고, 정규직은 너무나 먼 이야기가 됐습니다. 게다가 다들 그런 말 많이 듣지 않나요? "첫 직장이 10년의 직업을 좌우한다"라고. 그러니 계속 막막한 상황만 마주하는 겁니다.

상담하는 분 중에 30대분들도 있는데 이분들은 직장에서 근무하다가

"

주요 결정권자들이 만드는 대부분의 정책이
'법과 제도만 만들어서 관리하면 해결할 수 있다'라는
프레임에 빠져 있는 것 같습니다.
코로나19 바이러스 확산 사태만 봐도
우리나라의 확산세가 안정화 되는 건
다양한 정책도 한몫하지만, 시민들이 선택하게끔 만들어 주고
여러 가지 실험이 이뤄져서 가능한 부분도 있거든요.
이런 것처럼 청년에 대한 문제를 스스로 해결하도록
기다려 주고 도와주고 나아가도록 내버려 둬도
괜찮을 것 같습니다.

"

건강 문제로 그만두고, 건강이 회복되면 세상에 나오려 준비 중이기도 합니다. 이런 사례들만 봐도 과연 청년세대의 직장 관념이 기성세대에게 닿고 있는가, 납작하게 '구직 단념자'라고 말할 수 있는가 묻고 싶습니다. 당사자들 가까이 앉아서 정말 많은 이야기를 들어야 한다고 봅니다.

송태운　　　　법적으로 규정하는 '청년의 범위'에 대해 저는 의문이 있습니다. 청년은 법률적으로 만 34세까지인데, 실제 청년들이 생각하는 청년의 범위를 사회적으로 통합해 보아야 하지 않을까 생각합니다. 사회적으로는 장년인데 정치권 안에서는 청년이라는 이름으로 활동하다 보니 청년 정치인의 부재도 덩달아 생기는 것 아닐까 합니다.

　저는 기성세대와 함께하는 회의나 미팅 자리가 많은데, 매번 느끼는 거지만 기성세대의 편견이 확고합니다. '젊어서 고생해야지 너무 편하게 일하려 한다', '겉멋만 들었지 할 줄 아는 게 없다', '경험을 더 쌓아서 와라' 등이죠. 자신의 나이를 무기로 삼는 분도 있고, 시스템적으로 대응하면 자신을 무시한다고 합니다. 소통이 이뤄지지 않는 거죠. 모든 문제의 시작이라 생각합니다.

손진현　　　　실제로 기성세대 생각처럼 청년들이 무조건 일자리에만 관심을 두는 건 아닙니다. 예전에 부산시에서 청년정책네트워크를 모집할 때 100명가량의 청년을 모집한 뒤 각자 원하는 분과를 청년 당사자 스스로 결정하게 했습니다. 그때 가장 많은 청년이 모인 분과는 첫째가 일자리 분과, 둘째가 '청년 문화' 분과였습니다. 청년들이 가장 관심 있는 건 일자리임을 부정할 수는 없지만, 일자리 못지않게 본인이 살아 있음을 느낄 수 있는 활동, 문화 활동에 목말라하고 있다는 점입니다.

청년 문화의
현실과 미래에 대한
투명성

사회자

지금 청년들에게 문화는 의식주만큼이나 중요한 것입니다. 부산에는 시와 여러 공공기관이 청년 관련 문화사업을 넓게 펼치고 있어요. 저도 실제 사업을 꾸리면서 청년들의 문화활동에 대한 니즈나 수요가 높다는 것을 알 수 있었습니다. 부산의 청년문화, 혹은 나아가 넓은 범위의 청년문화에 대해 말씀 부탁드립니다.

정민경   1970년대 청년 문화를 표상하는 것은 '저항성'이었습니다. 하지만 몇십 년 사이 이것은 '다양성'으로 변화됐죠. 오늘날의 청년은 다양성을 확장해 나가는 문화적 주체이기도 합니다. 가령, 요즘 쇼핑몰이나 백화점에 가면 마네킹 신체 사이즈가 평균 범위, 그러니 정말 보통의 체형으로 많이 변화하고 있습니다. 이러한 변화는 MZ세대 사이에서 '자신의 몸을 있는 그대로 사랑하자'라는 움직임에서 따라오는 것이라 하더라고요. 이런 면면을 보더라도 청년은 새로운 사회적 변화와 흐름을 만들어 나가고 사유하는 존재임을 모두가 인지해야 합니다. 단편적인 관점으로 청년이라는 존재를 규정할 수 없는 것이죠.

허태준   기존의 방식과 다른 해결책들이 더 많이 필요합니다. 저는 부산시와 (재)부산인재평생교육진흥원에서 '옹기종기'라고 다섯 명 이상 모이면 모임 내용 검토해서 1백만 원을 지원해 주는 문화 사업이 있었는데 거기에 참여한 적 있습니다. 어떤 활동을 정형화하지 않고 '너희 하고 싶은 거 있으면 지원금 줄게'라는 형식이 만족스러웠습니다. 부산에서 이런 사업이 있다는 건 정말 대단한 거라 생각했어요. 실제로 평가도 좋았습니다.

당시 커뮤니케이션하면서 저는 독서 모임을 진행했는데 영화 찍는 분, 커뮤니케이션 활동하는 분 등 여러 사람들이 어우러졌어요. 이런 방식의 움직임과 지원책이 '청년 문화'라는 이름에 가장 어울리는 정책이 아닌가 합니다. 무조건 어떤 성과를 내거나 가시적인 결과를 만들어내는 게 아니라, 활동 자체에 초점을 맞추는 거죠.

송태운   저는 실패할 수 있는 기회가 주어지는 문화가 생겨나야 한다고 생각합니다. 지금 사회의 가장 문제는 '실패하면 안 된다'라는 강박으로 뭉쳐져 있다는 거예요. 세대 당사자든 정책 설립자든 모두 그렇습니다. 실패하면 안 된다는 프레임에 갇혀 있어요. 실패해야 발전 가능성이 보이는데 말이죠. 실패가 용인되고 반복될수록 청년 문화 역시 다양화되지 않을까 합니다.

사회자
실패는 곧 어려움과 직면한다는 뜻인데, 현재 다양화되고 있는 청년들에게 가장 큰 어려움은 무엇일까요? 주거, 결혼, 지속 가능한 노동 등 모든 게 불투명하지만, 그중에서도 가장 불투명한 지점은 무엇이라 생각하시나요?

권민철   저는 결혼이 가장 불투명합니다. 결혼은 저 혼자만의 문제가 아니라 저와 상대방, 즉 복수의 문제니까요. 서로 마음이 맞고 상황이 맞고 모든 게 맞아야 가능한 게 결혼인데, 청년기의 저희들에게는 그러한 상대를 찾기가 쉽지 않습니다. 저만 해도 혼기가 찼다고 결혼을 하라고 주변에서들 말합니다. 제 동생이 얼마 전 결혼했는데 저는 아직도 못 하겠어요.

박의진　　　저는 주거, 결혼, 지속 가능한 노동 셋 다 불투명합니다. 상식적이지 않은 부동산 가격, 성차별이 심화된 문제가 개선되지 않은 상태에서의 결혼, 대학 졸업장이 더 이상 일의 연결점을 보증하지 않는 시대에서의 노동 등 문제가 너무 많습니다. 여러 가지를 놓고 생각해 보면 결국 자본적인 부분들이 청년들을 많이 압박하고 있다고 생각합니다. 그러다 보니 주식이나 비트코인 같은 것들로 청년들이 관심을 돌린 게 아닐까요?

허태준　　　종합적인 형태이지 않을까 합니다. 청년이 다양화된다고 하지만, 저는 사회 안전망이 무너져 있으니까 각자 살 궁리를 열심히 하는 모습이 투영된 결과라 생각합니다. 다양하게 보이는 것뿐이죠. 'N잡러'도 좋은 건 아니라 생각합니다. 과거에는 하나의 직장이 안정성을 보장했는데, 지금은 아니니까 주식이나 부동산 투자를 꼭 해야 하는 거죠. 그런 불안감으로 인해 여러 요소가 종합적으로 계속 불투명해지는 겁니다. 이런 불안감을 뒷받침해줄 안전망을 어떻게 만들지 하는 문제가 가장 크지 않을까요?

정서원　　　저 역시 모든 불투명한 요소들을 앞에 둔 채로 빛을 찾을 수 있게 하려면 사회적 안전망이 필요하다고 생각합니다. 고민이 있을 때 사람을 찾을 수 있는 시스템이 기본적으로 갖춰져야 해요. 주거나 노동은 청년뿐만 아니라 전 연령층을 대상으로 하는 부서로 넘겨 버리고, 부산시 청년정책이 과연 무엇을 해결해야 하는지 진지하게 고민이 필요합니다. 청년이 일자리를 구하는 과정에서 혼자 떨어졌을 때 얘기할 수 있는 공간이 있어야 하는 거죠. 이런 접근 방식으로 전환하지 않으면 불투명한 요소들은 계속 그 자리에 머물 뿐입니다.

"

모든 불투명한 요소들을 앞에 둔 채로 빛을
찾을 수 있게 하려면 사회적 안전망이 필요하다고 생각합니다.
고민이 있을 때 사람을 찾을 수 있는 시스템이
기본적으로 갖춰져야 해요. 주거나 노동은 청년뿐만 아니라
전 연령층을 대상으로 하는 부서로 넘겨 버리고,
부산시 청년정책이 과연 무엇을 해결해야 하는지
진지하게 고민이 필요합니다.
청년이 일자리를 구하는 과정에서 혼자 떨어졌을 때
얘기할 수 있는 공간이 있어야 하는 거죠.

"

송태운　　　　부산은 특히 지속 가능한 노동이 이뤄지지 않고, 이로 인해 발생하는 인구 유출이 심각하죠. 부산은 청년들이 선호할 핵심 산업이 없습니다. 한때 신발산업 등 제조업을 중심으로 이끌어 갔지만, 산업시대의 변화로 빛을 잃었습니다. 지속 가능한 노동의 부재, 이에 따른 인구 유출로 인한 지역 사회의 기반이 점차 무너지면서 악순환이 가속화되어가고 있는 것 같습니다. 지금이라도 지속 가능한 일자리에 투자하고 기업들을 유치하는 동시에 항만산업과 금융산업, 항공산업과 4차산업 시대의 청년 산업들에 대한 장기적 기획을 꾸준히 진행해야 합니다.

청년세대가
사회문제로 환원되지
않는 사회

사회자

청년 당사자들이 마주한 어려움, 그리고 하나가 아닌 종합적인 형태로 작동하는 문제점 등에 대해 말씀해 주셔서 감사합니다. 이제 저희가 마지막 질문만 앞두고 있는데요, 그렇다면 청년의 사회적 성장, 즉 청년이라는 사회적 위치의 변화나 인식 전환이 이뤄지려면 어떤 것들이 필요할지 말씀 부탁드립니다.

김소영　　　　청년을 인식하는 고정관념부터 바뀌어야 하지 않을까요? 그래야 청년들의 소리가 더 잘 닿을 것 같습니다.

박의진　　　　하루아침에 바뀔 수는 없겠죠. 그렇기에 인식 개선과 자체적인 지원이 동시에 이뤄져야 긍정적인 방향으로 나아가지 않을까

합니다. 특히, 사회적 성장을 위한 각 청년들의 지원을 어떻게 세분화할 것인지도 반드시 필요합니다. 자본적 영역을 이용해 청년들에게 실질적인 지원이 필요하다고 생각합니다.

권민철　　　　사회 구조와 함께 우리 청년들부터 바뀌어야 한다고 생각합니다. 이런 말 하면 어떻게 들릴지 모르지만, 누구나 다 힘들고 누구나 다 어렵습니다. 우리부터 뭔가 스스로의 힘으로 일어나려 하는 의지가 필요합니다. 그러고 난 후에야 "우리 여기까지 해봤는데 이 부분에서 막히더라, 그러니 내 목소리를 들어 주고 이것 좀 지원해 달라" 식으로 요구하는 것이 효과적이라고 봅니다. 청년들이 밑도 끝도 없이 무작정 도와 달라고 한다면 기성세대는 무엇을 도와줄지 모르니, 실효성 없는 지원책만 또다시 반복될 겁니다.

정민경　　　　저는 두 가지 갈래를 말하고자 합니다.. 우선 언론이 변해야 합니다. 청년 이미지를 만들어내고 소비, 재생산하는 데는 언론의 급하고 얕은 사유가 큰 영향을 미쳤기 때문입니다. 청년에 대한 진지하고 깊이 있는 탐구가 필요하고, 이를 바탕으로 오늘날 청년들의 다양한 모습과 목소리를 담아낼 수 있어야 합니다.

　언론과 같은 공적 영역에서의 개선도 중요하지만, 사적 영역에서의 노력도 이어져야 하겠죠. 특히 '선배'의 역할을 꼽고 싶습니다. 저는 지금의 일을 계속하고 어려움을 해결하는 데 선배의 역할이 컸습니다. 자신의 경험을 나누고 후배의 문제를 같이 고민해 주고, 또 차분하게 기다려주며 함께 성장하는 선배가 필요합니다. 저 역시 후배들에게 그런 역할을 해줘야 하겠고요.

최동민　　　　스스로 성장하게, 다양성을 찾게, 정말 나락까지 내려

"

저는 사회적으로 정의하는 '청년'의 폭을 넓히고,
그들이 수행하는 노동의 가치를 중요하게
여겨야 한다고 생각합니다. 우선적으로
그런 노동 존중 문화가 생겨나야 하지 않을까 싶어요.
경쟁이 심화되고 공평이 대두되는 것도,
살아남지 못한 자들에 대한 멸시가 보편화되었기
때문이라고 느끼거든요. 세상에는 정말 많은 직업이 있습니다.
그중 무엇을 선택해도 삶이 무너지지 않을 거라는
최소한의 희망이 우리 사회에 있어야 하지 않을까요?

"

갔다 다시 피어나게 내버려 뒀으면 좋겠습니다. 갇힌 시각에서 청년을 대상으로 뭘 계속해대는 걸 멈춰 주세요. 그게 제일 부자연스러운 청년의 성장일 겁니다. 그리고 사회구조가 튼튼해져서 이런 자리가 필요 없어졌으면 좋겠습니다. 청년세대가 사회문제로 떠오르지 않는 사회, 그래서 이렇게 서로의 처지에 대해 이야기하지 않는 사회가 왔으면 합니다.

허태준   저는 사회적으로 정의하는 '청년'의 폭을 넓히고, 그들이 수행하는 노동의 가치를 중요하게 여겨야 한다고 생각합니다. 우선적으로 그런 노동 존중 문화가 생겨나야 하지 않을까 싶어요. 경쟁이 심화되고 공평이 대두되는 것도, 살아남지 못한 자들에 대한 멸시가 보편화되었기 때문이라고 느끼거든요. 세상에는 정말 많은 직업이 있습니다. 그중 무엇을 선택해도 삶이 무너지지 않을 거라는 최소한의 희망이 우리 사회에 있어야 하지 않을까요?

사회자

청년문화에서 비롯된, '청년'에 대한 고민을 이번 〈청년정책의 재구성〉을 통해 나누어 보았습니다. 소중한 이야기 감사드리고 대담에서 주셨던 날카로운 지적들은 이 책을 접하는 모두가 깊이 사유해 봐야 할 것 같습니다. 긴 시간 고생 많으셨습니다.

9장

지역담론 너머, 새로운 교차로

대담자

부산대학교 산학연구소 연구원 **명수현**

베리테 출판사 대표 **정진리**

한국문화예술협동조합 대표 **박종준**

공간힘 대표 **서평주**

또따또가 운영지원센터 팀장 **이현정**

디오티 미술관 큐레이터 **장지원**

청년문학인, 젠더·이펙트연구소 연구보조원 **박준훈**

한국문화예술위원회 현장소통위원회 위원 **이일록**

청춘연구소 컬처플러스 운영자 **최정원**

대담 진행
부산문화재단 청년문화팀장 **박소윤**

2021.10.14.(목) 오후2시, 523쿤스트독

자꾸 부산 특유의, 지방 특유의
문화가 뭐냐고 이야기하는데 그 발상 자체가 되게
중앙 중심적인 생각이거든요.
서울 특유의 문화는 아무도 안 물어보잖아요.
물어보지도 않고 연구도 안 하고, 궁금해하지도 않는데
항상 부산 특유의 문화는 뭔지, 광주 특유의 문화,
제주 특유의 문화, 자꾸 그런 식으로 생각하는 거
자체가 기분 나쁜 적도 한 번씩 있거든요.
그럼 서울 너희는, 서울 특유의 문화는
대체 뭔데라는 생각을 한 번씩 해요.

청년과
지역구조의 현재

대담 정리 · 집필 **김세정**
작가 · 문학 연구자

'지방'이라는 용어는 서울과 대비되는 장소로서 오랫동안 차별과 배제, 비하의 용어로 사용되어 왔다. '지방'이라는 단어의 어원은 태종실록과 세종실록에서도 찾아볼 수 있고, 1882년 수신사로 일본에 다녀온 박영효에 의해 쓰이다가 조선총독부를 거치며 익숙해진 말이라는 주장[1] 도 있으나, 서울과 지방의 이분법적 차별 구도가 본격적으로 작동하기 시작한 것은 해방 이후부터였다.

특히 수도권 대학과 지방대학 사이에 지금과 같은 인식이 확립된 것은 1980년대 중반 이후의 일로, 이때부터 이분법적인 위계구도에 놓이게 된다. 이전까지 지방대학이 서울 이외의 대학을 가리키는 지리적 의미로 사용되었다면, 이후부터는 대학에 '서울'과 '지방'이라는 차별화 구도가 생겨난 것이다.

그로부터 오랜 시간이 흘렀지만 이항 대립에 따른 타자화와 대상화는 여전히 지속되고 있다. 수도권과 비수도권, 중앙과 지방이라는 명칭

---

1 강재호, 「박근혜정부에 지방을 기대한다」, 〈부산일보〉, 2013.07.08., 26면.

은 과연 삭제될 수 있는가? 애초에 우리의 의식 속에서 해체될 수 있는 문제인가? 최근 행정기관의 명칭에서 '지방'이라는 단어 자체를 '중앙'과 함께 삭제해야 한다는 주장[1]이 있었다. 그러나 이와 별개로, '지방'이라는 용어는 '지방대/지방대생'과 같은 관습적 표현을 통해 여전히 우리 일상에 뿌리내리고 있다.

가령 2018년에 출판된 『복학왕의 사회학』은 '지방 청년들이 우짖는 소리'라는 부제를 내걸며 지방 청년의 정체성을 적당주의 습속을 통해 설명했다. 문제는 서울 청년들의 관점과 담론에서 벗어나 지방대생/지방 청년의 문화를 밝혀내기 위해 작성된 이 책이 오히려 '서울/지방'의 이분법적 대립구조를 더욱 강화하고 있었다는 점이다. 대구·경북에 있는 일부 학생에 대한 서사 분석만으로 비수도권 대학생의 정체성을 규정한 이 책은 서울 출신 지방대 교수의 무의식이 공적인 언어화로 드러난 사례다. 그는 이로 인해 몇몇 학자들로부터 제국주의적 시선이 가미돼 있다는 비판을 받기도 했다.

이처럼 '지방'에 대한 비하와 경멸은 수도권 중심주의 한국 사회의 무의식에서 비롯된다.[2] 지방이라는 단어가 멸칭화되면서 비수도권에 사는 청년에 대한 재현은 곧잘 '지방 청년'이라는 정형화와 동질화로 나타난다. 미디어 환경이 발전하면서 다양한 청년들의 목소리가 터져 나오고 있지만, 자유로운 의사 표출이 가능한 공론장 안에서 사람들은 '지잡대', '지방충'과 같은 차별적 용어로 더욱 손쉽게 '서울/지방'의 대립 구도를 강화해 나간다.

게다가 최근 지방대학의 폐교와 함께 지역이 소멸하고 있다는 보도가 이어지면서 지방에 대한 낙인은 더욱 심화되고 있다. 지방대의 소멸은

---

1 최병준, 「정진석 의원, 정부기관 명칭에서 '지방(地方)' 삭제하는 개정안 대표 발의」, 〈충청신문〉, 2021.05.24.

2 박대현, 「지역인지감수성 가이드라인__지방 멸칭화와 내부식민지 넘어서기」, 『작가와 사회』 83호, 2021년 여름호. 47p.

수도권 대학을 향한 선망을 강화하고, 어떻게든 서울로 진입하려는 학생들과 취업준비생의 욕망을 부추긴다. 오늘날 많은 연구자들은 이러한 이분법적 대립 구도를 해체해야 한다고 주장한다. 그러나 지역과 청년을 말할 때, 우리는 결국 수도권과 비수도권에 관해 이야기할 수밖에 없는 딜레마에 놓이게 된다.

그렇다면 이러한 동질화를 경계하고, 청년세대와 지역구조를 다른 방식으로 사유하기 위해서는 어떻게 해야 할까? 청년과 지역 사이에 어떤 교차로를 놓아야 우리는 이 딜레마로부터 벗어날 수 있을까? 이 자리는 그런 의문으로부터 시작되었다. 부산에 살거나 부산에 살았던 청년들과 함께 '청년과 지역구조'를 주제로 나눠볼 오늘의 담화는 대학연구원, 작가, 문화기획자, 시각예술가, 큐레이터 등 다양한 직업의 현장을 경유해 나간다. 우리가 지역을 올바르게 인식하고, '지방'이라는 고정된 정체성에서 벗어나 새로운 교차로로 나아가기 위해서는 어떤 담론과 실천의 방법이 필요할까?

오늘 이 자리에서 우리는 청년과 지역구조를 둘러싼 다양한 사회·정치·문화적 환경을 살펴볼 것이다. 우리는 지역이라는 공간을 어떻게 인식해 나가야 하는가? 어쩌면 이에 대한 명확한 해법이 당장 나오지는 않을지도 모른다. 서로가 종사하는 작업 현장이 다른 만큼 우리가 놓을 돌은 모두 다른 모양을 띠게 될 것이다. 그러나 미래를 향한 교차로에 각자가 놓은 작은 돌을 어떻게 깎고, 쌓아 나가야 할지 고민하는 시간 자체가 새로운 청년문화를 건축해 나가는 현장일 수 있지 않을까? 청년과 지역구조의 현재를 이야기함으로써 우리가 보다 나은 미래를 사유할 수 있다면, 오늘은 우리에게 충분히 유의미한 주춧돌의 시간으로 남아 있게 될 것이다.

부산이라는
지역의 매력과 한계

사회자

혹시, 부산이 소멸 위기에 있는 도시라는 거 알고 계세요? 2018년도 「고용동향 브리프」에 따르면 부산의 소멸위험지수는 0.76이라고 합니다. 저희가 이 섹션을 뽑은 이유는 청년과 지역이 결국 공존하고 공생할 수밖에 없기 때문입니다. 청년 층이 무너지면 지역 자체도 소멸할 수밖에 없습니다. 우리가 사는 부산이라는 도시의 밝은 전망을 만들어 가기 위해서는 어떤 변화가 필요할까요? 여기 계신 선생님들은 모두 다양한 문화 영역에서 일하고 계신 걸로 압니다. 그래서 각자의 현장을 중심으로 말씀해 주시기 바랍니다. 먼저 지역과 청년의 구조에 대한 생각을 나누는 것으로 시작하시지요.

정진리

창작자로 볼 때 부산은 좋은 도시지만, 청년으로서 살만한 도시인가 하면 그렇지 않아 보입니다. 제 주변 대부분의 청년은 이곳에 터를 잡지 못하고 모두 서울로 떠났어요. 표면적으로만 아는 그들의 이유는 대개 기회의 유무였습니다. 서울이 아니고서는 청년이 정당한 임금과 대우를 받기 어렵습니다.

좀 다른 얘기를 하자면, 저는 지금 장거리 연애를 하느라 매주 서울로 올라가요. 인구가 밀집된 서울은 참 견디기 힘든 도시예요. 지하철만 타도 알 수 있지요. 서울이 살기 좋은 도시가 아님에도 모든 도시가 서울을 닮으려 애쓰는 이유가 무엇인가, 그렇게 해서 닮을 수 있긴 한 건가 따져 봐야 할 듯해요. 오히려 부산만의 구별 짓기, 이를테면 프랑스에서는 68혁명 이후 대학들의 위계가 철폐됐잖아요? 그래서 철학을 공부하고 싶다면 다른 대학이 아닌 오직 소르본 8대학에 가야 하는데요. 이처럼 단순히 대도시를 열망하기보다는, 이곳만의 문화와 관념이 특성화할 수 있다면 유입을 기대해봄직하지 않나 해요.

단순히 잡다한 혜택으로 이탈을 막기보다는, 왜 이곳에 머물러야 하는지 그 소속감을 심어주어야 한다고 봅니다. 그렇지 않다면 청년들은 유목민처럼 계속 이곳과 저곳의 혜택을 저울질하며 단타로 치고 빠질 수밖에 없을 겁니다.

명수현   저는 대학원에 들어와서 공부하게 된 분야가 지역 문학이거든요. 지금은 석사 논문을 준비하고 있는데 연구 대상은 해방기, 한국전쟁 때 열심히 활동했던 정진업이라는 부산 지역 시인이에요. 그래서 지역 문학들, 지역 문화들을 연구하면서 어떻게 이런 것들을 지역 안에서 좀 널리 공유할 수 있을까……. 그런데 부산 사람들도 부산에 대해 쓰면 안 읽거든요. 무려 전집도 나와 있는 작가인데 아무도 모릅니다. 사실 중앙, 지역 이분법이 만들어 내는 문제들 가운데 제일 큰 부분은 지역 혐오가 양산되고, 우리가 그것을 내면화한다는 문제인 것 같아요. 얼마 전, 서울의 대학에 다니는 친구가 룸메이트에게 제 얘기를 했대요. 친구가 부산에서 문학을 전공한다, 연구자가 될 거다, 했더니 어, 그러면 서울로 박사 오시겠네요? 이렇게 얘기를 했다고 해요.

그러니까 지방에서 대학원을 다니면 무슨 연구자가 될 수 있느냐. 사실 부산 지역에도 굉장히 좋은 연구 환경이 구축돼 있잖아요. 그럼에도 지방대 혐오라든지, 사투리 혐오라든지 이런 것들이 생겨나는 문제들, 그것들을 우리가 은연중에 받아들이는 것들이 좀 크죠. 그래서 나는 안 올라갈 건데, 당당히 얘기는 했지만 나중에 정말 연구자가 됐을 때 저 사람들이 아, 쟤는 지역 연구자인데 아는 게 있나, 지역 문학만 하겠지. 이런 식의 시선을 보내지 않을까 하는 두려움들을 가지고 있죠.

장지원　　　　　저는 그런 생각도 해요. 자꾸 부산 특유의, 지방 특유의 문화가 뭐냐고 이야기하는데 그 발상 자체가 되게 중앙 중심적인 생각이거든요. 서울 특유의 문화는 아무도 안 물어보잖아요. 물어보지도 않고 연구도 안 하고, 궁금해하지도 않는데 항상 부산 특유의 문화는 뭔지, 광주 특유의 문화, 제주 특유의 문화, 자꾸 그런 식으로 생각하는 거 자체가 기분 나쁜 적도 한 번씩 있거든요. 그럼 서울 너희는, 서울 특유의 문화는 대체 뭔데라는 생각을 해요.

저는 디오티 미술관이라는 곳에서 일하고 있는데 큐레이터로 일한 지는 5년이 좀 넘은 것 같고요. 저희는 지방 작가분들을 웬만하면 많이 발굴하려고 해요. 제가 전에 있던 미술관이 킴스아트필드 미술관이었는데, 거기서도 지역 작가분들을 발굴하고 있었거든요. 그런데 사실 지역에서 활동하고 있는 예술가들의 인력풀이 그렇게 크지 않은 상태에서 저희가 하고, 시립 미술관이 하고, 킴스아트필드 미술관이 하니까 서로 돌아가면서 하는 그런 분위기가 형성돼 있는 거예요. 문제는 옛날에 했던 작가는 하고 싶어도 아, 이 년 전에 했으니까 잠깐, 또 몇 년 전에 바로 근처에서 했으니까 잠깐, 그러다 보니까 계속 신진 작가를 찾아내게 돼요.

최근에는 경력 단절 여성 작가분들을 수소문하고 있는데 의외로 출산하고 텀이 길었거나 공부하느라 잠깐 멈추신 분들이 좀 계시더라고요. 이런 측면들을 봤을 때는 오히려 타 도와의 어떤 협력을 통해 서로 인력풀을 넓혀가는 것도 좋지 않나 싶어요.

이현정　　　　　저는 중앙동의 원도심 창작 공간 또따또가 운영지원센터에서 일하고 있고요. 주로 커뮤니티 활동과 기획 활동, 여러 가지 사무일을 하고 있습니다. 저희는 올해 4기까지 입주 작가를 배출했는데 한 40팀 정도가 매 기수마다 입주하고 있어요. 몇백 명의 작가들이 거쳐 간 굉장히 큰 창작 집단이자 공간인 셈인데, 사실 4기까지 진행된 것에 비해 발전하기 어려운 환경들이 있는 것 같아요. 좀 더 확산하지 못하고, 좀 더 자리 잡지 못하고, 계속 한 곳에 정체되어 있는 것 같은데 왜일까.

입주 작가들이 모여서 협동조합을 만들고, 그 조합에서 다시 창작 공간을 운영하는 선례를 남기기는 했으나 아직까지 보완해야 될 점들도 있는 것 같고, 정책적으로 좀 더 받쳐 줘야 되는 부분들도 있고요. 그래서 한계점들이 보이는 것 같은데 아직 정확하게 진단하지는 못하는 상황인 것 같아요. 사업비는 동결되고 임대료는 오르는데 만약 예전에 40개에 이 사업비였다면, 지금 이 사업비로 40개를 맞추려면 생각지도 못한 환경들을 참고 계약을 하게 돼요. 반면 지금 세대의 청년 작가들은 예전보다 쾌적한 환경을 요구하기도 하거든요. 사실 그런 환경을 만들어 줘야하는 게 맞다고 생각하는데 그러질 못해서 작업실 사용빈도가 낮아진다든지, 활발해지지 못하는 한계점들이 보이는 것 같아요. 이번 사업은 전체 금액에 비해 실제적으로 활용할 수 있는 사업비가 너무 적어서 작가님들한테 교통비만 드리고 하는 느낌으로 항상 죄송한, 그러니까 계속 시너지를 내지 못하고 서로 좀 손해 보는 거 아닌가 하는 생각까지 밑바탕에 깔리는 그런 게 있는 것 같아요.

박준훈   지방 소멸을 이야기할 때 전국 단위의 문제의식을 만들어 낸 것도 있지만 그게 오히려 지방에 대한 낙인이 되어가는 것 같아요. 오히려 문화적인 이미지 측면에서 지역을 더 갉아먹고 있다는 생각이 들어서 문제의식 자체에 대해 비판적으로 접근해야 된다고 생각했거든요. 지역의 여러 문제를 지방 소멸을 막으면 해결된다고 일원화해서 이해하는 그런 접근법이 미디어에서 너무 많이 다루어지고 있다고 생각해요. 현장에서 계신 분들의 말씀에 의미가 있다면 실제로 놓여 있는 지역의 현안들을 좀 더 적극적으로 바라보고, 그걸 소멸이라는 이야기로 하지 않기 위해 다뤄 보는 게 좋지 않을까 생각합니다.

지역 소멸의
원인과 해법

사회자

서울도 하나의 지역이고, 부산도 하나의 지역이지 않습니까? 그런데 서울은 지금 너무 과잉으로 팽창하고 있거든요. 한편 청년들이 이탈하며 서울 외 지역은 소멸을 걱정하는 상황이 되어가고 있어요. 지역이 사라진다는 것은 지역마다 가진 다양성의 가치들조차 사라지는 것이기에 문화적으로 매우 안타까운 일입니다. 지역의 역사, 문화적 기억의 소실인 거죠. 지금 부산에서 지역문학을 공부하고 계신 명수현 선생님부터 이에 대한 말씀 부탁드리겠습니다.

명수현   우선 지방 소멸, 지역 소멸이라고도 얘기를 할 수 있을 텐데요. 지방과 지역이 가지고 있는 말의 함의 자체가 좀 다르잖아요. 그러니까 지방이란 말은 서울을 중심으로 변방을 규정하는 게 지방이라는 거니까 지역 소멸이라는 얘기를 쓴다면, 지역 소멸의 가장 핵심적인 문제인 인구 유출 문제는 보통 2차의 과정을 거치는 것 같아요. 일차적으로는 대학 진학을 목표로 빠져나가는 인구들. 그러면 대부분 수도권으로 가는 인구가 좀 많겠죠. 또 이차적으로는 졸업 후 취업을 위해 빠져나가는 인구들. 이렇게 두 가지 정도의 큰 인구 이탈이 있다고 생각합니다. 그런데 사실 지역 소멸을 얘기할 때 제가 좀 더 강조하고 싶은 거는 문화적인 차원의 문제들이거든요. 내가 여기서 어떻게 살아갈 것인가 하는 그 어떤 문화적인 여건들, 일자리 때문에 지역 소멸을 얘기하는 것뿐만 아니라 이 지역 사회에서 내가 즐길 수 있는 기반들이 없기 때문에 부산은 척박한 곳이다, 황폐한 곳이다, 이런 식의 생각들을 많이 하지 않나요? 저는 그런 점 때문에 부산을 떠나는 경우가 많지 않나 생각합니다.

이일록　　　　명수현 선생님께서 말씀하신 문화적인 차원의 문제에 대해 저도 좀 고민을 하는 편인데요. 그래도 지금은 현상이 좀 많이 바뀐 게 아닌가 하는 생각이 듭니다. 예를 들면 저는 거제나 통영 쪽의 프로젝트를 하고 있는데, 보면 수도권에서 살던 친구들이 내려와서 조그마한 커뮤니티를 만들어 작업하는 사례들이 꽤 많이 보이고 있어요. 얼마 전까지는 서울로만 가는 현상이 주였다면 이제는 오히려 서울에 있던 친구들이 지역으로 내려오는 경우도 있는 거죠. 물론 그런 것도 절대적인 인구의 차원에서 미세해서 그런지 모르겠지만, 한쪽으로만 무작정 간다라고는 안 보여지거든요.

박종준　　　　어쨌거나 좋은 직장은 다 수도권에 있잖아요? 그런데 기성세대나 미디어가 돈을 얼마나 버느냐, 어떤 직장을 갖고 있느냐, 그런 부분들에만 계속 초점을 두니까 수도권이 아니면 직장이 없다는 인식이 퍼지는 것 같아요. 명수현 선생님 말씀처럼 그런 문화를 조금씩 바꾸는 인식을 심어 줘야지 돈을 원해서 가지는 않을 거라고 생각하거든요. 우리는 문화를 하는 사람이잖아요?

　저는 부산, 울산, 경남권에서 청춘 마이크를 운영하면서 청년예술가들과 함께 버스킹 공연을 진행하고 있는데, 제가 지방에서 활동하는 친구들한테 얘기하고 싶은 거는 사실 경쟁이 심해야 실력이 올라가요. 수도권에 있는 친구들은 사람도 많고 할 수 있는 일이 워낙 많은데, 부산은 부산하고 끝나 버려요. 사실 어떤 활동들을 한 점만 딱 하고 끝내 버리면 그다음이 없잖아요.

　지금 좋아지고 있는 것은 경남, 부산, 울산까지 해서 메가시티를 만든다는 건데, 저는 부산 친구들이 조금 권역을 넓혀서 그런 작업을 계속한다면 충분히 그런 문화들을 만들어 낼 수 있다고 생각하거든요. 사실 저는 많은 혜택을 받는다고 생각해요. 왜냐하면 제가 청년 때는 청년이라

"

지역 소멸을 얘기할 때 제가 좀 더
강조하고 싶은 거는 문화적인 차원의 문제들이거든요.
내가 여기서 어떻게 살아갈 것인가 하는
그 어떤 문화적인 여건들, 일자리 때문에 지역 소멸을
얘기하는 것뿐만 아니라 이 지역 사회에서
내가 즐길 수 있는 기반들이 없기 때문에 부산은 척박한 곳이다,
황폐한 곳이다, 이런 식의 생각들을 많이 하지 않나요?
저는 그런 점 때문에 부산을 떠나는
경우가 많지 않나 생각합니다.

"

제 9 장 지역, 담론 너머, 새로운 교차로

는 혜택이 없었어요. 그런데 지금은 지방이든 행정이든 많은 혜택들이 내려오는데 받아먹을 수 있는 친구들이 없는 거예요. 그 친구들이 이런 혜택을 좀 더 활용해서 좋은 결과물을 만들어낸다면 충분히 더 좋은 청년문화를 만들어 나갈 수 있다고 생각합니다.

서평주　　　서울에 가면 좋은 일자리가 있고 많이 벌 수 있다, 이런 인식을 바꾸는 게 좋다고 말씀하셨는데 인식을 바꾸는 게 아니라 실제로 좋은 일자리가 있어야 되는 게 맞는 거고, 그 후에 문화라고 생각하거든요. 어쨌거나 도시가 경제적인 쇠퇴 때문에 쇠퇴하는 건 당연한 사실이고, 문화적인 일자리도 중요하지만 서비스업을 많이 한다고 제조업 일자리가 늘어나지는 않지만 제조업이 생기면 부가적으로 문화적인 서비스업이 늘어나는 건 당연한 일이거든요. 그거를 어떤 지역에 문화 활동으로 인식을 개선하자, 저는 이거는 앞뒤가 다른 이야기라고 생각이 되고요. 좀 옛날얘기긴 하지만 2010년대 경제 위기가 있고 한 5, 6년 동안 부산 지역이 전국에서 계속 취업률 꼴등을 했어요. 그게 서비스업이 많아서 그렇다고 통계가 나와 있거든요. 제조업이 많은 지역은 금방 회복하는데 문화나 서비스에 치중된 지역들은 타격을 회복 못 하는 거예요. 왜냐하면 제조업이 떠나서 돈을 버는 시스템이 없기 때문에. 있긴 하지만 타지역에 비해서 약하기 때문에.

　예술계 이외에 있는 친구들한테 어떤 게 좋겠냐라고 물어보면 광주형 일자리 얘기를 많이 해요. 다들 아시겠지만 광주형 일자리라고, 현대차에서 만든 일자리가 있는데 거기에 대해 논란이 엄청 많잖아요. 제가 관련 자료를 찾아보니까 부산이랑 밀양이랑 몇몇 지역이 모여서 광주형 일자리 같은 걸 하자고 했는데 또 멈췄다고 하더라고요. 그런 식의 의지를 보이지 않고서 어떻게 문화계 외의 청년들한테 좋은 일자리를 준다고 말할 수 있을까요. 어떤 교수가 제일 간단하게 해결할 수 있는 방법은 청와

대를 부산으로 옮기면 된다, 이렇게 얘기를 하던데.(일동 웃음) 그 정도로 심각하게 대처를 하지 않고서는 안 된다고 말씀을 하시더라고요. 대학도 마찬가지로 서울대, 연고대 옮기자, 이런 얘기 한 번쯤 들어보셨잖아요. 그러니까 그 정도로 하지 않고서는 힘든 상황인데 계속해서 문화적으로 이걸 해결해 보자고 한다는 건 저는 되게 어불성설이라고 생각하고 있습니다.

지역분권의
필요성

사회자

말씀해 주셨던 것처럼 지역의 한계에 관해 이야기하다 보면 지역분권에 관해서도 언급하지 않을 수 없습니다. 중앙 중심의 프레임이 갖는 문제점과 지역분권의 필요성에 대해 말씀 부탁드립니다.

이일록

저는 서평주 선생님께서 말씀하신 일자리에 대한 부분에서 백퍼센트 공감을 가지고요. 그럼 현실적으로 할 수 있는 게 뭘까 고민해 봤을 때 두 가지 측면이 있을 것 같아요. 첫 번째는 국가 단위에서 분권 얘기가 워낙 많잖아요. 최근 한국문화예술위원회 안에서도 그런 얘기를 농담처럼 했는데, 공공기관이 지역으로 내려가잖아요. 예를 들면 서울에 있는 국립극장이라든지, 예술의 전당을 왜 지역으로 내려가게 하지 않느냐, 누가 그 얘기를 던진 거예요. 제가 그 얘기를 듣고 깜짝 놀랐거든요. 저는 그런 생각을 한 번도 못 했는데, 왜 우리는 이 분야에 있으면서 그걸 한 번도 주장하지 못했을까. 전쟁 이후에는 국립극장이 부산에 있기도 했으니까. 지역분권 문제를 우리가 좀 더 적극적으로 주장할 필요가 있겠다는 생각이 들더라고요.

또 하나는 뭐냐 하면, 사실 내부의 문제로 보여지거든요. 부산만 놓고 봤을 때 지역 안에 공정한 생태계가 만들어져 있느냐. 젊은 예술가들이 이 지역 안에서 자기 작품을 하고, 정당한 지원을 받고, 여기서 뿌리를 내리고 계속해서 자기를 레벨업, 스케일업 해나갈 수 있는 그런 환경적인 지원을 받고 있느냐라는 문제인 거죠. 심사의 문제도 걸릴 것이고, 이 안에 어떤 학연, 지연의 문제도 걸릴 것이고, 여러 가지 문제에서 재단의 역할도 있을 것이고요.

이렇게 두 축으로 보고 두 번째에 대해 좀 더 덧붙이자면, 최근 연극 분야는 김해로 이전하려는 움직임들이 있어요. 제가 왜 그럴까 물어봤더니, 김해가 문화도시로 지원을 잘해 준다는 이야기가 좀 생긴 것 같아요. 물론 김해가 좋아서 가는 것도 있겠지만, 사실 부산의 연극 생태계 안에서 젊은 친구들이 발을 뻗을 수 없어서 그렇지 않을까요? 자기네들이 뿌리를 내릴 수 있었으면 굳이 김해까지 갈 생각을 안 할 텐데. 그렇지 못한 생태계가 그 친구들을 내몰고 있는 건 아닐까 하는 안타까운 생각이 좀 들었어요.

서평주　　　　　작가들의 정체 문제가 말씀해 주신 거에 다 연관돼 있는 것 같아요. 우선 미술관 쪽을 이야기하자면, 내려온다기보다는 당연히 새로 짓는 게 제일 좋겠죠. 지금 인구가 300만인데 미술관이 두 개 있는 게 사실 우스운 상황이긴 하잖아요. 서울에는 서쪽에 또 하나 짓는다고 그러고, 아카이브관도 엄청 많이 짓고 있는데, 사실 지역에서 전시는 대학 공간에서 한 번 하고 미술관에서 한 번 하면 끝이에요. 이제 갈 데가 없어요. 그렇게 되니까 당연히 정체가 올 수밖에 없다는 생각이 들고요.

공정한 생태계 구축에서 지원과 관련된 부분을 말씀해 주셨는데, 그 지원과 관련된 부분이 미술계나 문학계나 다 비슷할 거예요. 경기문화재단이 있잖아요. 그쪽에서 작가 개인에게 지원되는 금액을 보면 부산의 경우에는 1인당 개인전을 지원해서 붙으면 400만 원을 줘요. 그런데 경기는 최소 800만 원에서 1200만 원까지 주고 있다고 해요. 그래서 이 부분들을 전수조사한 적이 있는데, 대구랑 부산이 제일 낮아요. 300만 원에서 400만 원 정도로 형성돼 있는데 경남만 가도 700만 원에서 800만 원을 주는 상황이고, 서울은 말도 안 되게 많이 주죠.

어쨌거나 그러면 규모가 비슷한 경기 쪽이나 부산이나 크게 다르지 않은데 왜 이렇게 지원금 차이가 나는 것이냐? 결국 지역에 있는 작가들은 400만 원을 받고, 좀 나쁜 말로 400만 원짜리를 만들겠죠. 종이도 좀 나쁜 거 쓸 수도 있고, 글도 몇 번 더 적으려다가 그냥 말 수도 있고.(일동 웃음) 연극도 팔 한 번 더 올릴 거 안 올리고 이럴 수 있겠죠. 이게 몇 년 동안 바깥에서 문제가 엄청 많이 제기됐거든요. 그런데도 저는 딱히 개선의 의지가 있다고 못 느꼈어요. 왜냐하면 저도 몇 년 전부터 라운드테이블 같은 데 참여해서 얘기했는데 단 한 번도 시정이 된 적이 없거든요.

문화적으로 뭔가를 하려고 했을 때 청년들이 단체를 결성하고 돈을 받아서 해야 할 거 아니에요. 근데 3년이 걸려 있어요. 부산문화재단의 단체 부문에 지원하기 위해서는 3년간의 활동실적이 필요한데 이런 조건이 서울에는 없거든요. 요즘은 젊은 층들의 특성을 보니까 단기간에 확 모여서 프로젝트하고 해산하고 이렇게 많이 움직이더라고요. 그런데, 물론 생애 최초 이런 건 있지만, 그래도 본인들이 뭘 하려면은 3년 제한을 풀어 줘야지 많이 결합하고 움직이고 이럴 건데 3년이 걸려 있으니까 늘 미술협회 이런 데가 받아 가는 거예요. 다른 분야도 마찬가지일 거예요.

이런 부분들을 늘 얘기하는데 개선이 안 되는 상황에서 지원 생태계를 구축해라, 저희도 하고 싶죠. 지금 제 꿈이 문어발식 경영인데.(일동 웃

음) 공간을 여러 개 만들어서 청년들 다 대표하고 우리끼리 잘해 먹어보
자, 이게 제 꿈인데 다 나이가 걸려요. 저는 답은 나와 있다고 생각해요.
공간 지원 같은 경우도 1년 잠깐 부활했다가 사라지고, 1년 부활할 때
드디어 우리 같은 소규모도 지원을 받을 수 있겠구나 해서 계획을 짰났
는데, 1년 받은 다음에 그 프로그램을 또 폐기했어요. 이런 상황에서 생
태계 구축을 논의하고 하는 게 참 어려워요.

박종준   저도 처음에는 문화재단에서 지원을 받아서 지역에서
활동들을 하려고 했는데, 지금은 거의 문체부 사업을 진행하고 있거든
요. 국가사업까지 간다면 플랫폼 자체를 조금 획기적으로 해서 지원하면
사실 부산문화재단에서 받는 것보다 훨씬 많은 금액을 받을 수 있어요.
그런 안정화를 조금 생각해 보시는 것도 좋지 않을까요. 참고로 부산문
화재단에 올리면 저도 떨어져요. 그런데 한국문화예술위원회나 지역문
화진흥원이나 그런 데서는 그런 (3년의) 제한이 없어요. 그렇기 때문에
내 프로그램으로 정정당당하게 붙을 수 있다고 생각합니다.

최정원   분권에 대한 생각을 조금 드리자면, 사람의 문제예요.
정책의 문제가 아니라 사람의 문제인 거죠. 분권이라고 하면 사실 예산에
대한 권한을 이양하는 거잖아요. 두 번째는 자치영역인 거고. 그런데 이
제 그 두 가지를 지방에서 받을 수 있느냐라고 되물어 봤을 때 저는 없다
는 거예요. 말 그대로 지방에다 권한을 이양해 줬어요. 예산에 대한 부분
들도 그렇고 자치를 너희가 해라, 이렇게 했는데 사실 지방에서 자치를
할 수 있는 역량이 될까 생각해 봤을 때 저는 조금 어렵다고 보거든요.
  그래서 지역의 문제는 지역민이 해결해야 된다고 생각해요. 그럼 지역
의 문제를 지역민이 어떻게 해결해야 되는가를 봤을 때, 저는 공동체의
영역을 생각하는 거죠. 지역에서 일어나는 여러 가지 문제를 다양한 시

각으로 볼 수 있겠지만 저성장 시대니까, 저는 사회적 비용에 대한 생각을 좀 많이 하거든요. 공동체가 해체됐잖아요. 예전에는 공동체가 있음으로 인해 비용이 들지 않고도 자급자족하고 어려운 부분들을 분담하는 시스템이 자생적으로 남아 있었는데, 그게 해체되면서 사회적 비용이 증가했고 이제 내 집 앞을 청소하는 것마저도 비용을 내야 하는 거잖아요.

그렇다면 우리가 해야 되는 부분들은 뭐냐고 했을 때 저는 첫 번째로 공동체를 복원해야 된다는 입장인 거고, 두 번째는 아까 경제 문제, 일자리 문제 말씀하셨잖아요. 사실 그 지역의 입장에서 가장 큰 문제는 외부로 인력이 유출되는 거예요. 인재 유출은 결국 지역 경제 유출이랑 똑같거든요. 그래서 어떻게 자원을 지역 내에서 순환시키고 외부로 유출되지 않도록 막을 수 있을 것인가에 대한 고민을 해야 된다고 생각해요. 저는 그런 문제들을 한번 실험해 보자라는 입장에서 통영을 갔다 왔던 거였거든요.

메가시티의
비전과 활동

사회자

우리가 지금 메가시티로 전환하고 있지 않습니까? 지역 단위를 조금 더 확장해서 부산, 울산, 경남이 하나의 권역을 형성하자는 것인데, 여러분은 확장된 지역에 대한 비전이나 활동을 구상해본 적이 있으신가요? 최정원 선생님이 조금 전에 말씀하셨던 통영의 사례를 들려주시면 좋을 것 같습니다. 부산에 적용할 만한 것이 있을까요?

최정원　　　　통영에서 세계 13위 안에 드는 굉장히 큰 조선소가 몰락하면서 거기 대지가 한 50만 평 정도 남았어요. 그래서 경제 기반형 뉴딜 사업이라고, 도시재생 사업을 추진했었어요. 사실 소도시로 가면 부산은 좀 나아요. 왜냐하면 시민사회 영역이 살아 있기 때문에. 그런데 주변 소도시만 봐도 시민사회 영역이 없어요. 시민사회의 영역이 없다는 얘기가 뭐냐면, 결국에는 지역 정치가 행정 중심의 논리로 간다는 거예요. 그래서 그거를 균형 잡아 주는 일부터 했었어요. 지역에 대지가 있고 건물이 있다. 근데 이거를 누구한테 주느냐의 문제에 있어서 좋은 거는 잘하는 사람한테 주는 거예요.

　그런데 그렇게 지역 논리로 가버리면 지역이 자생할 수 있는 기반을 만들 수가 없잖아요. 그래서 공공 법인을 만든 거예요. 주민들이 모여서 주민협의체와 그 지역에 소속돼 있는 공동체들이랑 같이 공익법인을 만들어서 그 지역의 어떤 대소사를 논하고, 그 지역의 예산을 결정하고, 집행하고 결산까지 할 수 있는 법인을 만드는 걸 했죠. 어떤 창업이라든지 투자라든지 이런 영역들은 사실 전문가가 와야 되는 분야라고 생각하고, 예산을 조금 쪼개서 용역을 주고, 서울에서 이 분야를 전반적으로 관리해 줄 수 있는 회사를 구해 거기다 심어놓고 나오는 것까지 제가 했었어요. 그 정도가 한계점이고 이후에는 결정권을 가진 주민들이 성장할 문제가 남은 거예요. 그 성장에 대한 배경이라든지 인프라를 지역 지자체에서 어떻게 만들어줄 것인가의 문제가 나오니 여기도 비슷한 것 같아요.

　제가 부산문화재단도 사실 청년위원회, 문화위원회부터 시작을 했거든요. 되게 오래됐잖아요. 그때의 현안이랑 지금 현안을 비교해 봤을 때 비슷해요. 안 달라지거든요. 그런데 그 문제점이 왜 발생을 하냐면 사실 청년들한테 무언가 주어져 본 적이 없다는 거예요. 제가 느끼기에는 그랬거든요. 아직 주어진 게 없으니까 지금도 달라고 투쟁하는 거잖아요. 메가시티에 대한 논의를 해도 교통 인프라 확충과 지역 특화 이거 두 가지잖아요.

근데 그걸 한다 치더라도 과연 청년들의 삶이 나아질까. 문화예술에 대한 부분이 나아질까. 제일 문제는 청년의 목소리가 안 담긴다는 거예요. 메가시티 영역에서 뭔가를 한다고 했을 때 청년들의 목소리가 안 담겨요. 지역에 좋은 인재들이 남으려면 그만큼의 어떤 존중과 대우가 있어야 되는데, 지역은 아직 그런 논의는 좀 부족하다고 생각해요.

저도 정부 사업을 여러 가지 해봤거든요. 근데 청년들에 대한 배려나 공감에 대한 부분이 굉장히 떨어져요. 내가 지역으로 한번 가보겠다, 더 열심히 해보겠다 이렇게 들어왔다가 상처받고 나가는 게 부지기수잖아요. 가장 필요한 건 리더십, 지역의 롤모델이 있어야 된다는 거예요. 사실 후배들은 선배들을 보고 따르는 건데 어느 순간 보면 그게 안 되는 거예요. 그러니까 결국에는 더 성장하기 위해 서울이라든지 해외를 가더라고요.

저도 서울을 갔다 왔었지만 서울이 싫어요. 서울은 너무 복잡하고 살기도 별로 안 좋거든요. 부산이 훨씬 좋아요. 그런데 부산에 있고 싶지만 있지 못하는 이유가 있는 거예요. 어느 정도 결정권이 있는 분들이 그런 부분들도 논의를 좀 해야 되지 않을까 생각해요. 청년들이 받아 가서 해봤더니 이만큼 했고, 이만큼 성과가 났고, 그게 지역사회에서 이런 영향을 미쳤다라는 이야기로 진전이 돼야 사실 조금 희망이 있지 않을까요.

박종준　　　저는 부산, 울산, 경남 지역에 있는 관이나 문화재단, 예술단체와 교류하고 있는데, 문제가 뭐냐 하면 수도권과 타 지역의 거리감이 다르다는 거예요. 수도권에서는 학교를 다니거나 출근을 할 때 그 거리가 당연한 거예요. 그런데 만약 울산에서 우리가 이 자리를 만든다면, 아니면 경산에서 모인다면 어떨까요? 같은 거리라도 '내가 왜 거기까지 가야 돼?'가 될 수 있는 거예요. 그럼 그렇게 될 수 있도록 인센

"

제일 문제는 청년의 목소리가 안 담긴다는 거예요.
메가시티 영역에서 뭔가를 한다고 했을 때
청년들의 목소리가 안 담겨요.
지역에 좋은 인재들이 남으려면
그만큼의 어떤 존중과 대우가 있어야 되는데,
지역은 아직 그런 논의는 좀 부족하다고 생각해요.

"

티브가 더 강해야 되는 거잖아요. 그런 부분들이 쉽지가 않은 것 같아요. 왜냐하면 여기 있는 선생님들이나 부산 예술가들도 협업하는 게 힘든데 부산, 울산, 경남의 예술가들이 모여서 협업을 해야 된다면 부산에서 줬던 돈보다 훨씬 많은 돈이 투입이 돼야지 예술가들 입장에서는 괜찮네, 그런 생각을 가지고 갈 건데 그 부분들을 좀 연구해 봐야 되겠죠.

이일록   저는 거제 지역에서 조그마한 프로젝트를 했었는데 여행과 관련된 작업이었거든요. 하나의 콘텐츠를 발굴하고, 그걸 얘기하는 방식이 여행일 뿐이지 공연이나 전시와 크게 다르지 않다는 걸 많이 느꼈어요.

최근에는 부산의 모모스 커피하고 협업 작업을 하는데 여행이라는 콘텐츠, 커피라는 콘텐츠, 혹은 다른 것들하고 연계 작업을 하다 보니 어떤 대우를 받냐면요, 저를 되게 높이 쳐 줘요. 저는 그렇지 않다고 말씀드려도 지나고 나면 문화예술 기획하시는 분, 그러세요. 그래서 우리가 자신의 영역 안에서 자부심을 가져도 되겠다는 생각을 많이 했고.

조금만 영역을 달리하고 다른 분야와의 협업으로 눈을 돌리면 내 오리지널리티를 유지하면서 내 부가가치를 높일 수 있구나, 그런 경험치를 통해 스스로에 대한 자본주의적 상품 가치를 경험해 보는 것도 좋겠다는 생각을 많이 했어요.

제가 한국문화예술위원회 활동을 하다 보면, 이게 어느 순간 지역 무대는 다 실종돼 버려요. 10개의 주제에 지역 의제가 한두 개 끼기가 어려운 거죠. 처음에는 되게 열 받았거든요. 무시하나, 그런 생각이 있었는데 1년 정도 지나면서 어떤 생각이 들었냐면 아, 이 사람들 머릿속에 없구나, 인식이라는 거 자체가 없구나. 왜냐하면 수도권 안에서 모든 것이 다 해결이 되니까. 메가시티라는 게 개인적으로는 이게 맞나 안 맞나 잘은 모르겠지만 최소한 수도권에 이 지역을, 부산으로 특정할 필요도 없이 지역을 인식시키는 방법 중 하나는 되지 않을까, 그런 애처로운 해결책으로 필요하지 않을까 하는 생각은 듭니다.

박준훈　　　　저는 지금 청년 담론이나 지방 담론이 사실 굉장히 위에서부터 아래를 바라볼 때의 담론이라고 생각하거든요. 이제 지방도 사실은 행정구역에서 이야기하는 지방인 거고, 메가시티 이것도 행정 단위에서 메가시티인 거지 실제로 부산에서 양산으로 출퇴근하는 사람들에게 있어서는 그냥 다 같은 생활권이라고 생각해요. 그래서 아래로부터의 문화를 상상할 수 있다면, 그러니까 어떤 삶을 상상할 수 있고 어떤 삶을 꿈꿀 수 있느냐. 그 가능성을 넓게 보여주는 스펙트럼이 청년 문화가 돼야 된다는 생각을 하고요.

제가 생각했을 때 부산에서 아래로부터의 문화를 가장 크게 만들어 냈던 건 오버워치 모노드라마 '부산'이에요. 게임 회사에서 만든 건데 맵으로 부산을 만들어 놓고, 거기서 그걸 바탕으로 시네마틱, 영화판 같은 영상을 만든 거죠. 그런데 그게 부산과 관련된 영상 중에서는 세계에서 조회수가 가장 높지 않을까 생각하거든요.

그렇다면 거기 나오는 미래의 부산은 어떻게 상상되고 있는가. 거기서는 전통문화 따로 있고, 군사기지 따로, 생활 거점 상업이 따로 분할된 그런 느낌의 거점 도시라고 해야 될까요. 그렇게 아래로부터 문화에서의 상상력을 변화시켜 나가는 작업이 가능하다면, 메가시티 논의를 하지 않고도 부산에서 양산으로 출퇴근하는 사람들의 이야기도 할 수 있지 않을까요.

박종준　　　　두 분의 얘기를 들으면서 무슨 생각을 했냐면, 우리가 지방이나 수도권만 얘기하지 말고 세계를 이야기하자. 서울권은 세계적으로 뻗어 나가는 대한민국의 청년에 관해 얘기하는데 우리도 그렇게 얘

"

저는 지금 청년 담론이나 지방 담론이
사실 굉장히 위에서부터 아래를 바라볼 때의 담론이라고
생각하거든요. 이제 지방도 사실은 행정구역에서
이야기하는 지방인 거고, 메가시티 이것도 행정 단위에서
메가시티인 거지 실제로 부산에서 양산으로 출퇴근하는
사람들에게 있어서는 그냥 다 같은 생활권이라고 생각해요.
그래서 아래로부터의 문화를 상상할 수 있다면,
그러니까 어떤 삶을 상상할 수 있고 어떤 삶을
꿈꿀 수 있느냐. 그 가능성을 넓게 보여주는
스펙트럼이 청년 문화가 돼야 된다는 생각을 하고요.

"

기하는 게 좋지 않을까요. 물론 해결해야 될 부분이 있지만 아젠다라고 해야 되나, 그걸 조금 더 크게 가져서 부산 청년이 구체적으로 어떻게 활동할 수 있고, 그 문화를 이끌어갈 수 있는 부분에 관해서도 얘기하는 걸 기록으로 남기면 좋지 않을까요.

청년과
지역구조의 미래

사회자

마지막으로 청년과 지역구조와 관련하여 우리가 나아가야 할 방향성에 대해 말씀 부탁드립니다.

서평주　　지금은 지역성도 없고 청년문화도 없다. 그 정도로 마무리할 수 있을 것 같습니다. 제주도에 있다고 넷플릭스 못 보는 것도 아니고, 요즘 시대에 뭘 또 그렇게 나누고 청년문화가 뭔지 계속 규정을 하고, 청년들이 사는 게 다 비슷하잖아요. 부산에 산다고 넷플릭스를 바닷가에서 보는 것도 아닌데 굳이 그렇게 한다는 게, 그게 더 이상한 것 같다는 생각이 듭니다.

정진리　　부산이 서울만큼의 인프라를 구축할 수는 없을 거예요. 다운그레이드라고 하지요. 여기 오는 청년들은 인건비도 서울만큼 받아내지 못할 거예요. 그럼에도 불구하고 부산에서 살아야 하는 이유를 만들어줘야 합니다. 부산다운 것, 언어적이든 학문 체계든 그런 생태계를 조성하고 나서 청년의 즐거운 유입을 기대해야 맞지요..

박준훈　　저는 어떤 것을 상상할 수 있고 없고의 문제를 자주 생각합니다. 독일 같은 경우에는 일자리 인식이 우리랑 너무 다르더라고요. 3D 업종이라고 한국에서 기피하는 업종이 독일에서는 굉장히 대우를 받는 그런 상태인데, 일자리에 대한 인식이 바뀌면 부산에 있는 일자리에 대해서도 이해가 바뀔 테고, 결국 그런 것은 문화적인 면과 중앙 정부의 행정방침과 같은 행정적인 면이 같이 맞물리며 작동해야 되는 거라고 생각합니다.

이일록 저도 정리를 해보자면 모든 현상은 아주 스펙타클하다. 사실 청년의 삶을 다양한 측면에서 봐야 되는데, 정책적으로 혹은 정치적으로 이용을 하다 보니까 한쪽의 면만 너무 강하게 보여주잖아요. 서면이라는 상업 공간에서 자기 작업을 꾸준하게 하는 사람들도 분명히 있고, 아까 말씀드린 모모스 커피의 청년들도 자기들끼리 원두를 뽑고 들여다보면서 스터디를 하더라고요. 그런 다양한 측면이 있음에도 우리가 너무 한쪽 측면으로만 몰아붙여서 정책적인 완결성이나 정치적인 것들의 해결에 얽매일 필요는 없다. 그런 측면들을 골고루 보면서 청년들의 삶을 응원할 필요가 있겠다라는 생각을 합니다.

박종준 대다수의 청년들은 직장과 주택, 일자리 때문에 많은 고민을 한다고 생각이 드는데, 그걸 떠나서 우리는 문화예술을 하는 예술가들이잖아요. 과거 예술가들이 문화를 선도하는 활동들을 지금은 미디어나 연예인들이 하고, 우리가 거기에 따라가서 이게 잘 되니까 그쪽으로 하고 그런 조직들이 되고……. 따라 하는 예술가를 탈피해서 선도하는 예술가가 되었으면 합니다. 그런 문화예술 국가가 됐으면 하는 바람입니다.

이현정 부산만의 매력은 부산을 생각하지 않을 때 더 매력적으로 나오는 것 같아요. 수도권에서 하지 못하는 것들을 오히려 부산에서 할 수 있는 부분들이 분명히 있다고 생각하고, 그렇기 때문에 부산의 매력을 느껴요. 지금 남아 있는 청년들이 이 자리에 있는 분들이라는 생각이 들고, 지금 세대는 워라밸도 되게 중요한 것 같아요. 거기서부터 시작해서 환경을 좀 만들어 나가면 다시 주목받을 수 있지 않을까 그런 생각이 듭니다.

최정원　　　이제 앞으로 가야 되는 건 융합인 것 같아요. 어떻게 융합하고 결합할 것인가. 세대 간의 융합일 수도 있고, 도시와 청년의 결합일 수도 있고. 그런 융합의 문제에 있어서 여러 가지 부작용들이 나올 수도 있겠죠. 그런 문제들을 어떻게 해결해야 될 것인가. 메가시티도 마찬가지잖아요. 도시와 도시가 결합할 때 여러 가지 부차적인 문제들이 양산될 텐데, 그걸 지역이 얼마만큼 관리해낼 것인가에 대한 문제가 될 수도 있을 것 같고요. 사실 서울은 청년들이 많으니까 청년이랑 경쟁을 하잖아요. 그런데 지역은 청년이 청년이랑 경쟁을 안 해요. 청년이랑 다른 세대들이 어떤 경쟁 구조에 놓여 있기 때문에 상대적으로 더 불리한 것도 있죠. 그런 문제들은 또 어떻게 풀어나갈 것인가. 그리고 소상공인들 보면 여러 가지 문화 공간들을 만들어 내잖아요. 그 도시에 남아 있는 터와 어떤 문화와 정서들을 결합해서 새로운 문화로 발전시키기도 하니까. 그래서 앞으로는 문화가 융합하면서 나타나는 양상들을 어떻게 해결할 것인가에 대한 부분들이 거론되지 않을까 생각합니다.

사회자
오늘 우리는 좀 특별한 곳에서 대담을 진행했습니다. 엄궁에 있는 갤러리형 대안 공간인데요, (주)라텍이 운영하던 523갤러리와 쿤스트독의 공동협약으로 탄생된 공간입니다. 특별히 전시장을 빌려 주셔서 작품들 속에서 진행할 수 있었어요. 이런 공간들이 지역 내 문화 지형을 풍요롭게 변화시키고 있는 것이죠. 이런 움직임들을 통해 지역 작가들이 활동할 수 있는 마당도 넓어지겠지요. 또 그런 마당들은 청년들을 사로잡게 되구요.
오늘 말씀들을 통해 청년과 지역은 매우 긴밀한 짝이며, 또 그 매개는 문화임을 다시 확인할 수 있었습니다. 이는 찰스 랜드리나 리처드 플로리다 같은 창조도시 이론가들이 이미 오래전에 이야기한 바이기도 하지요.

청년문화는 청년과 지역 사이에서 밀착력 있게 작동되어야겠다는 생각을 다시 한 번 해 봅니다. 경험과 생각을 나누어주신 선생님들께 감사드립니다.

10장

로컬
크리에이터와
도시의 미래

대담자

제제 대표 **김소연**

알티비피 얼라이언스 대표 **김철우**

샤콘느 대표 **윤보영**

춘자아트갤러리 대표 **정선미**

시선 커뮤니케이션 대표 **최윤형**

샵메이커스 및 아트랩 대표 **구영경**

대담 진행
부산문화재단 청년문화팀장 **박소윤**

2021.11.09.(화) 오후 2시, 비온후

지역에는 특수성이라는 게 존재하잖아요.
그것이 가치가 되건 철학이 되건,
로컬크리에이터들은 특수한 것을 보편적으로나
대중적으로 해석해서 다시 내보이는 게
제일 필요하다는 생각이 들었어요.
'우리는 특수해'라는 이야기에 일반적인 감각을 더해서
좀 더 확산될 수 있도록, 대중성과 보편성을 확보하는 거죠.
그 과정과 결과물을 창의적으로 만들어낼 수 있는
사람들이 로컬크리에이터라고 생각해요.

부산은 다시
부산스러워질 수 있을까

대담 정리 · 집필 **김미양**
문화기획자, 작가,
『입가에 어둠이 새겨질 때』(두두, 2021) 저자

청년이 묻고 청년이 답하는 청년문화백서 발간을 위해 부산문화재단은 총 열 번의 라운드테이블을 마련했다. 청년문화와 예술의 현주소, 라이프스타일과 직업, 결혼과 젠더 문제, 청년의 사회적 역할 등 매 회차마다 청년들은 다양한 주제로 뜨겁고 진솔한 이야기를 나누었다. 이제, 마지막 주제 '로컬크리에이터와 도시의 미래'만이 남았다.

당신이 생각하는 '부산'은 어떤 이미지인지 궁금하다. '부산' 하면 누군가는 광안대교를, 다른 누군가는 해운대 마린시티의 화려한 야경을 떠올릴지도 모른다. 그러나 현재 부산은 빛을 잃어가고 있다. 인구가 계속 감소하는 추세로 소멸 위기에 처했다. '제2의 도시'라는 수식어가 무색할 지경이다. 지역내총생산GRDP도 전국에서 꼴찌 수준이다. 올해로 지역분권 30년째를 맞았음에도 정치, 경제, 문화, 교육 등 모든 것의 중심지는 여전히 서울이다. 서울이라는 도시는 블랙홀처럼 모든 것들을 빨아들이고, 각 지역은 균형 있는 발전을 이루지 못한 채 쇠퇴하고 있다. 이러한 상황에서 부산의 청년들은 무엇을 할 수 있을까?

나는 고향인 제주도를 떠나 부산에 정착하게 된 청년이다. 8년 전, 부산에 갓 도착했을 때의 첫인상은 지금도 잊을 수가 없다. 내가 탄 택시가 낯선 이름의 대교 위를 지날 때였다. 차창 너머 산비탈에 작은 집들이 빼곡히 자리 잡은 모습이 보였다. 그런데 바로 다음 순간, 거대한 건물의 허리께가 눈앞을 가로막았다. 하늘을 향해 쭉 뻗은 미끈한 건물은 온몸으로 태양빛을 튕겨내고 있었다. 부산은 이렇게 웅장한 건축물과 구불구불한 산복도로가 하나의 풍경 속에 공존하는 도시였던 것이다.

화려한 도시를 동경해 고향을 떠나왔던 처음과는 다르게, 지금의 나는 부산의 작은 마을들에 관심이 많다. 지역의 사라지는 이야기를 기록하기 위해 아카이빙 수업도 듣고 있다. 그러나 개인적 관심에서 시작된 작은 활동들이 과연 나의 생계를 해결해줄 수 있을까?

지역을 사랑하는 마음이 어떻게 지역에서의 소득활동으로 이어질 수 있는지, 진솔한 경험담을 들려줄 이들이 열 번째 라운드테이블에 초대되었다. 놀랍게도 이들은 모두 수 년차 업력의 청년사업가들이다. 많은 이들이 서울을 향해 떠나갈 때 이들은 오히려 부산에 뿌리를 내렸다. 지역의 산업이 흔들리고 거대 자본이 골목상권을 잠식하는 상황 속에서도 문화예술 기반의 로컬크리에이터로서 활동을 이어나가고 있다.

대담 장소는 '비온후 책방'으로 정해졌다. 서울의 경리단길처럼 많은 이들이 찾아오는 명소가 된 '망미단길'에 자리 잡은 서점이다. 주택을 개조하여 만든 듯한 공간은 작은 규모였지만 따스한 분위기가 느껴졌다. 망미골목 지도도 한켠에 비치되어 있었다. 이처럼 골목이 소소한 즐거움으로 채워질 때 거리는 들썩이고 상권도 되살아난다.

대담자들 역시 마찬가지다. 이들은 콘크리트가 높이 세워진 빌딩숲보다는 담이 낮은 주택가를 택했다. 골목에서 영화제를 열거나, 동네 빵집을 소개하는 빵지도를 만들거나, 낡은 창고를 개조해 복합문화공간으로 재탄생시키는 등 각자의 방식으로 자신만의 색깔로 부산 곳곳에 활력을 불어넣고 있는 중이다.

만약 더 많은 청년들이 부산의 가치에 주목하고 시끌벅적 부산스럽게 움직인다면, 지역은 얼마든지 되살아날 수 있지 않을까? 그 가능성을 확인하기 위해, 떨리는 마음으로 라운드테이블에 앉았다.

문화예술 기반
창업 계기

사회자

지역의 많은 청년들이 수도권으로 이주하고 부산도 소멸위기의 도시입니다. 청년과 지역은 생존을 같이하는 바퀴처럼 움직일 수밖에 없죠. 그래서 청년이 지역에서 활동할 수 있는 상업적 기반이 마련되어야 하고, 문화 영역에서는 로컬 콘텐츠를 가진 크리에이터들의 활동이 매우 중요하다고 생각합니다. 짧게는 7년, 길게는 12년 이상 부산에서 문화예술 기반 사업을 유지하고 계시는 분들을 이 자리에 모셨습니다. 어떤 계기로 창업을 하게 되셨나요?

윤보영   저는 바이올린 전공을 하고 서울에서 대학원을 나왔어요. 그리고 예술의 전당 상주 오케스트라 '코리안 심포니 오케스트라'에서 10년 동안 바이올리니스트로 활동했고요. 그런데 막상 활동을 해보니까 연주자로서 불합리한 처우가 굉장히 많았어요. 예술가들의 실정을 잘 모르는 분들이 사업을 기획하고 실행하니까 문제가 발생하더라고요. 이런 것들을 개선하고 싶다는 생각을 좀 갖고 있었어요. 그런데 제가 마침 아이를 셋 낳았어요. 아이 키우느라 육아휴직을 3년 하고 나니까 복직이 불가능하더라고요. 한 살이라도 더 젊을 때 새로운 곳에서 새로운 도전을 해보고 싶다는 마음이 들었어요. 그래서 사표를 던지고 남편의 고향인 부산으로 내려오게 됐죠. 처음에는 카페를 기반으로 복합문화공간을 운영했고요, 그 문화공간을 예비사회적기업으로 전환시켜서 지금은 무대가 필요한 예술가들을 위한 공연장을 운영하고 있어요.

정선미   저는 '춘자아트갤러리'를 운영하고 있어요. 무언가 특별히 의식해서 시작한 건 아니고, 그냥 자연스럽게 만들어졌어요. 20대의 저에겐 작업실과 전시공간이 필요했거든요. 돈을 벌어야 되니까 수업도 해야 하고. 그러다 보니까 복합적인 공간이 만들어졌어요. 처음 시작할 때에는 사람들 반응이 이랬어요. "이게 뭐야, 네가 하고 싶은 게 뭔지 도대체 모르겠다. 갤러리도 아니고 작업실도 아니고." 그런데 저에겐 필요성이 있었죠. 제가 조금 그런 면이 있어요. 저한테 부족한 게 있으면 그걸 찾아서 만족시키려고 하고 결국 제가 직접 채우게 돼요. 필요하다 보니 만들게 되었고, 그러다 보니 개인사업자를 내게 됐죠. 그렇게 흘러 흘러 왔어요.

김소연 저도 말씀하신 것처럼 '뭘 해야지!' 하고 창업을 한 건 아니에요. 학교에서 교수님이 여러 디자인 기법들을 가르쳐 주시고, 독립 출판 이야기도 해주시고 판화, 실크스크린 같은 걸 알려 주시는데 막상 부산에서 배울 곳이 없는 거예요. 실제로 해볼 수 있는 곳이. 그래서 아르바이트를 엄청 열심히 해서 그 돈으로 매주 서울에 배우러 다녔어요. 갈 때마다 계속 또 서울에 가고 싶더라고요. 늘 새로운 것들이 넘쳐났거든요. 이런 게 왜 부산에는 없을까 하는 의문이 들었고, 배워온 것 좀 알려 달라는 친구들 요청이 있어서 알려 주다 보니까 시작하게 됐어요. 사라지는 사양산업에 대한 안타까움이 있어서 처음엔 특수인쇄로 시작을 했구요, 지금은 미술에 과학을 접목시킨 콘텐츠도 개발하고 있습니다.

김철우 저는 조금 다른 경우인 것 같아요. 저는 오랫동안 준비해서 시작한 사업이었거든요. 시작점에서의 원동력은 비슷했어요. 저에게 필요한 것, 제가 결핍을 느끼는 부분을 그냥 내가 채우자는 마음에서 시작한 거예요. 그런데 그걸 당장 하는 것이 아니라, 참고 참아서 뭔가 준비가 되면 해야겠다고 젊었을 때부터 전략을 세웠어요. 서른 살에 계획을 해서 마흔 살이 되면 내가 하려는 일을 하자, 하고 10년을 준비했어요. 그 10년간 돈을 알뜰히 모으기도 했고, 어떻게 자본을 만들 수 있는가에 대한 공부도 같이 했어요. 저는 지금 창업을 하고 7년 차가 되었고요, 투자와 펀딩을 가지고 150억 정도를 만들어서 일을 하고 있어요. 저는 자본에 대한 전략을 세워서 접근한 건데, 이런 방식을 청년들에게 권하고 싶지는 않아요. 짊어져야 할 짐이 너무나 많아지거든요. 이건 저처럼 사회적으로나 개인적으로 강렬한 결핍과 강렬한 욕구가 있는 사람들이 모험을 감수하고 하는 거지, 누구에게나 해당되는 방법은 아니에요. 어쨌든 이런 상황도 있다는 걸 조금 이야기하고 싶었습니다.

로컬크리에이터의 정의

사회자

로컬크리에이터는 창의성을 요하다 보니 문화예술과 접목되어 등장합니다. '로컬크리에이터'라는 용어를 쓰기 시작한 지 얼마 되지 않았는데, 로컬크리에이터를 무엇이라 정의할 수 있을까요?

김철우   로컬크리에이터라고 하는 말 자체를 학계에서나 아니면 산업군에서도 다양한 방법으로 정의하려고 하고 있어요. 이제 이걸 우리나라 말로 어떻게 풀어서 쓸 것인가에 대한 논의도 있고요. 어쨌든 로컬크리에이터에의 첫 시작은 아마 리처드 플로리다가 이야기했던 '창조계급'이란 개념에서 조금 변형되어 나온 걸로 저는 이해하고 있어요. 결국은 지역에 있는 가치를 가지고 창의적인 방법으로 상품이나 아니면

서비스 또는 지적인 부가가치를 만들어 내는 사람들을 일컫는 것 같아요. 로컬크리에이터의 상품과 서비스에 대한 범위도 중소벤처기업부에선 어떤 업종에 어떤 분야라고 세세하게 나눠서 정해 놓았어요. 그런데 사실 저희가 보는 사회적 관점에서의 로컬크리에이터는 좀 다르죠. 거기에 아티스트도 충분히 포함된다고 보고요. 또 심지어는 소상공인과 로컬크리에이터의 기준도 사실 굉장히 모호해요. 이제 그래서 저는 굳이 그걸 정의해야 되는가는 생각이 들어요. 그냥 각자의 활동들을 개별성으로 이해하면 좋지 않을까요.

최윤형　　어쨌거나 지역에는 특수성이라는 게 존재하잖아요. 그것이 가치가 되건 철학이 되건, 로컬크리에이터들은 특수한 것을 보편적으로나 대중적으로 해석해서 다시 내보이는 게 제일 필요하다는 생각이 들었어요. '우리는 특수해'라는 이야기에 일반적인 감각을 더해서 좀 더 확산될 수 있도록, 대중성과 보편성을 확보하는 거죠. 그 과정과 결과물을 창의적으로 만들어낼 수 있는 사람들이 로컬크리에이터라고 생각해요. 어제 한 청년은 저에게 '로컬크리에이터라는 자격증이 있는 건가요?'라고 물어보시더라고요. 그분은 감천문화마을에 살고 있는데 그림을 좋아하고 사진을 좋아하신대요. 그런데 뭐부터 할 수 있을지 모르겠다고 하셨어요. 기록을 하고 싶다고 하셔서 일단 시작부터 하시라고 말씀을 드렸는데, 로컬크리에이터라는 개념조차 낯설었던 거죠. 인터넷에 검색하면 너무 어렵게만 나오니까요. 어제 그런 대화를 주고받으면서, 처음 시작하는 청년들이 쉽게 시작할 수 있는 아주 낮은 진입로 혹은 설명이 필요하겠다는 걸 깨달았어요. 누구든 쉽게 시도할 수 있고 남과 공유하면서 함께 갈 수 있는 일련의 과정들이 만들어져야 해요.

윤보영　　로컬크리에이터는 세 가지의 조건이 완벽하게 갖춰져야 한다고 봐요. 로컬의, 로컬에 의한, 로컬을 위한. 풀어서 설명하자면 지역의 자연이나 문화적인 특성을 소재로 지역인들과 상생하고, 또 그 실행의 주체가 지역인들이어야 하고요, 이러한 과정들이 지역의 사회적 가치를 창출해 낼 수 있어야만이 로컬크리에이터라고 생각해요. 저는 원래 바이올린을 전공했거든요. 그래서 제가 생각하는 해외 로컬크리에이터 사례, 로컬크리에이티브한 콘텐츠는 해외의 음악 페스티벌이에요. 잘츠부르크로 가면 그 도시 하나가 모차르트로 먹고살아요. 어떻게 보면 모차르트가 그 잘츠부르크의 로컬크리에이터였던 셈이죠. 몇 백 년 전의.

김철우　　　　말씀하신 부분에 대해서 저는 조금 반대 의견이에요. '로컬을 위한'이라고 하셨는데 저는 그게 과연 필수 조건인가에 대한 의문을 갖고 있어요. 물론 당연히 그렇게 하기를 저도 바라고 있고 그렇게 하는 게 좋겠지만, 그게 로컬크리에이터의 필수 조건인가에 대해선 함께 고민해 볼 필요가 있을 것 같아요. 왜냐하면 로컬크리에이터의 지속 가능성에 대해 늘 이야기가 나오고 있는데요, 과연 '로컬을 위한' 것까지 추구하면서 지속 가능할 수 있는 방법이라는 게 얼마나 있을까 싶어요. 저는 로컬이 개념적인 거라고 생각해요. 단순히 그냥 '지역'은 아니고, '상대적으로 탈중앙화 된' 혹은 '가치적으로 조금 더 마이너리티에 있는' 이런 개념으로 보는 것이 제가 생각하는 로컬에 좀 더 가까워요. 로컬크리에이터가 사회적 가치를 실현하기 위해 엄청 애를 쓰는 것이 아니라, 자기가 좋아하는 일과 자기가 그냥 할 수 있는 일을 하는데 그게 사회에 기여를 할 수 있다면 그게 훨씬 더 좋은 구조가 될 것 같습니다.

구영경　　　　저는 오히려 로컬이란 단어가 지긋지긋하기도 했어요. 저희는 학교 다닐 때 미술 전시를 했는데요, 전시 제목에 항상 부산이 붙어요. 그룹 활동을 하더라도 선생님들이 팀명을 '부산 사람 뭐 뭐' 이런

식으로 지으라고 지도하시는 거예요. 당시 선생님들은 40대였고, 저희는 20대 신생 청년이었죠. 본인들이 봤을 때에는 로컬이란 요소를 잡아야만 해법이 있다고 생각하신 것 같아요. 그런데 난 아직 20대니까 그게 싫더라고요. 나는 단지 여기 로케이션이 부산일 뿐이지, 부산에 대한 뭐 엄청난 의미 부여를 해서 작업을 하고 싶은 게 아니니까요. 그래서 요즘 로컬크리에이터에 대한 정보들이 오히려 청년들을 억압하는 면도 있다고 생각해요. 1차적으로 로컬리티가 중요한 것이 아니라, 젊은 청년들은 뭘 해야 될지를 찾는 것 자체가 사실 더 우선순위거든요. 청년들이 자기가 하고 싶고 할 수 있는 것들을 시도하고 거기에 매진을 하다 보면 자연스럽게 도움을 받을 수 있고 연대가 생길 수 있을 거라고 생각해요. 그런데 지금은 역으로 로컬에 맞춰서 뭔가를 짜내야 하는 상황이잖아요. 없는 사업을 찾아야 하고, 기존에 없는 희한한 걸 해야 하고. 제일 열악한 공간에 들어가서 무슨 수행하듯이 힘든 걸 해내야 하고. 이런 상황들이 좀 안쓰럽더라고요. 로컬은 로컬일 뿐이지 이게 모두의 정체성으로 묶여서는 안 된다고 생각해요.

최윤형　　　　부산 지역 청년들이 추구해야 할 최대의 비전이 지역 내에서 잘되는 것, 잘돼서 서울로 가는 것은 아닐 거라고 믿어요. 부산의 로컬크리에이터는 '글로컬' 크리에이터였으면 좋겠어요. 생각의 범위가 지구적으로 확장돼서 거기서 생각나는 보편적인 가치들이 그냥 다 부산으로 유입된다면 굉장히 좋은 비전이 생길 것 같아요. '부산에 살아서 다행이다, 꼭 서울을 가지 않고 다른 나라로 갈 수도 있구나' 하고 생각의 범위를 확장시키는 거죠. 부산은 바다가 있고, 바다가 있어서 좋은 건 비전의 확장이 더욱 커질 수 있어서가 아닐까요.

김소연　　　　저는 어떤 정의를 내리고 이걸 제도화한다면 그게 로컬크리에이터일까라는 생각을 했어요. 제도적으로 규정하는 순간부터 거기에 끼워 맞추려고 하고 자기도 모르게 획일화되어 가잖아요. 저는 디자인을 전공해서 디자인 관련된 내용들을 좀 보는데요, '버내큘러'라는 디자인 개념이 있어요. 특정 지역에서 그 지역과 집단만이 공유하는 지역성이 있고, 그 지역에서 과거로부터 전해 내려오는 전통성이 있고, 문화적 뿌리인 민족성이라는 게 있는데, 이 버내큘러라는 게 로컬크리에이터적인 게 아닐까 하는 생각이 들었어요. 로컬은 '지역색'인 것 같아요. 로컬이라는 단어는 형용사적인 의미로 해석이 많이 되는 것 같은데 저는 명사적으로 해석을 했으면 좋겠다는 바람이에요. '주민', '현지인', 이렇게. 특정 지역에 사는 주민이랑 현지인이 만들어 가는 게 로컬크리에이터이지 않을까요.

로컬크리에이터의
생존 전략

사회자

지금 대표님들은 오랫동안 이 활동들을 해오고 계신데, 본인만의 경쟁력은 무엇이라고 생각하시나요? 문화예술 기반 로컬크리에이터의 생존 전략은 어떤 게 있을까요?

윤보영   저희는 카페를 운영했었는데, 사실 코로나 때문에 문을 닫았거든요. 여기 계신 대표님들이 오랫동안 공간을 운영하고 계시는 비법도 궁금합니다.

구영경　　　　진짜 말하기도 민망한데, 제가 그나마 버틴 거는 아무 것도 안 하기 때문이에요. 제가 쓸 수 있는 에너지 자체가 많지 않기 때문에 그 공간을 유지하고 생계에 필요한 만큼의 벌이만 해요. 이것저것 복잡하게 사업제안서도 내고 직원들도 뽑고 그럴 여력이 없는 거죠. 그냥 무리하지 않을 만큼, 숨만 쉬면서 버텨요. 그렇게 버티다 보면 또 이런저런 기회들이 생기니까, 그런 것들을 조금씩 조금씩 하다 보면 월세는 낼 수 있어요.

윤보영　　　　가늘고 길게.

구영경　　　　네. 애초에 크게 할 생각도 없었어요. 저는 내가 좋아하는 걸 세상 모두에게 보여주겠다는 그런 열정이 없어요. 그냥 내가 볼 건데 내가 좋아하는 걸 누가 봤으면 좋겠다는 게 1번이에요. 그래서 그것만 하는 거죠. 그러면 '네가 보는 거 좀 좋아 보인다'라고 말하는 사람들이 한 열 명 정도 생겨요. 그러면 이제 그 사람들을 통해 알려지고, 또 알려지고 해서 소규모 커뮤니티가 만들어지는 거지 제가 성격상 적극적이지가 못해요.

정선미　　　　본인만의 정체성을 만드는 게 가장 중요한 것 같아요. 그게 형성되지 않는다면 지원사업과 여러 가지 이벤트가 있다 해도 단기적인 결과에 불과하고, 유지에 어려움이 있더라고요.

김철우　　　　저희는 사회·문화적 요구사항을 확인한 후에 솔루션을 도출합니다. 이 솔루션을 통해 어떻게 경제적인 가치를 만들어 낼 수 있을지, 수익 창출 가능한 비즈니스 모델을 구상하죠. 판매하는 제품의 수익가치, 거점 공간의 유무형 자산가치, 브랜드가 지닌 기업가치, 이 세

가지가 조화를 이룰 때 안정적인 수익모델이 만들어지죠.

김소연   사업 수익이 안 날 때는 다른 일로 돈을 벌어요. 외부 강의를 한다든지, 새로운 콘텐츠를 개발한다든지. 이렇게 정말 벼랑 끝에 내몰려서 마지못해 멀티가 되는 것 같아요. 내가 대단하게 뭐 사업을 확장할 거야, 이 업계에서 내가 1등이 될 거야, 이런 게 아니고요. 그런데 그런 경험들이 쌓이다 보니까 또 저만의 노하우가 생겨요. 다른 걸 시도해 볼 수 있는 어떤 디딤돌이 되기도 하고요. 요즘은 차별성에 대한 고민을 많이 하고 있어요. 경쟁력이 중요하니까요. 똑같은 콘텐츠들 사이에서 조금 더 눈길이 가는 콘텐츠를 개발해야 된다, 라고 했을 때 저희는 다른 분야와의 융합 전략을 선택했어요. 다른 분야의 전문가분들과 같이 협업하면서 조금씩 경쟁력을 쌓아가고 있어요.

무언가 지속적으로 꾸준하게 한다는 건 참 어렵잖아요. 하지만 지속력이 성장과 생존에 필수적인 것 같아요.

로컬크리에이터의
목표

사회자

지역의 로컬크리에이터로서 선생님들이 구현하고 싶은 가치나 목표가 있다면 무엇일까요?

윤보영   부산 지역 예술가들은 실력이 뛰어난데 자신감은 결여되어 있어요. 부산의 특색이 담긴 독특한 느낌의 공연을 이끌 수 있는 사

람들이 많음에도 불구하고 주로 서울 연주자들을 섭외하려는 경향도 있고요. 이런 점이 아쉽더라고요. 그래서 부산 아티스트만으로 이뤄진 '부산 아티스트 페스티벌'을 작년부터 시작했습니다. 이런 기회를 통해 부산의 청년 아티스트들이 더욱 자신감을 얻으면 좋겠어요. 제가 농담 삼아 많이 얘기하는 것 중에 하나가 진짜 나를 우습게 봤으면 좋겠다는 거예요. 저 회사도 저렇게 할 수 있구나, 바이올린 전공하고 애 키우는 엄마도 저렇게 창업을 할 수 있구나, 하고요. 지역의 예술가들이 절 보면서 창업에 대한 자신감을 가졌으면 좋겠어요. 예술가들이 자기만의 콘텐츠와 자기만의 비즈니스 모델, 그리고 무엇보다 협업을 이루어 내면서 지속 가능한 문화예술 생태계를 만드는 것이 저의 목표입니다.

정선미 목표라고 말하기에는 조금 부담스럽네요. 문화적 예술 가치를 향상시키는 것은 누구에게나 공통적일 것 같고요. 예술가와 그 예술의 향유자가 서로 감정을 교류할 수 있기를 바라요. 언젠가 나중에 공간이 없어졌을 때, '정말 좋은 곳이었다'라고 주민들의 기억 속에서 계속 되새겨졌으면 좋겠어요.

최윤형 '달라서, 그리고 함께라서 좋아!'가 저의 슬로건입니다!

김소연 저는 문화예술 향유의 기회를 늘리는 역할을 하고 싶어요. 로마에 가면, 로마 사람들은 로마의 유적을 매일 보고 즐기잖아요. 우리는 돈을 내고 시간을 내서 큰마음 먹고 가는데 로마사람들은 늘 노출되어 있는 거예요. 일상에서 자연스럽게 노출되어 있다는 점이 참 부러웠어요. 환경이 자연스럽게 역사를 알게 하고, 예술을 알게 하고, 인문학을 알게 하는 것 같았거든요. 특별하게 시간 내서 특정한 장소를 가서 즐기고 배우는 게 아니라 늘 가까이 일상에서 예술을 느끼게 하는, 그런 세상을 만들어 가고 싶어요.

김철우   사회가 지닌 총자산 가치가 극대화되고, 쇠퇴한 지역
이 다시 활성화 되었으면 좋겠습니다. 영도의 오래된 창고나 빈집을 활
용하여 복합문화공간으로 꾸미는 사례처럼요. 쓸모없다고 여겨지는 것
들의 쓸모를 확인하면, 로컬이 지닌 가치가 연결되고 확장되는 거죠.

골목상권의
부흥

사회자

이제 골목 이야기를 좀 해볼까요. 골목을 선택한 이유, 혹은 골목에서 활동하면서
좋은 점들이 있는지 궁금합니다. 골목과 우리의 업은 어떻게 동반성장을 할 수 있
을까요?

정선미   저는 지금 9년째 주민들과 호흡을 하고 있는데요, 행
사를 오픈하는 것만으로도 많은 관심을 주세요. 오다가다 보기도 하시
고. 문을 활짝 열어놓고 뭔가를 한다고 들어와서 이게 뭐냐고 질문도 하
시고.

최윤형   서울로 대학을 가서 거기서 20년을 지내는 동안 도시
에 지쳤어요. 사무실이 강남역이었는데요, 그런 데서 빌딩 풍을 겪다 내
려와서는 결혼을 하고 마린시티에 들어갔었어요. 그런데 1년 만에 도망
쳐 나왔습니다. 여기는 아닌 것 같다는 생각이 들었어요. 뭐랄까, 큰 건

"

문화적 예술 가치를 향상시키는 것은
누구에게나 공통적일 것 같고요.
예술가와 그 예술의 향유자가 서로 감정을
교류할 수 있기를 바라요.
언젠가 나중에 공간이 없어졌을 때,
'정말 좋은 곳이었다'라고 주민들의 기억 속에서
계속 되새겨졌으면 좋겠어요.

"

물들이 좀 폭력적으로 느껴졌어요. 거대 로봇처럼 보였다고 할까요. 거기에 눌려서 사는 느낌이었어요. 내가 주인공이 아니고 건물이 주인공 같은 삶은 별로 그렇게 좋지가 않더라고요. 제가 원래 고향이 남천동이에요. 그래서 다시 고향으로 돌아오게 된 거죠. 저는 백화점의 아케이드 성을 싫어하는 것 같아요. 편리하고 좋긴 하지만 굳이 편리하지 않아도 괜찮더라고요. 대신 골목에는 주변에 정겨운 것들이 많으니까요. 그래서 골목에서 빵도 자주 사게 되고, '빵 지도'까지 만들게 됐죠. 골목에서 오다가다 인사하는 그런 정서들이 매력적이에요. 그것 때문에 골목을 못 떠나는 것 같아요.

구영경   저도 남천동 광안리에 오래 살았어요. 워낙 어릴 때부터 그 동네에 살았기 때문에 그곳에서 내가 변화를 줄 수 있을 거라고는 생각을 못 했어요. 그 당시에는 그곳을 벗어나 새로운 곳으로 가고 싶었죠. 그래서 부산대 앞에서 서점을 시작하게 됐어요. 옛날엔 그 자리가 전부 다 하숙집, 주택가였어요. 처음 갔을 때 집들이 다 너무 예뻤죠. 그런데 이사를 하고 나니까 앞집 옆집 할 것 없이 골목 전체가 공사를 하는 거예요. 10년 내내 공사를 해서 지금은 전부 다 원룸촌으로 바뀌었어요.

윤보영   복합문화공간 〈살롱 샤콘느〉를 운영하면서 작은 골목에서 일어나는 변화를 체감할 수 있었어요. 골목에서 악기를 연주하고 플라멩코를 추는 콘서트를 열기도 했는데 생각보다 많은 분들의 뜨거운 반응을 얻었거든요. 골목상권이 잘 되려면 동네의 정서와 어울리는 작은 이벤트들이 끊임없이 있어야 한다고 생각해요. 그 작은 이벤트를 선물처럼 받아들일 수 있는 시민들의 열린 마음도 필요하고요. 이를 위해선 동네와 밀접하게 소통하고 시민들에게 와닿는 콘텐츠를 만들어야겠죠.

"

골목에서 악기를 연주하고
플라멩코를 추는 콘서트를 열기도 했는데
생각보다 많은 분들의 뜨거운 반응을 얻었거든요.
골목상권이 잘 되려면 동네의 정서와 어울리는
작은 이벤트들이 끊임없이 있어야 한다고 생각해요.
그 작은 이벤트를 선물처럼 받아들일 수 있는
시민들의 열린 마음도 필요하고요.
이를 위해선 동네와 밀접하게 소통하고
시민들에게 와닿는 콘텐츠를 만들어야겠죠.

"

정선미　　　　골목 안에 들어와서 모여 있다고 해서 반드시 모든 상권이 살아나진 않는 것 같아요. 그 지역의 분위기와 주민들의 생활방식, 패턴, 과거로부터 현재로 이어지는 역사와 문화를 알아야 하죠. 사실 아직도 어려워요.

최윤형　　　　골목상인들의 열린 태도와 적극적 협조가 필요해요. 민간이 주도할 수 있는 영역에는 한계가 있기 때문에, 관공서의 충분하고 지속 가능한 지원 체계도 필요하고요.

창조되는
지역

사회자

무한한 잠재력을 지닌 부산이라는 도시가 '창조되는 지역'으로 거듭나기 위해선 어떤 제도나 문화가 뒷받침되어야 할까요?

윤보영　　　　창조되는 지역은 창조하는 사람이 발전의 키를 쥐고 있다고 생각해요. 전국적인 현상이지만 특히 현재 부산 아티스트들의 창작 욕구는 빠르게 식어가고 있어요. 아티스트들이 활동할 수 있는 장과 청년 네트워크가 시급합니다. 공연, 영상, 간담회 등 매체에 상관없이 새로운 콘텐츠의 아이디어를 지원할 수 있는 제도가 필요하다고 생각해요.

정선미　　　　밥을 떠먹여 주는 것이 아니라 자연스럽게 형성이 되었으면 좋겠다. 각자가 꿈꾸고 있는 모양과 색이 모두 다르니까요. 억지로 같은 것을 떠먹여서는 소용이 없어요. 자유롭게 움직이면서 자발적으로 무언가를 시도할 때 비로소 창조라는 게 가능한 것 같습니다.

김소연　　　　부산 고유의 독특한 문화와 지역적 특성이 있는데, 무턱대고 다른 지역에서 잘된 것들만 복제해오는 사례를 종종 보게 돼요. 조건적인 획일화와 제도화는 오히려 차별성을 무너뜨리는 것 같아요. 부산만의 독특한 문화와 생활양식 등을 잘 조사하고 조사를 토대로 재창조하는 계획적인 기획이 필요한 것 같아요.

최윤형　　　　다르게 보고 새롭게 보려는 감각적인 시도가 중요하다고 생각해요. 영감을 얻으면 실행을 할 수 있어야 하고, 그 실행에 대한 적절한 보상체계가 마련되어야 하죠. 그리고 마지막으로, 로컬을 위한다는 미명하에 로컬크리에이터의 산물을 함부로 복제하지 않았으면 좋겠어요. 지적 재산권 보호에 대한 정책이 창조의 동력이 되어줄 거라고 봐요.

구영경　　　　지역에서 공간 오픈을 하고 손님을 받고 운영을 해오면서 깨달은 게 있어요. 모든 손님에게 다 친절할 수도 없고, 모든 손님하고 다 의사소통을 할 수 있는 건 아니거든요. 상업공간은 상업공간이고요, 그 외에 약간 다른 공간에서 만나게 될 때 생성되는 새로운 시너지나 새로운 대화가 있거든요. 그걸 가능케 하는 공간이 어떤 공원의 이미지가 아닐까, 하고 저는 그림을 그렸어요. 공원의 이미지. 그렇게 하고 보니까 부산은 너무 공원이 없고, 공원이라고 해도 너무 산에 있어요. 그냥 간편하게 지하철 내려서 몇 발 걸으면 바로 진입할 수 있는 식의 공원이 필요해요. 내가 차를 타서 달려가면 15분 만에 도달할 수 있는 공원이 많아지면 좋겠어요. 부산 시내에서 그게 가능하다면 사실 문화적인

"

부산 고유의 독특한 문화와 지역적 특성이 있는데,

무턱대고 다른 지역에서 잘된 것들만

복제해오는 사례를 종종 보게 돼요.

조건적인 획일화와 제도화는 오히려 차별성을

무너뜨리는 것 같아요. 부산만의

독특한 문화와 생활양식 등을 잘 조사하고

조사를 토대로 재창조하는 계획적인 기획이

필요한 것 같아요.

"

콘텐츠는 거기서 엄청나게 퍼질 거라고 생각하거든요. 가게에 손님이 와서 이것저것 물어보면 제가 그냥 '예' 하고 말을 줄이게 되는 부분도 있어요. 다른 일도 해야 되고. 그런데 어쩌다 주말에 공원에 나가게 되면 생판 모르는 사람인데도 '너무 강아지가 귀엽네요.' 이런 이야기들을 자연스럽게 풀어놓잖아요. 이러한 순간들을 경험하면서 이렇게 자연이 어우러지면서 사람들의 마음을 좀 해제시킬 수 있는 어떤 공간이 필요하구나, 라는 생각을 하게 됐어요. 최근에 제주도를 간다든지 어디 다른 지역을 가면 가까이에 있는 어떤 작은 공원들이 자꾸 눈에 들어오더라고요. 자연하고 어우러진 오픈된 공간이 예전에는 광장이었다면, 지금은 공원이 필요한 시대인 거죠. 뉴욕이나 파리처럼 그런 큰 숲이 있으면 얼마나 좋을까 하면서도 또 한편으로는 부산에는 그럴 자리가 없긴 하겠다는 생각도 들더라고요.

사회자

전에 유현준 건축가님이 이야기하셨는데, 센트럴파크처럼 아주 큰 공원이 아니라 기다란 공원이 훨씬 좋다고 하더라고요. 왜냐하면 훨씬 많은 지역의 사람들이 그 공원에 접근할 수 있으니까요. 이 공원에서 저쪽으로 가로지르려면 너무 먼 것보다, 바로 가까이에서 넘나들 수 있는 공원이 좋은 거죠. 공원을 조성하는 데 꼭 넓은 대지가 필요한 건 아니에요. 앞으로 가늘고 기다란 공원이 주변에 많이 만들어지길 기대해 봅니다.

가늘고 기다란
변화의 힘

우리는 책방의 2층 공간에서 이야기를 나눴다. 우리가 둘러앉은 테이블은 기다란 원목탁자였다. 폭이 좁은 것에 비해 너비는 2미터를 훌쩍 넘을 정도로 길었다. 부산문화재단 박소윤 팀장님은 가늘고 기다란 공원의 장점을 이야기하며 대담을 마무리 지었다. 그 순간, 나뭇결이 선명한 원목탁자가 하나의 공원처럼 보였다. 좁고 기다란 탁자에 옹기종이 모여 앉아 두런두런 이야기를 나누듯, 좁은 골목에서 사람들이 온기를 나누는 모습을 상상해 본다. 녹음이 우거진 가늘고 기다란 공원을 넘나들며 즐거운 시간을 보내는 사람들을 상상해 본다. 하늘 높이 치솟은 빌딩숲, 딱딱한 상업공간이 아닌 가늘고 기다란 골목과 공원을 거닐 때 사람들은 비로소 여유를 되찾고 삶의 즐거움을 느낀다.

청년들이 이끄는 지역의 변화도 이와 같을 것이다. 대담자 대부분이 입을 모아 강조했듯 '가늘고 길게 가야 한다'. 로컬크리에이터로 성장하기 위해 거창한 포부나 굵직한 활약상보다 중요한 것은 꾸준함이다. 각자의 위치에서 할 수 있는 작은 시도를 계속 해 나가야 한다. 조바심을 내려놓고 긴 안목으로 조금씩 조금씩 활동을 지속할 때 비로소 지역은 변화하고 새로운 모습으로 재창조될 것이다. 가늘고 기다란 모양을 한 소곤거림, 작은 움직임, 서로 연대하며 만들어낸 들썩임이 있다면 충분히 가능하다.

앞으로 부산 청년들이 만들어낼 새로운 도시의 모습을 응원이라도 하듯, 가을 햇살은 유리창 너머로 들어와 우리가 둘러앉은 좁고 기다란 탁자 위에 따사로운 빛을 드리우고 있었다.

부산에
삽니다

부산 청년들에게 물었습니다.

: 부산은 청년들이 지내기에 어떤 도시인가요?

: 문화적으로 어떤 라이프스타일을 갖고 계신지요?

: 어떤 사람들을 주로 어떻게 만나고 계신지요?

: 청년문화를 정의한다면 뭐라고 할 수 있을까요?

: 기성세대에게 하고 싶은 이야기가 있다면?

: 다음 세대 청년들에게 하고 싶은 이야기는?

우리는 공간을 점유해야 한다

김가은

 고독한 예술가들이 모여 사는 곳이 있다면 부산이라 생각한다. 한참을 바닷속에서 살다가 가끔 숨을 쉬러 나오는 고래처럼 활동가라는 말이 무색하게 우리의 움직임은 정적이다. 크리에이터 생활을 시작하면서 혼자라는 고독감에 나와 같은 청년들을 찾아다녔다. 인스타그램과 유튜브에선 쉽게 만날 수 있는 청년들은 발로 뛰는 공간에서는 마주하기 어려웠고 그중에서도 서울이 아닌 부산에서 활동하는 사람은 극히 드물었다. 나는 다이어리와 기록을 주제로 영상을 제작하고 관련 굿즈를 만들고 있다. 보다 많은 영감을 위하여 공간 전시와 디자인 전시를 찾아다니고 내 공간에서 실현하기 위해 공간이란 무엇인지를 고민하고 생각한다.

 문화로 먹고살기를 결심하면서 '돈 되는 거 말고 다 하는 게' 청년문화구나라는 생각을 하게 됐는데 창작활동을 하는 데는 늘 재능과 재주보단 돈이 먼저 따랐기 때문이다. 문화시설을 누리기 위해서도 돈이 필요하고 창작을 하는데도 돈이 없으면 실현하지 못한다. 돈을 좇지 않기로 했음에도 필연적으로 생각하게 되는 게 늘 애석하다. 시도와 도전마저 청년 활동가가 짊어져야 할 시련이라지만 청년들이 굶어 죽지 않는 문화도시를 만드는 건 더 많은 사람들이 고민을 해 봐야 할 문제라고 생각한다.

 그래서 부산문화재단의 도움은 너무도 달콤했다. 에세이를 출간하면서 열 명의 작가와 정기적으로 나락서점에서 모임을 가졌는데 이 글이 어떻게 끝이 날지 몰라도 함께하는 과정이 즐거웠고, 시끌벅적하게 주고받은 이야기는 혼자 있을 때도 날 생각하고 상상하게 만들었다. 자본금 고민 없이 예술을 한다는 게 엄청난 행운이라 생각했다. 스스로를 예술가라고 칭하는 내가 정기적으로 향하는 곳이 있다는 것에 큰 안정감을 느꼈고 나와 같은 행성이 존재한다는 것에 불안감을 달랠 수 있었다. 그래서 이제 막 시작한 활동가나 오랜 시간 홀로 존재했을 활동가들에게 결과물을 주고받는 표면적인 모임이 아닌 각자의 주체성과 다양성을 느낄 수 있는 모임이 필요하다고 느꼈다. 유명한 대학을 나오고 화려한 이력이 없더라도 내가 여기에 있음을 알릴 수 있는 평범한 사람들의 경험을 소비할 수 있는 공간. 그런 공간이 청년들에게 필요하다. 공간을 점유하기 어려운 청년들은 오프라인에서는 기를 펼 수 없기에 평범한 사람들이 모여 활동을 할 수 있는 공간이 생긴다면 지금보다는 더 많은 다수의 활동가들이 나타나지 않을까. 우리는 공간을 점유해야 한다. 결과보단 과정에 집중하고 고독감에 흔들리지 않도록 서로를 바라보며 내가 여기 있음을 느낄 수 있는 그런 공간이 필요하다.

그럴싸 부산

김국희

부산은 말이에요, '인싸', '아싸', '그럴싸' 중에 '그럴싸'에 속해요. 제가 아직 청년인데, 정말 아무것도 할 일이 없고 재미가 없다면 이미 서울로 떠났을 거예요. 그런데 떠나려 마음먹으면 일자리를 잡았고, '정말 즐길 거 없는 도시다' 생각하면 다양한 문화행사들이 열렸어요. 솔직히 쌈박한 일자리 찾는 건 매우 힘든 것 같고요. 문화적으론, 개성 있는 예술인들과 즐길 만한 행사들이 많이 생겨나고 있고 성장하는 중이라 생각합니다. 제가 이렇게 좀 긍정적으로 생각하는 것은, 요 몇 년 사이 부산에서 멋진 청년들을 많이 만났기 때문이에요. 솔직히 지역이 뭔 상관이에요? 스스로 빛

내면 그곳이 빛이 나는 거지. 서울한테 쫄 거 없어!

저는 뮤지컬과 재즈를 좋아하는데, 여기선 구경할 기회가 많이 없어서 아쉬워요. '부산에서 살맛 난다' 할 때는 부국제 시즌이요. 최고로 좋아하는 문화 장르가 '영화'라 참 다행인 부산 시민입니다. 영화 사랑해!

저는 학창시절을 타 지역에서 보냈기 때문에, 주로 알바나 직장에서 만난 마음 맞는 사람들을 만나요. 밥 먹고 술 마시고, 카페 가고, 쇼핑을 하죠. 가끔 영화, 전시, 공연, 행사 등에 참여하고요. 최근에 볼 만한 전시가 많이 열려서 좋아요!

청년문화의 정의요? '가장' 개인적인 공동체. 각자의 관심사가 모여 하나의 문화를 만들죠. 특히 청년문화는 종종 그 시대의 기조가 되기도 하니 '가장'이란 말을 붙여봤어요.

기성세대에게 할 말은…… 안녕하세요. 전 늙은 청년이라 이제 남일 같지 않네요. 꼰대같이 살지 마시고, 젊은 애들 열정 갖고 놀지 마세요. 젊은 꼰대한테 데이지도 마시고요. 그럼.

제 다음 세대 청년들에게는…… 살아보니 별거 없어요. 진짜 별거 없이 허무할 때도 있긴 한데요. 그런 뜻보단 뭔가 하고자 하면 이루지 못할 것도 없고, 즐기지 못할 것도 없더라고요. 어렵게 '생각만' 하지 말고, '행동' 해 보란 뜻에서 별거 없다고 말해주고 싶어요!

독립서점들 모두 오래도록 살아남기를

김미현

한 달에 한 번은 황금색 조명과 행잉 플랜트가 어우러진 서점에서 커피를 내린다. 때로는 서점에서 브이로그 만드는 법이나 꽃꽂이를 배우기도 한다. 서점에서는 꾸준히 독서 모임과 필사 모임을 운영하는데 2주에 한 번 정도는 모임에 참여해 다양한 분야의 청년들과 '책을 매개로 한 나의 이야기'를 나눈다. 매주 목요일 저녁에는 서점의 청년이 열어두는 화상회의 공간에 모여 각자 책을 읽거나 필사를 한다.

우리는 모두 본업이 있고 대부분의 일상을 달리 살아가고 있지만, 언제든지 서로에게 연결할 수 있다. 이토록 다른 우리가 연결감을 가지고 살아갈 수 있는 이유는 세심하게 설계된 우리의 플랫폼이 있기 때문이다. 나는 광안리 독립서점 두두디북스 청년 조합원이다.

두두디북스에 대해 이야기하자면 딱 잘라서 설명하기는 어렵다. 주인이 마스코트처럼 공간을 지키며 분위기를 주도하는 곳도 아니고, 주중에는 네이버 무인대관을 목적으로 비어 있는 날이 더 많다. 주말에는 청년 조합원들이 스스로 시간표를 짜고 돌아가며 5시간씩 공간을 지킨다. 책마다 조합원들의 추천사가 있고 조합원들이 행사를 기획하고 운영하기도 한다. 그들에게 투자는 있지만 수익은 없다. 그들이 돈과 시간을 쏟으며 얻는 것이 있다면 생업으로 얻을 수 없는 또 다른 인격의 가면이다. 삶을 겪고, 고민하고, 겸허히 배워가는 태도를 가진 인간적인 가면.

전통적으로 서점이 단순히 책을 사는 곳이었다면 20여 년 전부터는 책을 경험하는 공간으로, 이제는 서점마다 색다른 세계관을 가진 문화 플랫폼으로 변모했다. 누군가는 진로를 고민하는 여정에서, 누군가는 직장에서 잃어버린 자아 감각을 찾기 위해, 또 누군가는 만남이 그리워서 서점을 찾는다. 이 공간에서 그들은 특정 사람들을 만나 규정된 관계에 편입하여 일부가 되는 것이 아니라 서점마다 충분히 예상 가능한 '주제의식'이나 '분위기' 속에서 오고 가는 '행인'들을 만나길 기대한다.

　서점이 나른하고 유연한 덩쿨식물처럼 인생의 길을 찾는 젊은 청년들에게 주는 소속감이란, 다수에 잠식되지 않는 뾰족한 개인으로서 나누는 형식 없는 우정이다. 형식 없는 우정은 역할은 있어도 계급 없는 관계이자, 정해진 기한이 없어 짧게는 하루에서 무한대로 뻗어갈 수도 있는 관계이다. 동질성의 친밀함은 배제하되 조심스럽게 서로를 궁금해하기도 하는, 건강한 개인주의자들의 전유물이다. 그것이 자의식 과잉에 상처 입은 현대인들을 머무르도록 두두디북스가 설계한 플랫폼인 것이다.

　두두디북스가 문을 연 것은 2016년. 책으로 삶을 엿보고 질문으로 인생을 돌아보며 더 나은 삶은 지금 여기에서 가능하다는 희망을 경험하러 사람들은 두두디북스의 문을 두드린다. 밖으로 나설 때쯤 그들은 자신의 삶을 한층 더 사랑하게 될 것이다. 부디 두두디북스, 여타 독립서점들 모두 오래도록 살아남기를.

꿈을 이루는 공간

김선현

　부산에 정착한 지 햇수로 5년째이다. 꿈꾸던 일을 하며 살고 싶어서 여행 살롱, 독서 모임, 연극 등등 문화예술 활동에 참여했다. 그러면서 여러 공간을 찾게 되었다. 그곳에서 만난 청년들은 새로운 아이디어가 반짝반짝 빛나는 사람들이었다. 공간은 꿈과 그것을 함께 하는 사람들로 가득 채워져 있었다.

　가장 기억에 남는 공간이 있다. '어떤 여행'이라는 카페이다. 여행을 좋아하는 사람들이 모여 여행의 설렘과 기억을 함께 나눴다. 여행 살롱도 열었다. 같은 꿈을 꾸는 사람들을 만나고, 그 꿈이 현실이 되는 곳. 언제 찾아도 기분 좋게 나를 맞이하는 그 공간이 참 좋았다. 그래서 그 근처를 지날 때마다, 문득 생각날 때마다 자주 찾았다.

　청년문화가 활발히 이루어지기 위해서는 꿈, 사람, 공간이 있어야 한다고 생각한다. 특히 공간은 사람들이 모여 꿈을 현실화하고 그것을 지속 가능하게 한다는 점에서 굉장히 중요하다. 또 어느 공간은 그 자체로 각 청년집단의 문화적 정체성을 대변하기도 한다. 앞서 이야기한 카페가 바로 그런 공간이었다.

　그렇지만 이런 공간을 우리 주변에서 찾기란 쉽지 않다. 여러 이유가 있겠지만 그중에서 '젠트리피케이션'을 빼놓을 수 없다. 청년들은 상대적으로 임대료가 저렴한 곳에 둥지를 틀고 주변 문화를 형성해 간다. 그것이 대중들의 관심을 끌게 되면 주변 상권이 발전하고 유동인구가 늘어난다. 하지만 그로 인해 임대료와 월세가 상승하고 결국 청년들은 또 다른 공간을 찾아 떠날 수밖에 없다. 좀 더 확대해서 생각해 보면 이렇게 청년문화를 지역 내에서 지속적으로 형성해 나가기 어려워지면, 타 지역으로의 이탈로 이어질 수도 있는 것이다.

이러한 문제를 청년문화예술가 개인의 범위에서 해결하는 것은 어렵다. 그래서 청년들이 지속적으로 문화예술 활동을 함께할 수 있는 공간을 확보하고, 지역 내에서 그 활동을 꾸준히 이어갈 수 있는 정책적 지원이 필요하다. 현재 부산시에서 운영되고 있는 청년 공간들이 있지만 접근성 측면에서 생활반경 가까이에 있다고 느끼기에는 부족한 것이 사실이다.

청년들이 함께 모여 꿈을 이룰 수 있는 공간이 점점 많아지기를, 그곳에서 우리 스스로 청년문화를 더욱 활발히 펼쳐가기를 바라본다.

함께라는 힘, 청년문화

김수희

안녕하세요, 인스타툰을 그리고 글을 쓰는 김세수(김수희)라고 합니다. 저는 어떤 재밌는 일을 해볼까 하고 찾아보는 사람입니다. 재밌는 원데이 클래스를 찾아가고, 멋있는 프로젝트를 찾아 참여하고, 좋은 강연을 찾아 듣고, 관심 있는 주제의 전시회를 찾아 영감을 받는, 그런 문화를 찾아 즐길 줄 아는 사람입니다. 그렇게 찾아간 곳에서 사람들을 만나 인연을 이어갑니다.

이렇게 적극적으로 찾아다닌 건 약 3년 전부터입니다. 가는 곳마다 제 나이가 어린 축에는 속하지 않아 제가 청년이라는 생각을 전혀 하지 못했어요. 그런데 제가 즐기는 이런 문화들이 청년문화라는 걸 최근에야 알았습니다. 최근 참여했던 〈작가의 탄생〉이라는 프로젝트의 참여 대상이 39세 이하의 청년이었고, 요즘 트렌드를 주도하고 있는 MZ세대도 1980년대 초부터 2000년대 초 출생자로 30대인 저도 속하더라고요. 그러면서 내가 찾아다니고 즐겁게 하는 대부분의 문화가 청년문화라는 걸 알았습니다. 청년문화를 한마디로 표현하자면 '함께라는 힘'이라고 생각합니다. 혼자라면 외롭고 쉽게 포기했을 일을 청년문화라는 울타리에서 함께라서 즐겁게 꾸준히 해보는 경험을 하게 되는 거죠. 제가 최근에 참여했던 〈작가의 탄생〉도 그런 힘이 있었다고 생각합니다. 한 번쯤은 내 책을 출간하고 싶지만 내가 해도 될까, 내 글이 괜찮은 건가와 같은 고민에 혼자였다면 절대 내지 못했을 책을 함께였기에 서로의 응원 속에서 결국 낼 수 있었거든요. 그래서 혼자 하다 어려움을 맞닥뜨린다면 청년문화 속에서 그 해결을 찾길 바랍니다.

부산은 청년들에게 많은 기회를 주는 도시입니다. 앞서 쓴 것처럼 저는 재밌는 일을 찾아서 하는 사람입니다. 찾아보면 여러 복합문화공간 그리고 각 동네의 도서관, 독립서점 그리고 여러 공방들에서 다양한 행사, 강연과 수업을 진행하고 있습니다. 그리고 부산문화재단의 각종 지원사업이 있어 경제적인 걱정을 잠시 접어두고 청년들이 하고 싶은 일을 마음껏 펼쳐볼 수도 있습니다. 지금도 부산은 청년을 위해 많은 기회를 만들고 있지만 앞으로 더 많은 기회를 만들어 나갈 것입니다.

그러니 청년들에게 이렇게 말하고 싶습니다. 하고 싶은 것이 있다면 해보라고, 혼자가 힘들다면 함께할 이들을 찾으라고. 나와 한마음이 되어 나를 응원해주는 사람들과 공간이 생각보다 참 많으니까요.

우리 부모님들이라고 할 수 있는 기성세대는 청년들의 모습을 묵묵히 지켜봐 주세요. 그것만으로도 청년들이 새로운 길을 만드는 데 큰 힘이 될 것으로 생각합니다. 저 또한 청년들과 함께하기도 하고 묵묵히 지켜보며 청년들을 응원하겠습니다.

자꾸만 시도하는 사람

안녕하세요, 저는 부산에 거주 중인 소설가 지망생 김휴일(김예진)이라고 합니다. 먼저 '청년문화'를 정의해보자면 저는 '새로운 시각'이라 생각해요. 이 말은 곧 새로운 변화를 이끌 수 있는 자들이 추구하는 문화라는 말도 되리라 예상합니다. 조금 거창하게 말했으나 여전히 의문투성이인 것들이 많아요. 내가 옳은 문화를 즐기고 있는지 이 문화는 과연 언제까지 이어나갈 수 있을지에 대한 고민을 늘 가지고 있습니다.

최근 저는 부산문화재단에서 주최하여 서점 '나락서점'과 함께 독립출판물로 수필집을 만들었어요. 그 과정에서 부산이라는 곳이 얼마나 문화적으로 청년들에게 많은 기회를 주고 있는지 느낄 수 있었습니다. 독립출판이라고 하면 아직은 조금 생소한 영역이 아닐까 싶지만 (저 또한 그랬고요) 또 다른 가능성 중 하나를 만나볼 수 있게 된 거예요. 그 과정에서 소설을 쓰고자 하는 습작생 분도 만나고 독립출판사를 운영하고 계시는 대표님, 독립출판물을 입고 받으시는 책방지기님들까지 정말 폭넓은 사람들을 만나볼 수 있었는데요. 독립출판을 누가 읽어줄까 싶었으나 독립출판이 자신의 취향이라는 사람을 만날 수 있었기에, 제 시야 밖의 세상은 꾸준하게 조성되어 가고 있다는 것을 또 한 번 느낄 수 있었어요. 서로의 세계를 공유하고 또 엿볼 수 있는 영광의 시간이었습니다.

저는 앞으로도 꾸준히 부산에서 주는 기회들을 마음껏 누리고자 합니다. 다들 마음 놓고 시도하셨으면 좋겠어요. 부산이라는 도시는 적어도 제게 폭넓은 시도를 계속하고 있거든요. 마지막은 있을 수 있어도, 처음은 없을 수 없으니까. 처음 뒤에 다음이 오기 위해 필요한 건 딱 하나, 바로 관심과 참여라고 생각하거든요. 여러분들 마음에도 깊은 한구석에 눌러뒀던 것들이 있지 않으신가요? '나는 사실 ~가 하고 싶었어.' 또는 '~가 되고 싶었어.' 같은. 원래 그 마음에서 희망이 생기고 욕심이 생기는 거라 생각됩니다.

마지막으로 시간이 흘러 제 나이가 되어 세상과 마주할 다음 세대 청년들에게는 같이 열심히 살아가자는 말을 꼭 하고 싶어요. 살면서 많은 변화가 우리를 찾아올지라도 그럼에도 자신을 잃지 않고 꿋꿋하게 살아가자는 말을요. 사실 이 말도 마치 제 세대는 끝을 앞두고 있는 사람처럼 말하는 것 같아서 조금 웃기긴 해요. 그래서 가볍게 정정할게요. 그저 서로가 서로에게 덜 부끄러운 사람이 되자는 말을 하고 싶습니다. 그러기 위한 가장 쉬운 방법은 자신이 좋아하는 일을 잘하는 것이 아닌 자꾸만 시도하는 사람이 되는 것이라 생각하며 저도 열심히 시도하는 사람이 되어 보려고 합니다. 긴 푸념과도 같은 이야기를 들어 주셔서 감사드립니다.

부산 사람들이 부럽습니다

김준희

먼저 알려드릴 것이 있습니다. 저는 경남 마산 사람입니다. 대학을 부산에서 다녔고 졸업 이후 이런저런 일로 부산에 많이 오고 있습니다. 마산 사람인 제가 왜 부산에 자주 올까요? 청년들을 위한 제도 및 이벤트가 마산에 비해 많기 때문입니다. 부산은 사실 마산을 포함한 경남 소도시에 비하면 청년문화가 발달되어 있다고 말할 수 있는 수준이지요. 이를테면 저는 한때 영화를 배우고자 했습니다. 이제야 경남에도 영화 워크숍 등의 교육이 생기고 있는 것 같지만, 예전에는 부산이 가장 가까운 곳 중에 질 좋은 영화 수업을 들을 수 있는 곳이었습니다. 아니나 다를까, 부산의 영화 강좌에서 만난 수강생분들은 마산, 진주, 울산, 멀리는 경주에서 오신 분들을 많이 만나 뵐 수 있었습니다. 이를 보면 분명 부산은 청년들이 지내기 나쁘지 않은 도시인 것 같습니다.

'영화교육이 청년들을 위한 것만은 아니지 않나?'라고 반문할 수도 있겠습니다. 아시다시피, 세밀하고 세분된 복지는 보편적인 복지와 문화기반이 마련된 이후에 가능합니다. 청년제도도 마찬가지입니다. 그런 의미에서 많은 소도시는 기본적인 문화 혜택도 제대로 받지 못하고 있다고 말할 수 있습니다

저는 문화 소비 욕구가 큰 편입니다. 특히 영화 관람 횟수가 잦은데, 제 취향의 영화는 부산 영화의 전당 시네마테크에 가득합니다. 영화를 보기 위해 부산을 갈 때면 마음이 참 복잡해집니다. 부산 사람들이 부럽기도 하고요. 가끔 부산 청년들이 부산 청년정책이나 복지에 대해서 불만을 토로하는 현장을 보게 됩니다. 물론 틀린 말이 아닌, 그렇게 되어야 하는 것들에 대해서 말합니다. 하지만 저는 질투와 심술이 많은 편인가 봅니다. 그것들이 배부른 소리처럼 들리기도 하니까요(실제로 배부른 소리라고 생각하는 것은 아닙니다).

다만 제가 호소하고 싶은 부분이 있습니다. 문화적 혜택을 제 이후 세대들의 지역 청년, 청소년들은 저보다는 편하고 쉽게 문화적 소비가 가능했으면 좋겠습니다. 먼저 지역마다 작은 영화관을 하나씩은 보유하길 희망합니다. 최근 OLC라는 기업이 작은 시와 군 단위의 지역에 작은 영화관을 설립하고 있지만, 여전히 부족한 상황입니다. 또한 젊은 감각의 프로그래밍이 가능한 독립예술극장을 적어도 시 단위로는 보유해야 한다고 생각합니다. 하지만 작은 영화관의 상징이었던 부산의 '국도예술극장'마저 사라지는 것을 보면 쉽지는 않아 보입니다

글의 마지막을 쉽지 않다, 어렵다, 등의 부정적인 뉘앙스로 마무리하고 싶지는 않네요. 분명히 청년에 대한 정책 및 제도, 공간들이 조금씩 생겨나고 있습니다. 이 혜택을 받아 성장하고 성과를 내는 청년들도 점점 드러나는 추세이고요. 그래서 저는 희망을 품고자 합니다. 더해 마지막 희망을 말해 보고자 합니다. 기성세대와 동시대 청년들이 건강하게 섞여서 발전하는 문화와 생태계를 희망합니다. 부산과 경남이 그 중심에 있기를 바랍니다.

다이나믹 부산에서 휘게[1]로 산다는 것!

김지현

온오프라인의 경계가 모호한 생활을 하고 있다. 매일 출근은 하고 있지만, 라이브 스트리밍(live streaming) 등으로 부수입을 창출할 거리를 찾는다. 10년 전에는 주식을 한다는 이야기가 참 멀게 느껴졌는데 요즘은 비트코인과 주식을 많이들 하더라. 직장에서 시시각각 그래프를 보며 탄식하는 동료들이 많다. 이제 직장 하나만 보고 열심히 일하는 사람은 거의 찾아볼 수 없다는 이야기다. 더불어 취미가 서브 직업이 된 친구들도 있다. 학교 선생님이지만 SNS에 꾸준히 그림을 올리더니 전시회를 여는 일러스트 작가, 회사원이지만 팔로워가 2만 명이 넘어 공동구매를 진행하는 뷰티 인플루언서, 휴일마다 여행을 다니며 촬영하더니 원데이 클래스를

---

1 hygge(덴마크어·노르웨이어). 편안하고 기분 좋은 상태를 뜻하는 말.

여는 포토그래퍼가 그 예다.

사람 일은 모르는 거더라. 몇 년 전만 해도 직장 다니면서 인터넷 쇼핑몰 한다고 바쁘게 지내는 친구를 보면서 "쉬지도 못하고 뭘 그렇게 아등바등 사느냐?" 말했던 나였는데, 요즘은 퇴근 후 독서 모임을 진행하고 귀가 후 오디오 크리에이터 활동을 한다. 팬데믹 2년 차, 여행관광업에 일하면서 돈 잘 벌던 친구들이 하루아침에 직장을 잃고 문전성시로 새벽까지 장사하던 친구들이 버티다가 가게 문을 닫는 시국이다. 나도 어떻게 될지 모르니까 뭐라도 더 해야지.

10년 일하던 직장에서 퇴사하고 한동안 욜로 라이프로 살았다. 멀리 여행을 다니고 새로운 취미와 일을 배웠다. "욜로로 살다가는 골로 간다."고 친구들의 걱정하는 말이 슬슬 나올 때 즈음 팬데믹 시대가 열렸다. 운신의 폭이 좁아지면서 자연스레 휘게 라이프로 전향하게 되었고 가까운 지역 마켓과 놀거리에 관심을 두게 되었다.

부산은 바다와 산이 천지빼까리다. 갈맷길이 잘 정비되어 있어서 충분히 걷기에도 좋다. 영화관과 미술관 도서관 등 문화생활을 할 장소도 풍부하다. 항구도시에 관광도시라 그런지 먹거리도 다양해서 이 시국에도 웬만한 외국 요리와 식자재를 어렵지 않게 접할 수 있다. 굳이 멀리 나가지 않아도 된다는 이야기다. 여태 밖으로만 돌아다녔던 자신을 반성했다. 21년에는 부산국제영화제도 이전처럼 개최되어서 더욱 만족스러웠다. 위드 코로나 시대를 맞이하며 22년 〈다시 다이나믹 부산〉을 기대해 본다.

정반합의 원리처럼

김태경

　21세기를 사는 사람 중에 정보화 시대라는 말을 들어보지 못한 이가 있을까는 생각이 들 정도로 이 시대를 표현하는 가장 대표적인 단어 중 하나가 '정보'다. 우리가 살아갈 때 가장 필요한 것은 정보라고 본다. 부산은 청년들에게 다양한 정보를 제공한다. 이 정보는 경제활동을 위한 수단이 되기도 하고 새로운 취미활동을 만들어 내는 통로가 되기도 한다. 예를 들어 해양도시라는 정보로 부산은 수많은 일자리의 장이 되기도 하고 해양의 보존을 위한 플로깅과 같은 환경운동을 할 수도 있고 해양의 아름다움을 알리기 위해 사진 촬영, 공예 등 취미활동으로도 활용할 수 있다. 생산된 정보를 주체자인 내가 어떻게 만들어 가느냐에 따라 삶에서 다양한 모습의 결과들이 나타난다. 이런 점에서 부산이 제공하는 무수한 정보들, 이런 정보를 각자의 방법으로 활용하는 청년, 그런 과정에서 만들어진 결과, 이 세 영역이 각자의 역할을 충실히 했을 때 도시와 청년은 공존할 수 있지 않을까.

　각자의 역할을 충실히 한다면 가장 먼저 떠오르는 단어가 있다. 바로 '청년문화'이다. 청년과 문화는 부산이 주는 정보를 청년이 활용하여 만든 하나의 결과물, 또는 맺음이라고 본다. 이럴 때 문화로 우리 시대에 작용한다. 이 문화는 청년세대에서 끝이 나는 것이 아닌 기성세대가 될 청년들이 만들어 가는 하나의 시대적 흐름이라고 본다. 기성세대가 있었기에 그것에 반하는 신세대가 생겼을 것이고, 이런 기성세대와 신세대의 문화가 합해졌을 때 현대의 문화가 만들어진다. 정반합의 원리처럼 기성세대의 영역, 청년세대의 영역은 존재하겠으나 우리가 한 시대에 살아가고 있다는 것은 변하지 않는 사실이다. 지금의 청년세대 또한 기성세대가 될 것이고 이 세대에 반하는 다음 세대의 문화가 나올 것이다.

　청년으로서 나는 사람들을 주기적으로 만나고 있지만 꼭 대면이어야 될 필요는 없다. 전화로 스마트폰 메신저로 SNS로 등 얼마든지 소통하며 지낼 수 있다. 또한 화상회의를 통해서 몸은 집에 있지만 인터넷 장에서 서로의 얼굴을 보며 소통도 할 수 있다. 흔히 말하는 경계가 없고 소통의 방식이 정해져 있지 않다. 소통이 된다면 그 방법이 대면이든 비대면이든 서로 만나고 있다고 볼 수 있다. 이렇게 소통의 채널이 다양해지면서 주고받는 정보의 양 또한 세대에 따라 다를 수밖에 없다. 이를 디지털 디바이드로 인한 격차라고 한다. 정보격차로 인한 정보취약계층이라는 신조어도 생겨나고 있다. 이미 20년 전에 정보격차해소에 관한 법률도 있어 제도적으로 마련되어 있지만 코로나19 사태 이후로 아이러니하게도 이 격차는 점점 더 벌어지고 있다. 위드코로나, 코로나 이후의 삶을 논의하는 요즘 이런 격차를 줄이기 위해 청년세대가 나설 수 있는 방법은 충분히 있다.

　결론은 청년세대가 기성세대를 위해, 기성세대가 청년세대를 위해, 다음 세대가 기성세대가 될 지금의 청년세대를 위해 존재한다면 정, 반, 합의 과정 중 온전한 합의 길로 이 시대가 나아가고 있지 않을까 싶다. 이것이 결국 부산의 문화가 될 것이다.

문화생활도 찍먹 추천!

김하늘

처음 청문청답 원고 청탁서를 받았을 때, 주제에 대한 고민이 많았다. 게다가 너무 진지하게 생각했는지 주제도, 내용도 너무 무거워지는 것 같아서 점점 부담스러워지기 시작했다. 그래서 처음부터 다시 생각해 보기로 했다. 좀 더 가볍게 이야기할 만한 주제가 뭐가 있을까? 이리저리 고민해보니 결국 내가 어떤 문화적 라이프스타일을 가지고 있는지 소개해 보는 것도 좋을 것 같았다.

더불어 내 생활도 다시 되돌아보고.

나는 사실 특출나게 다양한 문화생활을 즐기는 건 아니다. 다른 사람들이 들으면 '아, 그 정도는 나도 하는데?'라고 말할 수 있을 법한 정도의 문화생활을 하고 있다. 단지 주변에 다양한 분야에 관심이 많은(깊은!) 사람들이 있어 오며 가며 얻어듣는 내용이 많고 그러다 보니 저절로 관심이 가는 부분은 다시 찾아보고 한 번 시도해 보는 정도의 차이랄까. 나의 주된 문화생활을 다시 되돌아보면 크게 두 가지로 나눌 수 있는데, 이는 내 개인적인 선호와 주변 지인들의 영향이다.

첫 번째는 내 개인적인 선호가 듬뿍 반영된 영화 보기이다. 나는 어렸을 때부터 부모님의 영향으로 영화 보는 걸 좋아했고, 장르도 크게 가리지 않는 편이다. 독립영화나 예술영화도 주제가 흥미롭거나 배우, 감독을 선호하면 다양하게 도전하는 편으로 이런 부분에서는 부산에 사는 것이 꽤 긍정적인 영향을 끼쳤다. 부산은 작지 않은 도시라 프랜차이즈 영화관에서도 예술 영화 상영관을 운영하고 영화의 전당에서도 상업 영화관에서는 쉽게 만날 수 없는 다양한 영화를 상영한다. 이런 물리적인 이점 때문으로 나는 평소에도 내 개인적인 선호에 부합하는 다양한 영화를 볼 수 있었다.

두 번째는 지인들의 영향인데, 이는 특별한 어떠한 문화생활! 이라고 분류하기 어렵다. 20대가 반쯤 지나고 나서부터 지인들과 이야기를 나누면서 내가 생전 관심 없었던 문화생활에 하나둘씩 눈을 뜨고 있는데, 이해하기 어려운 과학에 관련된 책을 읽는다거나 고등학생 때 겉핥기로 배운 고전 철학을 다시 공부해 본다거나 하는 부분들이다. 이렇듯 지인들을 통해 새롭게 뻗어 나가는 나의 문화생활 카테고리는 나의 삶을 더 풍족하게 해주곤 한다.

나름대로 나의 '문화적 라이프스타일'에 대해 이야기해 보려고 했는데, 글을 마무리하려니 참 어렵다. 그래서 한 가지만 강조하자면, 주변 지인들을 따라서 새로운 문화생활을 탐색하고 나처럼 찍먹! 해보는 걸 추천하고 싶다. 발만 담가 보아도 좋은 경험이 될 것이기 때문이다.

무지개 같은 색감의 스펀지

김하라

저는 청년이 되고 부산에 왔어요. 부산에서의 삶은 꽤 만족스러웠어요. 조금만 걸어가면 탁 트인 바다를 마주할 수 있었고, 제 고향에 비해 미술관, 백화점, 맛집, 카페들까지 즐길거리가 많았으니까요. 그치만 문화기획 일을 하고 싶다고 마음먹고 나서는 언제라도 부산을 떠날 준비를 하고 있었어요. 부산이 싫어서라기보다는 어찌 됐든 제 몫을 하면서 살아야 했으니까요.

문화기획을 시작한 이후로 영화나 연극, 전시, 강좌 등을 한 달에 한두 번씩은 꼭 경험하고 있어요. 좋아하기 때문도 있지만 아무래도 이런 것들을 계속 보고 듣고 해야 생각의 폭이 넓어지는 것 같아서요. 음악, 문화예술계 커뮤니티 등을 가까이 두고 늘 즐기듯 그리고 공부하듯 함께 살아가고 있습니다.

자주 만나는 사람요? 평소 자주 만나는 다섯 명의 평균이 본인의 모습이라던데, 한 명만 빼놓고는 전부 문화기획 일을 하고 있는 사람들이에요. 저는 '청년문화기획자 아카데미'를 통해 문화기획을 시작했는데, 인연이 되어 재단의 지원사업도 함께 하게 되었어요. 일 년 넘게 보고 있는데도 늘 새롭고 같은 분야에서 일을 해서인지 공감대 형성도 잘되고 업무적으로 서로 도움을 주고받고 있어요.

저는 청년문화가 말랑말랑한 스펀지라고 생각해요. 늘 새로운 것에 도전적이고 변화하는 것들을 잘 수용하기 때문에 스펀지 같다는 생각이 들어요. 대신 저는 때 묻은 스펀지보다는 여러 가지 물감들을 쫙 빨아들이는 무지개 같은 색감의 스펀지가 되고 싶다는 생각이 들어요.

문화기획 일을 하다 보면 저를 일대일의 동등한 파트너로 여기고 존중해주시는 기성세대분들을 만날 때 정말 기분이 좋고 감사하더라고요. 그분들에게 누가 되지 않게 제 능력을 더 기르고 열심히 해야겠다는 생각도 들었고요. 저도 제 자리에서 열심히 노력할 테니 저를, 그리고 우리를 믿고 존중해 주셨으면 좋겠어요.

다음 세대에게 할 말은…… 저도 지금 제가 살아가고 있는 방향이 맞는지 아닌지 헷갈릴 때가 많아요. 아마 당신들도 그렇겠죠? 다만 앞으로 걸어갈 길이 혹여나 외롭고 쓸쓸하지 않도록 지금, 여기에서 제가 할 수 있는 일들을 먼저 해내고 있을게요.

부산은 참 매력적인 곳이더라

남예진

부쩍 청년들만 들을 수 있는 문화 사업 프로그램이 부산에도 많이 나오고 있는 것 같아요. 저도 그 덕에 지역 아카이빙, 영상 제작을 배우는 프로그램, 인문 프로젝트 등 좋은 경험을 무료 또는 적은 금액으로 참석할 수 있었어요. 너무 감사했죠.

다만 우려스러운 점은 부산에 청년 문화생활이 더 늘어났다고 해서, 더 늘어난다고 해서 부산을 떠났던 청년들이 돌아오거나 부산에서 자라는 청소년들이 청년으로 성장한 뒤에도 지금처럼 부산을 떠나지 않을 거라는 생각은 들지 않는다는 거예요. 부산은 발전 가능성이 무궁무진한 곳이지만 청년이 살아남기엔 쉽지 않은 곳이라 생각하거든요.

우선 일자리가 턱없이 부족하다 생각해요. 당장 돈이 급한 게 아니라면 언제든 내가 아니라도 대체 가능한 일을, 그 정도 금액에 맞는 대우를 받으면서 일하기보단, 짧은 파트타임 근무를 하면서라도 나의 스펙을 향상시키도록 더 노력해 적어도 10년 이상은 믿고 일할 수 있는 그런 일을 하고 싶어요. 하지만 부산은 상대적으로 그런 기회가 원체 적은 것 같아요.

또한 청년이 관심 가질 만한 분야에 대한 정보가 너무 적어요. 코로나 발생 이후 변화가 빠르게 일어나는 분야들이 있어요. 또한 없어질 것 같은 분야 혹은 더욱 각방 받을 것 같은 분야가 눈에 보이기도 해요. 부산시 지원을 받아 청년들이 관심이 많은 분야에 대해 짧은 시간이지만 얘기를 들어보고 배워 볼 수 있는 다양한 프로그램이 나오고 있는 건 너무 좋은데 그 이후 조금 더 전문적으로 배우고 싶다 말하면 '그럼 서울로 가야지.'라는 답만 나오니 속상해요. 지금 새롭게 각방 받는 분야나 좀 더 전문적인 교육을 원해 학원이나 그 후 취업 현황을 알아보기 위해 취업처를 알아볼 때면 더욱 서울과 부산의 차이가 크게 나더라고요. 제 주변만 봐도 취업이 아닌 학원 수업만을 위해 부산을 떠난 친구들도 제법 있어요

그럼에도 불구하고 다음 세대 부산 청년들에게 무슨 얘기를 해줄 수 있냐고 물어보신다면 '이 큰 단점들이 있음에도 부산은 참 매력적인 곳이더라'라는 거예요. 태어났을 때부터 키 크고 날씬하고 예쁜, 그런 다 가진 친구를 보면 부럽듯 부산도 그런 곳이라 생각돼요. 그래서 코로나가 끝날 때를 대비해 여행이나 글, 사람과 얘기하는 걸 좋아하는 부산 사람이라면 부산이 가진 많은 역사와 볼거리, 먹거리를 이용해 부산 여행 스토리 메이커 쪽으로 바라보는 건 어떨까 제안해 주고 싶어요. 즐겁고 보람되게 먹고살 일만 찾으면 부산은 더없이 살기 좋은 곳이라 생각이 들어서요.

문화라이프란 하나의 성장 수단

문찬우

안녕하세요. 저는 25살까지 경기도에서 살다가 2017년에 부산에 있는 대학교로 편입하면서 부산에서 지내기 시작했습니다. 현재는 대학을 졸업하고 해운대구에 있는 부산 창업지원 주택에 입주하여 일과 창업을 병행하고 있는, 평범한 부산 청년입니다.

부산은 해운대, 이기대같이 바다가 펼쳐진 멋진 자연경관과 서면, 센텀시티같이 도시문화생활을 함께 즐길 수 있는 '하이브리드형 도시'라고 말하고 싶습니다. 부산은 청년들이 자연을 산책하고 문화라이프를 즐길 수 있는 도시라고 생각합니다. 잠깐 제 얘기하자면, 스무 살 적 처음 부산에 여행을 왔는데 첫눈에 반했습니다. 이후, 부산에서 살고 싶어서 부산에 있

는 대학으로 편입해서 부산 라이프를 즐길 수 있게 되었습니다. 저는 부산 라이프가 정말 좋습니다.

저는 부산 바다를 사랑합니다. 광안리 해수욕장, 해운대, 청사포, 송정동, 이기대, 영도, 다대포……. 부산은 아름다운 바다를 볼 수 있는 곳이 정말 많습니다. 바다를 산책하고, 바다를 보며 생각에 잠기길 좋아합니다. 작년부터는 부산 청년학교에 인연이 닿아 골목 사이로 광안리 바다가 보이는 곳에 있는 '두두디북스'라는 독립서점, 문화 아지트 공간에서 멋진 분들과 함께 프로그램을 기획, 운영하며 문화라이프를 누리고 있습니다.

저는 평일엔 주로 일터에서 사람을 만납니다. 직업 특성상 청년들부터 어르신들까지 폭넓은 고객들을 만나고, 주로 유통업에서 종사하는 분들을 만나서 많이 배우고 있습니다. 주말에는 앞서 얘기한 '두두디북스'에서 멋진 분들과 시간을 보냅니다. 한 달에 한두 번씩 프로그램 진행을 위해, 혹은 새로운 프로그램 기획을 위해 만납니다. 정말 많이 배우고 있습니다.

저는 청년문화를 다양성과 성장이라는 관점에서 이야기하고 싶습니다. 먼저 청년문화는 정말 다양합니다. 독서, 운동, 사진, 음악, 언어, 커피 등 수많은 큰 카테고리가 있고, 그 안에도 고전독서, 경제독서, 자기 계발 독서 등 세부적인 카테고리는 셀 수 없을 만큼 많이 있습니다. 그만큼 청년들은 다양한 분야에서 호기심을 느끼고 자신만의 문화라이프를 만들어 나간다고 생각합니다. 그리고 성장입니다. 이제 막 사회에 나온 청년들에게 문화라이프란 하나의 성장 수단이라고 생각합니다. 기존의 문화를 즐기고 또다시 새롭게 변형하고 창조하여 자신만의 무언가를 만들어 나갑니다. 그러면서 기술이 늘어나거나 생각이 확장되고, 새롭게 창조된 무언가는 사람들을 끌어모으며 또다시 새로운 청년문화로 태어납니다. 청년과 청년문화가 상호작용하면서 성장해 나가는 것이 청년문화라고 생각합니다.

기성세대에게 드리고 싶은 말은, 먼저 감사하다고 말씀드리고 싶습니다. 높은 대학 진학률, 문화 여건, 풍부한 사회간접자본은 모두 기성세대의 노력을 바탕으로 이루어졌습니다. 우리 이전의 어른들, 부모님, 할아버지, 할머니……. 한때는 청춘이었던, 그분들의 삶으로 가꾸어진 사회 덕분에 우리 세대가 풍요로운 토대 위에서 자랄 수 있었습니다. 이제 우리 세대는 그분들의 자리를 이어받아 기성세대가 건강하고 안락하게 살 수 있는 사회와 우리 다음 세대가 안전하고 행복하게 성장하는 사회로 만들어 나갈 것입니다. 스스로 삶에 자부심을 품으시고 다음 세대를 믿고 지켜봐 주시길 바랍니다.

또한 다음 세대에게는…… 4차 산업혁명, 포스트 코로나 시대 등 세상은 하루가 다르게 급변하고 있습니다. 변해가는 세상에 적응하려 허덕이다 보니 나 하나도 지키기 어려웠습니다. 스무 살 적 패기는 점점 줄어들고, 어느덧 현실과 이상을 구분하여 조금은 냉철하고, 조금은 무미건조한 삶이 되어가고 있습니다. 무엇 하나 내세울 것 없는 평범한 사람이지만, 그런 제가 다음 세대 청년들, 훌륭한 후배들에게 이야기할 수 있는 기회가 주어진다면 저는 그들이 자신만의 가치관을 가지고 자신만의 청춘을 누리라고 이야기하고 싶습니다. 인생에 한 번뿐인 빛나는 청춘입니다. 세상의 강요, 타인의 시선에 흔들리지 않고 자신이 좋아하고, 행복해질 수 있는 시간을 보내시길 바랍니다. 그런 청춘을 보내시길 바랍니다. 감사합니다.

우린 예전과 다른 방식으로 '유대'하고 있다

박수빈

안녕하세요. 소설 쓰는 점하나(박수빈)입니다. 제가 자란 부산은 고즈넉하고 한적했지만, 어느새 이곳은 다양한 연령이 드나들면서 생기 넘치는 지역으로 변한 것 같아요. 시선을 돌리는 곳마다 청년들이 모여 있고, 그들이 목소리를 낼 자리가 마련되어 있으니까요. 이번 '작가의 탄생' 프로그램도 제 속에 묵혀 둔 이야기를 꺼낼 수 있는 기회가 되었어요. 쓸 '수' 있는 사람을 '쓰는 사람'으로 성장시키는 에너지가 이곳, 부산에 있습니다. 다양한 사람들이 모이고, 서로 이야기를 나눌 수 있는 자리가 마련된 곳에선 자연스레 밝은 미래를 위한 가능성이 자란다고 믿어요. 부산은 청년들의 목소리를 들어주는 지역으로 자라나고 있고요.

저는 방 한 칸에 숨어 홀로 글을 쓰기 때문에 종종 집 밖이 두려워요. 함께 소설을 읽고 합평하는 문우文友들과 줌zoom 화면으로 소통하고, 친한 친구들과도 메신저로 연락하다 보니 요즘 관계의 본질을 고민합니다. 과거엔 관계를 맺기 위해 얼굴을 마주 보고 대화하고 살을 맞대었다면, 지금 우리가 '연결'되기 위해 필요한 노력은 무엇일까요. 사람 간의 물리적 거리가 늘어났지만, 서로에게 쉽게 '접속'할 수 있는 시대가 되었습니다. 그만큼 우리는 가상공간에서 자주, 오래 만날 수 있어요. 청년문화가 그런 것 같아요. 만남의 질보단 양에서 의미가 피어오른다고요. 언택트 시대의 청년들은 실없는 얘기, 사소한 일상, 진지한 의견을 자유롭게 나눠요. 그 대화에서 새로운 아이디어가 끊임없이 떠오르고요. 이 '경계 없음'이 청년문화의 큰 특징이라고 생각합니다.

속 깊은 대화를 나누어야만, 얼굴을 보고 술 한 잔 나누어야만 친구가 되는 시대는 이제 아니라고 생각해요. 성별, 종교, 인종 관계없이 언제 어디서든 '우리'가 될 수 있는 시대잖아요. 다양한 사람들과 어렵지 않은 방법으로 만날 수 있는 세상인 만큼 '가벼운 유대'가 가능해졌어요. 청년들은 '가볍게' 만나는 것이 아니라 예전과 다른 방식으로 '유대'하고 있다. 이 점을 기성세대들이 이해하고 응원해 주었으면 합니다.

앞으로 사회적 거리두기가 완화되면 얼굴을 마주할 날이 늘어날 거예요. 하지만 예전과 똑같지는 않겠죠. 우리 안엔 언제든 멀어질 수 있다는 가능성이 남아 있으니까요. 그래서 다음 세대 청년들은 이 '가능성'을 긍정적으로 바라보았으면 좋겠어요. 적극적으로 의견을 나누고, 갈등하고, 이해하는 과정을 언제 어디서든 할 수 있는 세상이니까요.

부산은 '퍼플 시티'

박지영

저는 미혼의, 30대 중반, 대학생이고, 나이를 열 살만 깎고 싶은 자발적 시간 역행자예요. 전 저 자신을 보며 삶은 정말 형태를 정할 수 없는 무한 개의 조합이 있다고 느껴요. 평일에는 20대 친구들과 대학에서 수업을 듣고 뒷고기에 소주를 마시며 미래의 불투명함에 관해 이야기를 나누다 이번 겨울방학 때 토익 시험을 칠지 말지 고민해요. 주말에는 제 또래 친구를 만나 결혼은 백만 광년 밖 다른 차원 은하계의 이야기라며 이제 한 해 한 해가 갈수록 몸이 힘들다 운동이나 하자 해서 등산을 다녀요. 독서 모임에서는 다양한 연령대의 사람들과 소설보다 더 소설 같은 우리 인생에 관해서도 이야기하고 또 봉사활동에서는 또 다른 배경을 가진 사람들을 만나 삶의 무게에 대해 생각해요. 그리고 집에 돌아와 육십이 넘은 부모님과 외식 후 포켓볼을 치러가죠.

동시에 다양한 연령대와 배경을 가진 사람들을 만나다 보니 그들이 20대든, 60대든 결국 사람은 모두 비슷하다는 생각이 들더라고요. 다만, 그들의 살아온 배경이 달라 아는 것들이 그리고 관심사가 다를 뿐이에요. 그런데 지금 우리는 세대와 세대 사이에 군사 분계선이라도 있는 듯 날이 선 채로 상대측 진영이라고 여겨지는 곳을 향해 장전된 총구를 겨누고 바라봐요, 하지만 나이는 연속적 분포라서 결국 모든 세대는 이어져 있어요, 사슬고리처럼요.

그 사슬고리를 연결해줄 수 있는 수단이 많이 생겼으면 좋겠어요. 제가 생각하는 요즘 청년문화는 '공유하는 것'이라고 생각하는데 이런 '공유'가 세대 간에 이루어지면 좋겠는데 그런 문화적 공유가 젊은 층에서만 주로 이루어지는 게 너무 아쉬워요.

제가 생각할 때 청년과 중장년층을 잇는 '공유' 문화의 거점으로 부산이 최적이라고 생각해요. 제가 생각하는 부산은 '퍼플 시티'거든요. 레드와 블루가 잘 섞인, 자연과 도시가 절묘한 균형을 이루고 있는 도시. 부산의 환경적 조건과 인구 유동 같은 변수들 덕분에 부산에서는 레드오션과 블루오션의 영역 경계를 명확히 구분 짓기가 어려운 것 같아요. 그래서 부산이 퍼플시티라고 생각하는데, 그 종잡을 수 없음이 무엇이든 시작할 수 있는 여지가 될 수 있잖아요.

서울 1/3 정도의 적당히 많은 인구, 도시 전체가 적당히 모두 발전해 있고, 수직으로 줄 세울 만한 기업들도 많이 없어서 경쟁이 비교적 치열하지 않고 그렇다고 일자리가 영 없지도 않아요. 부산 곳곳에 똬리를 틀고 있는

산과 부산의 절반을 감싸고 있는 바다를 내세운 관광도시라는 명함 위로 편리한 교통편이 잘 갖춰져 있어서 외부 유입 인원도 많죠. 이런 자연과 도시의 균형적 융합이 엄마와 딸, 아빠와 아들이 함께 '공유'할 수 있는 문화 거점의 우성 유전자를 바탕으로 '문화 공유'의 싹을 틔울 수 있는 양질의 인프라라고 생각해요. 편리한 교통편으로 비교적 쉽게 닿을 수 있는 도시니까 온 김에 바다를 보면서 회도 먹고 전시회나 독서회도 참석하는 거죠. 여행이라는 명목하에 부모와 같은 시간과 공간을 공유하는 방식으로 문화를 함께 즐기는 거예요. 그렇게 그들에게 색다를 수 있는 라이프스타일을 소개하는 거예요.

우리 청년들의 숙제는 중장년층과 '공유'의 노력을 계속해야 한다는 거예요. 우리가 중장년층의 '라떼'의 노력을 먹고 자랐음을 기억하고 '연세 지긋하신 어른들은 재미없어'하고 배제시킬 게 아니라 그들이 관심을 가질 만한 문화 콘텐츠를 만들어 문화 영역으로 적극적으로 끌어들여야 해요. 수영의 F1963이나 영도에 새로 생긴 복합문화공간 같은 곳들이 많이 생기되 콘텐츠를 다양화해서 여러 연령대의 사람들이 서로를 이해할 수 있는 장이 많이 마련되면 좋겠어요. 부산 구석구석 작은 개인 서점들이 속속 생기고 출판사의 독자적인 북카페가 부산에 열린 것도 긍정적인 변화인 것 같아요. 책은 전 연령대가 공유할 수 있는 가장 손쉬운 매체니까요. 최근 성인가요의 젊은이화가 여러 연령대를 하나로 묶은 좋은 예인 것 같아요. 그렇게 다른 시대를 겪은 여러 연령대가 즐길 수 있는 콘텐츠들을 개발하고 함께 즐기다 보면 다양한 바이브들이 모여서 더욱 다채로운 라이프스타일이 만들어지고 사슬고리 연결부의 삐걱거림을 조금이나마 윤활할 수 있다고 믿어요. 그런 변화가 나비효과를 일으켜 이 도시를 더 풍요롭게 만들어 주지 않을까요?

저희도 수많은 선택을 하며 성장하고 있어요

박혜원

부산은 청년들이 긍정적인 경험을 하기 좋은 도시인 것 같습니다. 축제도 많이 개최되고 찾아보면 부산 곳곳에 독립서점처럼 문화 공간들이 많은데 청년들이 이런 곳을 찾아다니며 긍정적인 경험과 더불어 많은 것들을 접하고 경험하고 배울 수 있다고 생각합니다.

저는 일상 자체를 문화와 함께 하고 있는 것 같아요. 출퇴근길엔 늘 제가 좋아하는 가수들의 노래를 듣고, 마음에 와닿는 가사가 있으면 기억해뒀다가 따로 메모를 해 둡니다. 퇴근 후 집으로 돌아와서는 제가 좋아하는 작가님들의 글을 읽으며 시간을 보내고요. 물론 친구들과 연극, 뮤지컬을 보러 가기도 하지만 그냥 일상을 보내듯 노래나 책을 읽는 게 저의 문화적인 라이프스타일과 더 가깝다고 할 수 있을 것 같습니다.

주로 만나는 사람들은 학창 시절을 같이 보낸 동네 친구들, 직장에서 만난 마음 맞는 동기들과는 소규모로 모여서 살아가는 이야기들을 나눕니다. 그 외로 두두디북스의 일반 조합원으로서 활동을 하며 만나는 분들이 있는데 아쉽게도 코로나라는 상황 때문에 자주 만나 활동하지는 못 하고 있네요.

제가 생각하는 청년문화는, 청년들의 정체성을 비롯한 감정, 주관을 주저하지 않고 표현하는 것이라고 정의할 수 있을 것 같습니다. 자신에 대해 잘 알고 당당하게 표현하는 것 그 자체가 청년문화라고 생각하고 많은 청년들이 자신에 대해 많은 표현을 하고 있다고 생각하거든요.

그런 저희를 기성세대는 조금만 지켜봐 주셨으면 좋겠습니다. 물론 기성세대 분들이 보시기에는 청년세대가 불안하고 위태로워 보일 수도 있을 것 같아요. 하지만 각자의 위치에서 다들 열정을 가지고 수많은 선택을 하며 성장하고 있으니까 너무 걱정하지 마시고 천천히 지켜봐 주세요.

또 다음 세대에게는 하고 싶은 게 있다면 일단 해보셨으면 해요. 저는 겁이 많은 편이라 고민만 하다 좋은 기회들을 놓쳤던 적이 많았거든요. 진짜 하고 싶은 것들이 있다면 일단 해보시고 많은 걸 느껴 보셨으면 합니다. 그것만으로도 삶을 살아갈 수 있는 원동력, 성장의 밑거름이 될 수 있으니까요.

셀프 브랜딩

손형선

부산은 청년들이 지내기에 어떤 도시인가요? 참으로 난감한 질문이다. 이유는 간단하다. 각자 타고난 환경과 후천적으로 얻은 운에 따라 답이 달라질 것이기 때문이다. 내 경우를 묻는다면 그저 아직 운 좋게 숨이 붙어 있다 정도로 말할 수 있다. 아직 사회로부터 완전히 격리되지 않은 것만으로도 창조주에게 감사할 따름이다. 내가 살아있다는 사실에 '소확행'을 느낀다.

그러나 이것은 그저 내 사정에 불과하다. 데이터가 필요하다. 주변을 둘러보자. 시야가 닿는 곳에 있는 '청년'들에게 물어보았다. 다양한 답을 들었지만, 요지는 이렇다. 사회생활을 시작하고자 염두에 두는 장소로 부산이 1순위는 아니라는 것이다. 그럼에도 부산에 머물고 있는 이유는? 여러 가지 사정이 있어서 수도권으로 진입하는 것에 실패하였기 때문이다.

그렇다고 하더라도, 부산에서 자리를 잘 잡으면 되지 않는가? 안타깝게도 대부분 그렇지 못하다. 그들은 불안정한 기반 위에서 노동하는 삶을 살고 있다. 노동법의 사각지대에서 착취당하는 것은 예사이고, 끊임없이 닥쳐오는 부조리를 견뎌내어도 지속 가능한 미래를 보장받지 못 한다. 여가 시간은 다음 날 수행해야 하는 노동을 위한 휴식에 온전히 바쳐야 하는 형편이다.

이와 같은 환경에서 하루하루를 살아가는 사람에게 라이프스타일이라는 것이 존재할 수 있을까? 왜 없겠는가. 당연히 있다. 다만, 그것이 대부분 '셀프 브랜딩'으로 수렴한다는 점을 주목할 필요가 있다. 스펙을 쌓는 행위는 취업과 동시에 끝나지 않는다. 지금 하는 일을 언제 그만두게 될지 장담할 수 없지 않은가. 그래도 일하면서까지 공부를 하고, 자격증을 준비하려니 암담하기 짝이 없다. '셀프 브랜딩'은 이러한 문제를 해결하기 위한 절충안이다.

'셀프 브랜딩'은 어떻게 하는가? SNS와 같이 스스로를 드러낼 수 있는 창구를 활용하여, 취미를 통해 구현할 수 있다. 그런데 문제가 있다. 돈이 되는 취미여야 한다. 돈을 벌지는 못하더라도, 자신의 상품 가치에 도움이 되어야 한다. '셀프 브랜딩'을 위한 취미는 인간관계에도 영향을 미친다. 정보를 공유할 수 있거나, 잠재적인 고객이 될 법한 사람을 만나야 한다. 기존에 형성한 인간관계도 '셀프 브랜딩'을 위한 재료로 활용될 가능성이 높아진다.

청년문화를 곧 '셀프 브랜딩'이라고 정의할 수는 없다. 그러나 '셀프 브랜딩'을 지향하는 경향이 강해질수록, 청년문화는 재화를 창출할 수 있는 영역으로 한정될 우려가 있다. 그러니 기성세대는 청년들이 N잡으로의 확장을 고민할 필요 없이, 여가 시간을 자유롭게 사용할 수 있게끔 조력할 필요가 있다. 그렇지 않다면 다음 세대 청년들 또한 워크와 라이프의 경계가 흐려질지 모른다.

내 행복이 시작되는 시간, 6시

송규원

나는 공공기관의 정규직이었다. 오전 9시~오후 6시 근무였고, 늘 칼퇴했으며, 휴가 및 휴직이 보장되었다. 2년 전 어느 날, 여느 때처럼 퇴근 후 내가 좋아하는 요가를 하러 가는데 문득 이런 생각이 들었다.

'아, 행복하다.'

이렇게 칼퇴 해서 여가를 즐길 수 있음에 행복했고, 매달 밀리지 않는 월급 덕분에 요가원을 결제할 수 있어서 행복했다. 그래서 행복한 줄 알았다. 그런데 몇 개월 더 지나고 보니, 하루가 다 끝나가는 오후 6시가 되어서야 극도로 행복하다는 것을 알게 되었다. 행복해지는 시점 오후 6시, 더 앞당길 수 없을까? 그때쯤이었던 것 같다. 내 마음속에서 퇴사의 청사진을 그린 것이.

우선, 내가 무엇을 원하는지부터 찾았다. 건강을 위해 요가를 꾸준히 배웠고, 요즘 시대에 외국어 하나 정도는 불편함 없이 말해야겠다 싶어 영어 스터디도 시작했다. 도저히 혼자서는 읽을 엄두가 나지 않아 독서모임도 나갔다. 무엇이 행복이고, 무엇이 나의 일인지 모른 채 사람들의 만나며 세상을 훑었다. 나에게 결정적 신호탄이 된 것은 독서모임이었는데, 멤버들은 직업과 나이를 제외한 '자신'에 대해 생각과 경험을 나눴다. 어떻게 같은 책을 읽고선 이렇게 다른 생각을 하는지 놀랐고, 세상의 가치는 정말 다양하다는 것도 알게 되었다. 엄마 아빠에게 귀에 딱지가 앉도록 들어온 '안정성'만이 유일한 인생의 가치가 아니라, 저마다의 색깔로 인생을 그려 가는 가치를 배웠다.

그제야 9~6라는 회사의 테두리가 더 이상 나를 든든하게 받쳐주는 안정적인 받침이 아니라 무겁고 숨 막히는 족쇄처럼 느껴졌다. 내가 원하는 삶은 '자유'였다. 공간적 자유, 시간적 자유, 그 자유 속에서 내 노동을 가치를 돈으로 환산 받고 싶었다. 경력을 쌓아서 향후 몇 년 안에는 시공간을 넘어서 일할 수 있는 프리랜서, 세상이 급변해도 다 쫄딱 망하지는 않는 N잡 프리랜서를 꿈꾼다.

지난달, 퇴사했다. 현재 '요가하는 아나운서'로 평일에는 라디오를 진행하고 주말 오전에는 야외 요가 클래스를 운영한다. 몇 년 뒤에는 온라인 플랫폼에서 방송하고 요가하는 사람으로 출퇴근에 더 자유로운 삶을 만들 것이다.

살고 싶은 삶을 구체화시키고 하나씩 실현시키다 보니, 어느새 일거리가 많아졌고 일을 하다 보니 내면의 단단함이 커졌다. 불안감이 밀려오면 또 계획을 세워서 그 안에서 중심을 잡으면 된다. 불안정함이란 어쩌면 내면의 문제가 아니었을까? 나는 요즘 오전 6시, 눈만 떠도 행복하다.

문화예술적 경험이 보다 보편화될 수 있도록

이한나

　"와, 부산 사세요? 부럽다."

　서울에 가 서울 사람을 만나서 내가 부산 사람임을 밝히면 이런 대답이 종종 돌아온다. 그들의 머릿속에 있는 부산은 바다 덕분에 풍경이 아름다운 휴양도시다. 그럴 때마다 나의 대답은 이렇다. "네, 살기엔 참 좋아요." '에'에 ㄴ이 붙었다는 건 사실 많은 걸 함축하고 있다. 일단 직업을 갖고 뿌리내릴 준비를 마쳤다면, 부산은 좋은 도시다. 하지만 일단 청년들이 직업을 갖는 것 자체가 쉽지 않고, 직업을 갖는다고 해도 이에 만족하며 지속적인 부산에서의 삶을 꾸려가기에는 부족한 부분들이 있다. 특히 문화적인 부분에서 그 점이 두드러지는데, 문화예술과 관련된 쪽으로 직업을 가지거나 활동을 하고 싶다면 일단 수도권으로 가야 한다는 인식이 주류인 것이다. 그렇기에 부산에서 오래 살고 싶은 청년들은 한정된 직종 안에서 공무원이나 공기업 등을 반드시 염두에 두게 된다. 문화예술 분야는 그마저도 쉽지 않지만.

　나는 문화예술 분야에 오랜 기간 관심을 두고 있었고, 향유하는 것에 관심도 욕심도 많다. 대학생일 때는 대학교를 중심으로 소극장 연극을 보는 문화가 꽤 활발해 부산의 이런저런 소극장들을 방문해 좋은 연극을 보았던 기억이 많다. 하지만 요즘은 (코로나19가 결정적인 영향을 미쳤겠지만) 부산의 극장에서 연극을 보려 해도 정보를 알기 어렵고, 큰 공연이나 전시가 대체로 서울에서 열리기에 날을 잡고 서울로 가서 관람을 하게 되는 경우도 적지 않다. 보다 활발한 문화예술적 네트워킹과 홍보 방법이 마련되었으면 하는 바람이 든다. 아는 사람만 자꾸 알게 되는, 그리하여 문화예술에 꿈이 있는 이들이 자꾸 부산을 떠나야 하는 이런 상황을 타개할 수 있는 방안이 있었으면 좋겠다.

그러기 위해서는 기성세대이건 다음 세대이건, 지역에서 일어나고 있는 문화예술적 움직임에 더욱 관심을 갖고 귀를 기울이는 노력도 필요할 거라는 생각이 들기도 한다. 하지만 이들이 애초에 경험해본 적이 적다면 어떨까. 추구해야 할 필요를 느낄 수 있을까. 악순환이 되지 않도록 부산에서 문화예술적 경험이 보다 보편화될 수 있는 방법이 있었으면 한다. 그래서 미래의 문화예술 향유자와 아티스트가 부산을 떠나지 않고도 부산 안에서 충만한 경험을 할 수 있게 된다면 악순환이 선순환으로 바뀌는 날이 우리의 생각보다 더 순식간에 돌아올지도 모른다.

'함께'하기 위한 '혼자 됨'

이희연

부산은 청년들에게 살고 싶은 도시이자 살기 어려운 도시인 것 같습니다. 산과 바다가 가까이 있어 부산만의 특별한 문화를 즐길 수 있다는 점은 긍정적이지만, 청년들의 큰 고민인 취업과 문화적 다양성 부족을 고려하면 부정적인 측면도 분명 존재합니다.

저는 예술을 사랑하는 사람입니다. 코로나 시국 이전에는 여러 사람을 만나는 것을 좋아했는데요, 코로나 시국 이후로는 혼자 지낼 수밖에 없어 사유하는 시간을 많이 가지게 되었습니다.

예술문화 중 통기타 연주와 노래, 그림 그리기, 심리학, 철학에 관심을 가지고 있었는데 고독한 시간에 마주한 오랜 취미들은 그 결이 또 다르게 다가 오더군요. 외로움을 넘어 고독으로 깊이 내려가 보니, 나와 대화하고 예술로 풀어내는 그 과정의 재미를 알게 된 듯합니다.

이런 제 문화를 어떤 스타일이라고 정의할 수 있을까요? '문화'가 형성되기 위해서는 '함께'라는 의미가 들어가야 할 것 같은데요, 저는 '함께'하기 위해 '혼자 됨'의 깊이도 꼭 경험해 봐야 한다고 생각합니다. '혼자'인 제 자신도 결국 모든 것이 '함께'했기에 이 세상에 존재할 수 있었을 테니까요.

저는 직업상 마음이 아픈 분들을 많이 만납니다. 그분들의 아픔과 상처를 마주하고 보다 온전하고 안정적인 삶을 살아갈 수 있도록 고민하고 나아가는 과정을 함께하고 있습니다.

그분들이 필요할 때 제게 충분히 기대고 쉴 수 있도록 제 자신을 돌보는 일 또한 꾸준히 하고 있는데요, 그 과정에서 또 다양한 사람들을 만나게 되는 것 같습니다. 영어공부, 독서모임, 운동모임 등 자기개발을 목적으로 만나게 되는 사람들은 저마다의 열정을 가지고 있고, 배울 점이 많고 긍정적인 영향도 많이 받게 됩니다.

사회적인 목적을 가지고 형성된 만남이지만, '열정'이라는 결이 같다 보니 존재 자체로 '함께 함'이 행복해지는 듯합니다.

청년문화를 정의한다면…… 고민이 많아지는 질문이네요. '청년'을 정의하는 것도, '문화'를 정의하는 것도 어려운데 두 단어가 함께 붙어 있네요.

그래도 하나 분명히 말할 수 있는 점이 있습니다. 청년이 행복했으면 좋겠습니다. 청년을 살아갔던 분들은 청년들에게 '충분히 많이 실패해 보라'고 조언하곤 합니다. 그런데 이미 너무 많은 실패와 좌절을 경험한 청년에게는 그 조언이 가혹하게만 느껴집니다. 왜 실패를 해보라 할까, 그것도 많이. 다소 잔인하다 생각이 들었었는데요, 지금은 그 의미를 조금은 알 것 같습니다.

최근 아주 큰 실패를 맛보고 고통 속에 잠식되었던 시기가 있었습니다. 물론, 겉으로 드러내지 않아 타인은 잘 몰랐지만 제 스스로는 매우 고통과 괴로움 속에 힘들어 했었지요. 고통이 아주 깊어지다 보니, 알게 되는 것들이 있었습니다. 진정으로 아파하는 것, 그 아픔을 딛고 일어서는 것, 일어서는 과정에 사람에게 의지한다는 것, 죽을 만큼 힘들었지만 일어서고 보니 성장했다는 것, 보다 강인해졌다는 것. 일련의 과정을 겪고난 저는 보다 깊어지고 성장해 있었습니다. 저 자신에게 감사하고 주변 사람들에게 감사해지더군요. 그리고 찾아오는 감정이 '행복'이었습니다.

고통 뒤에 따르는 행복. 이제 조금 알 것 같기도 합니다. 청년이 행복했으면 좋겠습니다. 행복한 청년이 보다 많아졌으면 좋겠습니다. 제가 도움이 될 수 있다면 그것 또한 행복입니다.

기성세대와는 친하게 지내고 싶습니다. 너무 가까운 사이보다 서로 존중할 수 있는 거리에서 친하게 지내고 싶습니다.

다음 세대에게는, 그대들과 친하게 지내고 싶습니다. 어떻게 하면 될까요?

소통의 창구는 항상 열려 있다

임소원

내가 참여해본 부산의 청년 문화활동은 주로 독서모임이다. 독서모임을 하기 전에는 독서가 의무처럼 느껴졌다. 주변 사람들과도 책을 읽고 의견을 나누는 활동을 하는 것이 낯선 활동이었다. 독서는 나에게 쉽지 않은 일처럼만 느껴졌다. 그래서 계속해서 미루어두었던 것 같다.

2020년 초에 코로나바이러스가 우리나라에 점점 퍼지면서 사람들은 집에서 보내는 시간이 더 많아지고 있었다. 아마 한 번쯤은 이 상황에서 무기력함을 느꼈을 것이다. 나 또한 처음 겪는 상황이라 큰 무기력을 겪었지만 사람들은 무기력을 겪는 와중에도 타인과의 커뮤니티를 갈망하고 있는 모습을 보았다.

그때 마침 (재)부산인재평생교육진흥원의 부산청년학교라는 프로그램 중 독서 큐레이팅학과에 참여하는 기회를 얻었고 거기에서 많은 부산의 청년들을 만나볼 수 있었다. 독서를 통한 사람들과의 소통은 나한테 새로운 소통 방법이었다. 각자 다른 라이프스타일을 가지고 있으면서도 책 한 권으로 이야기가 통하고 비슷한 부분 또는 생각지도 못한 부분에서 영감을 받고 위로를 받고 있는 모습을 보고 신기했다.

독서모임을 통해 부산에 살고 있는 청년들을 몇몇 만날 수 있었는데 그들은 부산을 사랑하고 있었다. 이를 알고 나는 좀 부끄러웠다. 나는 부산을 제대로 즐기지 못하고 있었던 것 같다. 부산의 청년 커뮤니티에 대해 전혀 관심도 없었으면서 부산과 다른 도시를 비교했었다. 부산을 사랑하는 청년들 덕분에 지금은 부산에서 일어나고 있는 거의 대부분의 청년 활동들에 관심을 갖게 되었다. 실제로도 활발하게 참여하려고 시도하는 중이다. 지금은 앞으로 부산에서의 청년생활이 기대될 뿐이다.

요즘 청년들은 개인의 시간을 더 중요시 여기고 모임 같은 사람들과의 소통은 꺼려한다라는 말을 많이 들어 보았다. 실제로 그럴 수도 있다. 하지만 소통의 창구는 항상 열려 있어야 한다. 그리고 언제든지 소통을 원한다면 열렬히 환영해줄 수 있는 공간이 있다는 것을 알려야 한다고 생각한다.

다양한 이들과 소통하기를

임수경

나는 97년생, 부산 출신의 평범한 공대생이다. 주로 공대생들과 공부를 하고 공모전을 나가고, 짬을 내어 독서 모임을 나가고, 글 쓰는 등 평범한 생활을 한다. 이런 활동을 한다고 말할 때마다 주변에서 "바쁠 텐데, 대단하다~."라는 말을 한다. 이렇게 몇몇 이들은 학점 관리, 취업 준비에 바빠서, 이와 무관한 문화생활을 영위하는 것을 사치라고 생각하는 듯하다.

그런데 행복하려고 공부하고, 좋은 곳에 취직하려 하면서 왜 다들 죽상일까. 이렇게 사는 것이 잘 사는 건가? 아니라면, 잘 사는 것은 무엇인가? 이런 질문을 던졌을 때 속 시원히 대답하는 사람은 없었다. 그나마 들은 대답도 "모르겠다. 그냥 취직이나 하면 일단 행복할 것 같다."는 말이었다.

이들은 그렇게 취업을 준비하면서 자신을 즐겁게 하는 일에 시간을 들이는 것을 아까워한다. 또한, 새로운 것을 시도하면서 생길 수 있는 지루함, 불편함, 실패를 두려워한다. 쉬는 시간에는 유튜브 알고리즘의 힘을 빌려 즐거움을 보장받는 것이 제일 합리적이라 생각한다. 편하고 익숙한 콘텐츠, 비슷한 사람만 만나면서 그들은 단조로운 회색 인간이 되어 간다.

다시 원점으로 돌아가서, 취직과 무관한 일들을 하며 즐거워하고, 때로는 불편함을 느끼는 것은 사치인가. 나는 분명히 아니라고 생각한다. 이왕 태어난 것, 좀 즐겁게 살면 어떤가. 또, 새로운 활동을 하면서 느끼는 불편함은 결국 나를 알 수 있게 하는 소중한 기회다. "이게 내 취향이 아닌가? 잘하고 싶은 조바심 때문에 짜증이 나는 걸까?" 고민하면서 취향, 삶의 지향점, 태도 등을 명확히 할 수 있기 때문이다. 따라서 나는 당신이 삶을 즐기고 당신만의 색을 알기 위해서, 새로운 문화생활을 즐기고 다양한 이들과 소통하기를 바란다.

분명 부산은 청년들이 문화생활을 하기에 정말 좋은 곳이다. 미술관, 박물관은 입장료가 무료인 곳도 많고, 배우고자 한다면 싼 가격에 다양한 취미를 배울 수 있다. 무엇보다 문화생활을 활발히 즐기는 이들이 스스로 커뮤니티를 만들어서 다양한 이들과의 소통을 바라고 있다. 지금 당장 주위를 조금만 둘러봐도 저렴한 가격에 즐길 수 있는 문화생활이 도처에 있을 것이다. 그러니 당신은 조금의 시간과 여유만 내면 된다.

당신이 바쁜 삶에 지칠지라도 계속해서 즐거움을 위해 조금의 시간을 내어 주기를. 다양한 경험을 통해 당신 자신을 이루는 색들을 구별하고, 당신을 좀 더 알아가기를. 이러한 여정에서 당신이 조금 더 행복하기를 기도하겠다. 당신은 모든 색이 뭉뚱그려진 회색이 아닌, 다채로운 색의 찬란함으로 이루어진 사람이니까.

고군분투하는 세대

임엄지

청년은 다양한 경험과 소통을 통해 자신의 미래에 대해 심도 있게 생각해야 한다. 자신이 원하는 것, 잘할 수 있는 것, 좋아하는 것 등에 대해 파악하며 본인 삶에서 주인공으로 살아갈 준비를 해야 하는 중요한 시기이다. 다양한 경험과 소통을 토대로 삶의 방향성을 찾아 나가야 하는 시기라는 측면에서, 부산시는 다양한 경험과 소통의 장이 많이 마련되어 있지 않아(혹은 홍보되지 않아) 청년들이 지내기에 다소 아쉬운 도시이다.

또한 부산시의 일자리 부족으로 부산시 청년들이 양산, 김해, 울산 등으로 빠져나가고 있다. 청년들의 유출 현상은 청년들이 부산에서 보내는 시간이 줄어든다는 것을 뜻한다. 부산시의 청년 인구 감소와 그에 대한 대책 부족으로 부산시는 청년의, 청년에 의한, 청년을 위한 도시와는 거리가 멀어 보인다.

청년은 처음으로 나라에서 정해준 의무 교육이라는 사회 제도의 교육에서 벗어나 세상에 나온 존재이다. 비로소 자신을 탐색하기 위한 첫발을 내딛게 된 것이다. 자신에 대해 알아가며 자아정체성을 확립해가는 시기인 청년들은 다양한 문화를 체험하면서 자신의 가치, 신념을 찾아 나가야 한다. 망망대해에 놓여 방황하는 청년들을 그들의 가치, 신념을 찾을 수 있도록 나침반이 되어줄 수 있게 해주는 것이라면 그것이 무엇이든 청년문화라고 정의하고 싶다.

기성세대들은 직업을 갖고 돈벌이를 하는 것 등의 안정된 삶을 중요하게 생각하며 살아왔다. 하지만 지금의 청년들은 '소속'된 삶보다 '나'의 가치와 신념을 중심으로 살아가고 싶어 한다. 청년들은 급변하는 현대 사회 속에서 삶의 의미를 찾기 위해 고군분투하는 세대라는 걸 그대로 받아들이길.

다음 세대의 청년들은 최대한 많은 경험을 해보길 권한다. 무엇이든 직접 부딪혀 체험하고, 여의치 않다면 책이나 영상 등을 통해 간접적으로나마 다양한 것을 겪길 바란다. 다양한 것들에 도전하고 내가 원하는 삶의 방식을 찾아 나가며 자신의 선택과 그 선택에 따른 결과, 또는 삶에서 따라오는 것들을 마주하며 자신의 인생을 자기가 책임질 수 있는 사람이 되기를 바란다. 뭐든 할 수 있고, 무엇이든 될 수 있으니 스스로를 틀 안에 가두거나 어떠한 말로 규정짓지 않기를 바란다. 다른 사람이 바라는 삶에 나를 맞추지 말고 온전히 내가 바라는 내 삶을 살아가기를. 그리고 그다음 세대의 청년들에게 본인이 그들의 '책'이 되어 방황하는 그들에게 나침반이 되어 주길.

공감과 존중이 바탕이 된 소통

전이정

부산은 어디를 가든 바다를 볼 수 있는 매력적인 도시이기도 하고, 청년들을 지원해 주는 사업들이 많아 경제적, 문화적 혜택을 많이 누릴 수 있는 도시라고 생각합니다.

저는 본가가 대구인데, 부산에서 대학교를 나오게 되었어요. 그 이후로 9년째 부산에서 살고 있습니다. 월세 지원사업과 행복주택은 자취생인 저의 주거 불안을 덜어 주었고, 청년학교나 옹기종기 커뮤니티 사업은 두두디북스 사람들을 만나며 교류할 기회를 주었어요. 동구 여성 새로 일하기 센터에서 직업상담을 받아 지금의 직장에도 취업할 수 있었습니다. 부산은 청년들을 경제적으로, 문화적으로 많이 지원해 주는 도시라고 생각합니다.

제 생활은 책과 사람, 여행 이 세 단어로 말할 수 있어요. 저는 책을 읽고 사람들과 이야기하는 걸 정말 좋아해요. 두두디북스 일반조합원도 책과 관련된 문화기획을 해보고 싶어 시작하게 되었습니다. 최근에는 취향과 일의 의미를 생각해 보는 'N페르소나'를 기획해 책들을 읽으며 이야기를 나누곤 했어요. 그리고 로컬 분위기가 물씬 풍기는 여행을 좋아합니다. 주말마다 바다를 보러 가거나 부산의 여러 동네를 돌아다니곤 해요.

책과 사람을 좋아하다 보니 독서 모임 분들을 만나곤 해요. 두두디북스 외에도 소모임 '독설노트'를 하고 있는데, 주로 카톡으로 이야기하거나 줌으로 독서 토론을 합니다. 처음에는 줌으로 토론하는 게 익숙지 않았는데 사회적 거리두기가 길어지다 보니 온라인에서 사람을 만나는 게 익숙해졌어요. 그래도 사람들과 눈을 마주치며 이야기하고, 복작복작 모이는 분위기가 그립네요. 빨리 코로나가 종식되었으면 좋겠어요.

저는 청년문화를 'MZ세대가 가지고 있는 취향과 행동 양식'으로 정의하고 싶어요. '청년'을 가장 잘 표현하는 단어가 뭐가 있을까 고민하다가 자신의 행복을 추구하고, 지금 이 순간을 소중히 여기는 'MZ세대'로 표현하면 좋겠다는 생각이 들었어요. '문화'라는 단어는 좋아하는 것, 행동하는 것으로 표현하고 싶어서 '취향'과 '행동 양식'으로 정의해 보았어요.

기성세대에게 '서로 소통했으면 좋겠어요.'라고 말하고 싶어요. 서로를 이해하기 위해서는 공감과 존중이 바탕이 된 소통이 필요하다고 생각하니다. 세대를 구분 짓지 않고 한 사람으로서, 친구로서 자라온 환경을 이해하려 하고, 서로의 이야기를 들어 보려고 하면 좋겠어요.

저는 다음 세대 청년들에게 '많이 배우고 싶습니다. 그리고 제가 도움이 된다면 언제든 돕고 싶어요!'라고 말하고 싶어요. 저는 다음 세대 청년들도 저의 '친구'라고 생각하거든요. 서로의 모습을 보며 배우고 성장할 수 있는 그런 친구 말이에요. 다음 세대는 우리 세대와 또 다른 방면으로 뛰어날 거라고 생각해요. 그 친구들에게 먼저 배우고 싶다는 생각이 듭니다. 그리고 친구와의 관계를 고민하고, 내 진로를 고민하고, 취향과 취미를 찾아가는 과정에서, 저의 경험이 도움이 된다면 언제든지 돕고 싶습니다.

살고 있어도 살고 싶은 이곳, 부산

최선경

이른 아침 해가 떠오를 무렵, 또는 오후 5시에서 6시 사이 해가 지는 무렵에 광안대교를 타본 사람이라면 내가 왜 부산을 사랑하는지 어렴풋이 알 수 있을 것이다.

어린 시절 1년을 제외하면 줄곧 부산에서 나고 자랐다. 대학교 그리고 직장까지 한 번도 부산 밖에서 살아본 적이 없다. 적당한 자연, 적당한 발전, 적당한 문화를 갖춘 부산은 특출난 것은 없어도 모자란 것이 없는 곳이다. 그래서 단 한 번도 부산 이외의 곳에서 살고픈 욕심을 가진 적이 없었다.

변치 않을 것 같던 신념이 흔들리기 시작한 것은 20대 후반부터다. 오랜 시간 정을 나누던 친구들이 하나둘씩 어딘가로 떠났다. 이유는 간단했다. '부산에는 갈 수 있는 회사가 없어.' 의상 디자이너를 꿈꾸던 친구였기에 충분히 이해가 됐다. 아무렴 이곳에는 관련 인프라가 부족해서 원대한 꿈을 펼치기에 한계를 느꼈을 것이다. 그러나 나는 굳이 서울로 가지 않아도 이룰 수 있는 목표를 지녔기에 개의치 않았다.

변치 않을 것 같던 신념이 무너지기 시작한 것은 그 후로 얼마 지나지 않아서다. 정말 좋아하는 화가의 전시회가 서울에서 개최되었다. 당장 보러 가고 싶은 마음이 굴뚝같았지만 한 번 다녀오는 데에 드는 비용은 나를 주저하게 만들었다. 한참을 고민하다 개최 기간을 놓치고야 말았다. 또 얼마 후 자연을 주제로 한 플래그십 스토어에 대한 기사를 봤다. 인위적으로 건물 안에 펼쳐놓은 자연이란 주제에 매료되어 가고자 위치를 찾아봤는데 어김없이 서울이었다. 의욕이 꺾였다. 엄청난 비용은 아닐지라도 사회 초년생에게 서울 왕복 기찻값과 하루 숙박 비용는 결코 적지 않은 돈이다.

그러고 나니 다양한 문화 인프라를 가지고 산업을 선도하는 서울에 대한 로망이 생겼다. 우리나라 IT 산업의 중심지, 패션의 중심지, 문화의 중심지인 그곳에 보다 가까이 살면 내가 그려낼 수 있는 상상력의 크기가 더 커지지 않을까에 대한 막연한 의구심이었다.

그런 생각을 이어가다 문득 나름 한적한 해운대 바닷가 앞을 거닐 때면 갑자기 부산에 대한 애정이 솟구쳐 오른다. 너무 많지도 않은 적당한 사람들 사이로 충분히 나에게도 떨어지는 겨울 노을을 품은 하늘과 그 빛을 반사하는 바다를 보고 있노라면 어디선가 경외심이 피어 오른다.

산과 바다를 모두 품은 적당한 자연, 필요한 시설은 한데 갖춘 적당한 발전 그리고 적당한 문화를 갖춘 부산은 무언가 특출난 것은 없다. 그러나 모든 도시가 서울이고 뉴욕이라면 과연 그곳이 그만의 역할을 수행할 수 있을까. 부산의 역할이 산업의 중심지, 문화의 중심지는 아니다. 하지만 무엇 하나 부족한 것 없이 적당함을 아는 이곳은 오히려 적절한 균형의 행복을 누리기에 충분하다.

누군가 멀리서 부산에 놀러 온다면 나는 꼭 광안대교에서 노을이 지는 장면을 보여 주려 한다. 실로 놀라운 이 장면은 나로 하여금 부산에 살고 있어도 살고 싶게 만드는 그런 마법을 일으킨다.

독서 모임의 묘미

최지원

3년 전 직장동료의 권유로 부산 광안리 지역 서점 〈두두디북스〉 독서모임에 참여하게 되었습니다. 모임 전에 선정된 책과 이야기할 주제들을 미리 공지 받았기 때문에 약간의 의무감을 가지고 준비해야 했고, 덕분에 혼자라면 완독하기 힘들었을 책들을 읽어 낼 수 있었습니다. 책을 읽고 싶고, 또 읽은 다음 그것에 대해 이야기하고 싶다는 같은 목적을 가진 사람들이 모였기 때문에 참여자들 모두가 적극적인 대화가 즐거웠고 이름, 나이, 직업 등을 밝히지 않고 오롯이 책 자체에 집중할 수 있다는 점도 독서모임의 묘미였습니다. 무엇보다 늘 비슷한 일상의 말과 생각에서 벗어나 삶, 행복, 선악, 사랑, 우정, 믿음, 희생, 사회, 돈, 전쟁, 차별, 죽음 등 중요하지만 막상 진지하게 생각하거나 남들과 이야기할 기회가 흔치 않은 이런 주제들에 대해 내 나름의 생각을 정리하고 나눌 수 있어서 좋은 시간이었습니다. 그리고 사람들이 이런 대화를 마냥 쑥스러워하며 거부하지 않는다는 것도 알게 되었습니다. 독서모임 이후 용기를 얻어 가족과 지인들에게 이런 주제로 대화를 시도해 보았는데 처음에는 좀 어색하긴 했지만 전에 없던 새로운 이야깃거리가 생겨서 함께 보내는 시간이 더 즐거워졌습니다(이 글을 읽고 계신 분들에게 적극 추천합니다!).

이렇게 독서모임에서 인연이 되어 지금은 〈두두디북스〉 일반조합원으로 활동하고 있습니다. 조합원으로서 여러 혜택이 있는데, 제가 제일 좋았던 점은 지역 서점인 〈두두디북스〉에서 판매할 책을 추천할 수 있다는 것입니다. 모든 책이 다 통과되는 것은 아니고, 그 책에 대한 소개와 코멘트를 제출해서 운영진들의 심사를 거쳐야 합니다. 나의 추천서가 담긴 엽서와 함께 테이블에 놓인 책을 보았을 때 신기하기도 하고, 내가 아끼고 좋아하는 이 책이 빨리 팔려서(?) 다른 사람들에게도 읽혔으면 좋겠다는 생각이 들었습니다. 이렇게 쓰고 보니 마치 제가 애독가처럼 보이고 그런 사람들만 독서모임에 참여할 수 있는 것처럼 보일까 봐 괜한 걱정이 되네요. '책을 읽어보고 싶다, 이 책 재밌겠네.' 하는 가벼운 마음만으로 충분히 참여해도 된다고 생각합니다.

마지막으로 여러 독서모임 중, 어떤 곳을 가야 할지 고민하는 분들에게 간단한 팁을 드리고 싶습니다. 1) 거리상으로 부담스럽지 않고, 2) 모임이 커버하는 도서가 나의 흥미와 수준에 적절하고, 3) 독서모임 이후 친교 활동을 원하는지 아닌지 나의 기준을 분명히 세우기입니다. 각자 취향에 맞는 독서모임을 선택해서 의미와 재미가 있는 문화생활을 하시길 바랍니다!

백서의 100일

2021년 4월

4월 16일(금)

지역출판사 관계자들과 향후 진행될 발간사업에 대한 의견을 나누기 위해 만남을 가졌다. 『청문청답』의 조용한 신호탄을 쏘아 올렸다.

2021년 6월

6월 1일(화)

청년문화백서 『청문청답』의 목차를 구성하고 집필방식에 대한 고민을 나누기 위해 현장 전문가들과 함께 밀도 있는 회의를 진행하였다. 여기서 크게 4개의 카테고리와 10개의 주제가 논의되었다.

6월 16일(수)

백서 발간과 청년네트워크축제 2가지 골자로 기본계획이 수립되었다.

6월 18일(금)

현장 전문가들과 여러 채널을 통해 추천된 집필진(김미양, 김성환, 김세정, 박정오, 안희석, 우동준, 이승은, 하은지, 허태준)들과 첫 번째 회의를 노티스에서 진행하였다. 이 자리에서는 각자 본인의 활동과 관심 분야에 대해 소개하고 예비주제와 진행방식에 대한 논의를 가졌다.

7월 8일(목)

부산문화재단 청년문화팀 × 지역인문콘텐츠연구소
스터디 1차
부산문화재단 청년문화팀과 지역인문콘텐츠연구소는 부산 지역 청년문화를 면밀히 다루기 위한 스터디를 시작하였다. 자료를 기반으로 지정발표를 하고 해당 내용에 대한 자유로운 의견을 모두가 나누는 방식으로 진행되었다. 첫 번째 시간에는 ①『나는 영도에 삽니다』(지정발표 홍성률) ②『정동하는 청춘들』(지정발표 우수현) ③『청년프레임』(지정발표 정민경) 순으로 진행되었다.

7월 15일(목)

부산문화재단 청년문화팀 × 지역인문콘텐츠연구소
스터디 2차
두 번째 스터디는 ①『세대 게임』(지정발표 서정아) ②『비노동 사회를 사는 청년 니트』(지정발표 정재연) ③『K를 생각한다』(지정발표 이현주)로 진행되었다.

7월28일(수)

집필진들(김미양, 김성환, 김세정, 박정오, 안희석, 이승은, 허태준)과 두 번째 사전회의를 청년작당소에서 진행하였다. 주제를 가다듬고 각 주제에 따른 담당 집필진들을 정리하였다.

7월 29일(목)

부산문화재단 청년문화팀 × 지역인문콘텐츠연구소
스터디 3차
세 번째 스터디는 ①『부들부들 청년』(지정발표 정민경)

② 『청년팔이 사회』(지정발표 이현주) ③ 『청년현재사』(지정발표 홍성률) ④ 『기나긴 청춘』(지정발표 남영희) ⑤ 『청년의 귀환』(지정발표 박소윤) 순으로 진행하였다.

8월 5일(목)

부산문화재단 청년문화팀 × 지역인문콘텐츠연구소
스터디 4차

마지막 네 번째 스터디는 ① 『'개념'없는 사회를 위한 강의』(지정발표 우수현) ② 『페미니즘 쉼표, 이분법 앞에서』(지정발표자 이현주) ③ 『복학왕의 사회학』(지정발표 남영희) ④ 『노오력의 배신』(지정발표 정민경) ⑤ 『커밍 업 쇼트』(정리 정재연, 발표 홍성률)로 마무리하였다.

2021년 9월 ~ 11월

김미양, 김성환, 김세정, 박정오, 안희석, 이승은, 허태준 7분을 참여 집필진으로 최종 확정하였다. 이와 함께 청년문화활동가 및 관련자 100명을 만나는 것을 목표로 10개 주제의 총 10회 라운드테이블이 진행되었다.

9월24일(금)

청년작당소 1회차 라운드테이블 '결혼에 대한 새로운 합의'

9월28일(화)

리프레쉬 2회차 라운드테이블 '사회적 청년', 3회차 라운드테이블 'N잡러, 문화예술로 먹고살기'

10월12일(화)

노티스 4회차 라운드테이블 '청년정책의 재구성'

10월14일(목)

523쿤스트독 5회차 라운드테이블 '지역 담론 너머, 새로

운 교차로'

10월 19일(화)

창비부산 6회차 라운드테이블 '젠더 갈등이라는 허상'

10월 28일(목)

스페이스움 7회차 라운드테이블 '청년문화의 좌표' 8회차
라운드테이블 '흔들리는 예술'

11월 3일(수)

라움 프라다바코 9회차 라운드테이블 '일상과 취향'

11월 9일(화)

비온후 10회차 라운드테이블 '로컬크리에이터와 도시의
미래'. 라운드테이블 이후 집필진은 각 본문원고를 작성하
였고, 일반시민의 관점에서 생각하는 청년의 의제를 다룬
원고도 함께 집필하였다.

2021년 12월

12월 27일(월)

발간물을 가지고 집필진들과 마지막 회의를 진행하면서
청문청답의 모든 일정표에 마침표를 찍었다.

이렇게 출판사 인디페이퍼와 기나긴 편집과정을 거쳐 부산문화재단 청
년문화팀 '부산청년문화백서' 『청문청답』이 최종 발간되었다.

정리 청년문화팀 김예인

백서의
공간

청년작당소

2021년 5월에 개관한 따끈따끈한 청년문화 교류공간으로, 부산의 원도심 광복동 영화의 거리에 자리잡은 부산은행 건물 2층에 위치한다. 각종 규모에 상관없이 자유롭게 공간을 이용할 수 있도록 넓고 쾌적하게 조성되었고, 영상콘텐츠는 물론 다양한 도서와 잡지가 비치되어 있다. 모퉁이극장과 함께 운영 중이라 시간 맞춰 방문한다면 영화 관람도 가능하다. 한 장소에서 다양한 문화콘텐츠를 향유할 수 있다는 게 큰 장점으로 청년들이 문화와의 교류를 작당하기 딱 좋은 곳.

망미동 리프레쉬

비콘그라운드와 가까운 골목에 자리 잡은 취향공유공간 리프레쉬. 리모델링 이후 더욱 모던하고 깔끔해진 공간에서 원하는 프로그램을 골라 들으며 일상 커뮤니티를 즐기도록 구성된 공간이다. 드로잉, 오픈 쿠킹, 와인 입문 등 일상에 활력을 불어넣을 수 있는 다양한 프로그램에 참여할 수 있고, 온라인 클래스와 취향키트를 통해 시간과 장소에 관계없이 일상 속 취향 활동을 이어갈 수 있도록 운영 중. 골목과 문화 재생이라는 사회적 가치를 유지하며 굳건히 망미동 골목을 지켜주길 바란다.

노티스

중앙동 세관삼거리에서 광복동 방향 큰길을 따라 내려오면 바로 만날 수 있는 복합문화공간. 평범한 외관의 쌀 창고 기조를 남기고 내부공간을 재구성하여, 안으로 들어서면 더욱 특색이 느껴진다. 1층은 전시·공연 등을 위한 공간이고, 2~3층은 카페로 운영 중이다. 3층 계단을 오르면 바로 마주하게 되는 네온조명도 이 공간만의 매력포인트. 부산항이 한눈에 들어오는 야외공간과 방방이 숨겨진 통로들을 발견하는 재미도 있다.

523쿤스트독

낙동강과 승학산이 보이는 배산임수 지형에 위치해 대안공간을 표방하여 갤러리로 운영되고 있는 전시 공간이다. 매번 색다른 전시를 진행하며 꾸준히 부산 지역 청년작가 발굴에 힘쓰고 있다. 1층 카페 수익의 일부는 청년작가를 지원하기 위해 재투자된다고 하니, 한 공간을 이용하는 것만으로 문화예술도 즐기고 문화예술 부흥에도 기여할 수 있다는 장점이 있다.

창비 부산

부산 최초 서양식 병원인 백제병원을 카페로 리모델링한 브라운핸즈백제 건물 2층에 자리 잡고 있다. 책으로 꽉 찬 공간에서 책으로 할 수 있는 것들은 모두 할 수 있는 공간.

개인 좌석에서 조용히 책을 읽거나 여럿이 앉을 수 있는 공간도 꾸려져 있어 책을 사랑하는 사람들이라면 누구나 한 번쯤 가볼 만하다. 구석구석 세월의 흔적이 보이지만 1900년대에 지어진 건물 외벽을 그대로 살리기 위해 애쓴 만큼 신식건물에서는 느낄 수 없는 정취가 있다. 초량동 골목의 역사가 고스란히 새겨진 붉은 벽돌 건물 일부를 창비 부산이 든든히 지키고 있다.

스페이스움

동래구 명륜동에 위치해 전시와 공연을 함께 즐길 수 있는 갤러리·카페로 조성된 복합문화공간. 2010년부터 공연과 전시를 꾸준히 개최하다 한동안 재정비의 시간을 갖고 2017년 5월에 다시 개관했다. '누구나 가까이에서 문화예술과 소통할 수 있도록 만들어진 나눔 공간'이라는 소개에 맞게 찾아가기 쉽다는 것도 큰 장점. 중간에 공백기가 있었지만 오랜 기간 명륜동 길가에서 묵묵히 문화예술을 향유할 수 있는 기회의 장을 제공한 내공만큼, 안정되고 편안한 느낌을 주는 공간이다.

라움 프라다바코

수영구 민락동 수변공원 옆, 광안대교 끝자락이 보이는 건물 꼭대기 층에 위치한 문화공간. 카페와 함께 운영되는 곳과는 다르게 문화활동만을 위해 마련된 공간이다.

공연이나 커뮤니티 활동에 안성맞춤이고, 한 층을 단독으로 대관하기 때문에 편리하게 이용할 수 있다. 무엇보다 공간을 두른 창으로 광안대교와 바다 뷰가 펼쳐져 문화 향유와 기분전환을 한 공간에서 누릴 수 있다는 특장점을 가진 곳.

비온후

독립출판사로 오랜 내공을 쌓아 온 비온후가 2018년 망미동 골목에 책방과 작은 전시 공간을 마련했다. 비콘그라운드 건너편 골목 어귀에 골목과 딱 맞는 크기의 2층집, 비온후가 있다. 활짝 열린 노란 대문 너머 아기자기한 식물들, 화분들이 계단을 따라 옹기종기 놓여 있다. 1층 독립서점은 내부가 넓지 않지만 알차게 구성되어 대형서점에서 쉽게 볼 수 없는 독립서적들이 계단 밑까지 빼곡히 들어차 있고, 한켠에서는 전시도 즐길 수 있다. 좁은 계단을 따라 올라간 2층에는 책을 읽거나 글을 쓰는 등 편하게 활용할 수 있는 기다란 테이블이 놓여 있다. 다락방 같은 따스한 비밀공간을 가진 비온후만의 매력이 고스란히 녹아 있는 아기자기한 공간이다.

정리 청년문화팀 양고은

부산 청년문화백서

청問청答

대담 정리·집필	김미양, 김성환, 김세정, 박정오, 안희석, 이승은, 허태준
서문·대담 진행	박소윤
대담자	강동훈, 강민주, 강정훈, 강희정, 구부성, 구영경, 권민철, 권서현, 권현석, 김 정, 김도희, 김민송, 김보경, 김소연, 김소영, 연 정, 김예선, 김재준, 김지현, 김철우, 김현정, 김형권, 달 연, 명수현, 박미은, 박보은, 박은지, 박의진, 박종준, 박준훈, 박지예, 윤 주, 변정희, 서수연, 서평주, 소준표, 손동혁, 손진현, 손한묵, 송태운, 신근영, 신나무, 심성아, 오미솔, 오성은, 윤보영, 윤혜린, 이봉미, 이상명, 이슬기, 이일록, 이정윤, 이준호, 이현정, 장지원, 장현정, 장혜원, 전정훈, 정두산, 정민경, 정서원, 정선미, 정종우, 정진리, 조수인, 최동민, 최예지, 최윤형, 최정원, 홍석희, 황가희
부산에 삽니다	김가은, 김국희, 김미현, 김선현, 김수희, 김예진, 김준희, 김지현, 김태경, 김하늘, 김하라, 남예진, 문찬우, 박수빈, 박지영, 박혜원, 손형선, 송규원, 이한나, 이희연, 임소원, 임수경, 임엄지, 전이정, 최선경, 최지원
백서의 100일	김예인
백서의 공간	양고은
사진	PHOS 최우창